唯心論武道の誕生

唯心論武道の誕生

野山道場異聞

保江邦夫

海鳴社

故エスタニスラウ・マリア・ヨパルト神父様に捧げる

はじめに

如何にも田舎の岡山にふさわしい名前の野山武道館を、地元の人は愛着を込めて「野山道場」と呼ぶ。一生自分には無縁だと思われていたその野山道場を毎週借りることになったのは、今から二年半前のことだ。そう、たった二年半前に始めたはずなのだが、振り返ってみればどう考えても二十年以上も前のこととしか思えない。むろん、脳みそが老化したための物忘れなどではなく、その正反対。

この二年半の間に野山道場で発見できた人間が持つ神秘の数々、全国から集まって下さった数多くの方々との稽古体験で学ぶことができた武道の秘奥、あるいは縁あって門人となって下さった皆さんの魂と共に授かることができた神の恩寵ともいえる素晴らしい出会いの連鎖。質においても、また量においても通常ならば二十年以上をかけてしか得られないような密度の濃い日々の連続だったため、道場を始めたのがそれほどまでに昔のことだと感じられるのだ。

最初の一年ちょっとは十人以下、しかも大多数が女子大生という道場らしからぬ状況で細々と稽古を続けていた。それでも毎回の新たな気づきや技の変化に驚かされ、土曜日午後の四時間連続の稽古に飽きることは一度もなかった。そして、昨年拙著『合気開眼——ある隠遁者の教え——』（海鳴社）を上梓してからの一年間は、僕にとってさらに数倍も濃いものとなった。北は北海道、南は沖縄、文字どおり日本全国から五十名を超える方々が稽古にきて下さり、さらには年老いてもなお外国の若者に負けない武道を求めてパリから一時帰国していた方は、野山道場の近くにアパートを見つけて住みついてしまうという具合なのだから。

今では僕の人生の大半を占めてきたかのような印象のある、この物理的二年半の背後に圧搾充填された心理的二十年間の出来事についての記憶は、既に僕自身の脳みその容量を超えるほどに密なものとなってしまっているため、このままではすぐに風化の運命にさらされてしまうかもしれない。虫食いだらけになった単なる個人的記憶として死にゆく病床で語るだけというのには、あまりにもったいない至宝の内容だというのに！

この二年半の記憶が鮮明なうちに、せめてその主要な部分だけでも事実だけを淡々と書き残しておきたいと願い始めたのは、自分がいつ死んでもおかしくはない癌患者だったということを思い出したときだ。

明日できることは今日するな。

長年の座右の銘だったのだが、あえて禁を犯すことにした僕は、この素晴らしい二年半の間にあった野山道場での物語の数々を日誌のように綴っていくことにした。題して、『唯心論武道の誕生——野山道場異聞——』。

さあ、魂に委ね心ゆくまで書き進んでいこう。

二〇〇九年三月

保江邦夫

もくじ

挿絵：北村好孝
北村英久（一〇五頁）

第一部　唯心論武道・誕生前夜

初めての授業

数年前の四月、学問上の弟子筋として助けてくれていた研究室の助教授が、出る杭は打たれるのことわざどおりの大学風土に嫌気をさして文部科学省の研究所に転出したため、それまで担当したこともなかった初めての授業を僕がやることになった。一般教養の数学や物理学あるいは情報科学しか担当していなかったのに、急に教育学系の授業を受け持つことになったのだ。そこで僕は、唯一興味を持つことができたルドルフ・シュタイナーの壮大な思想体系に基づいた教育論を講義することにした。

一ヶ月ほどは一夜漬けで勉強した内容を板書しながら講義するという、ごくありふれた田舎女子大での授業風景が続いたのだが、前著『合気開眼――ある隠遁者の教え――』（海鳴社）に詳しく書いたように、五月末にひょんなことからいわゆる合気まがいのことができ始めるようになった。だが、それは我が国の歴史ある高度な武術技法の頂点に立つ合気の神技を継承した大東流合気武術の佐川幸義宗範と木村達雄師範のお二人が操る合気とは違うものだ。僕自身も佐川宗範の門弟の末席に加えていただいてはいたが、頻繁に稽古に参加できたのはたったの一年間。これでは、二十年以上も佐川先生につきっきりで稽古鍛錬に明け暮れただけでなく、身の回りのお世話さえ許されるほどに厚い信頼を寄せられていた兄弟子・木村達雄と同じ合気を身につけることなどできるわけもない。

それでは、あのときからできるようになった合気まがいの技は、いったい何なのだろうか？

その後徐々にわかったことは、『合気開眼』だけでなくペンネームに隠れて世に出した僕自身の奇蹟体験集『魂のかけら――ある物理学者の神秘体験――』（佐川邦夫著＝春風社）で詳しく触れたが、実はその技はキリスト伝来の活人術だということ。

だが、どうしてその活人術が武術の奥義である合気と似かよった効果を示すのだろうか？

むろん、今でこそ明確な理由がわかってはいる。

聖母マリアにちなんだ呼び名を直訳し「冠光寺眞法」と名づけたその活人術は、イエス・キリストが魂の救世主として行ったものであり、襲いかかる敵をも愛することができる内面の穏やかさがもたらすキリストの護身術として、ハリウッド映画『キング オブ キングス』においても見事に描かれている。そして、キリスト十二使徒の中でイエスの教えを最もよく理解し、その真の教えを『トマスの福音書』として残したために他の使徒から迫害された使徒トマスは、東方へと布教しながらインド北西部にまで辿り着き、一説には達磨大師として中国では景教、日本では大乗仏教として知られるキリストの真の教えを広めていったという。

ならば、使徒トマスもまたキリストの活人術を伝えていったために、その後達磨大師はインド武術や中国武術の祖としても崇められるようになったのではないだろうか。そう考えるならば、キリスト伝来の活人術である冠光寺眞法と中国から日本へと発展してきた武術技法の頂点に立つ合気術との類似性を納得することができる。

キリスト没後のヨーロッパにおいて活人術はごく一部のカトリック修道院において「荒行」として細々と伝承されてきたが、現代まで唯一それを継承した隠遁者様と呼ばれるスペイン人修道士が神の声に従って日本に渡ってきたのを最後に、その姿を消してしまっていた。そして幸いにも、一人の日本人が隠遁者様から直接に活人術を授けられていたため、かろうじて失伝を免れることになったのだ。この辺りのことは『合気開眼』と『魂のかけら』に詳しいので、ここでこれ以上は触れない。

とまあ、今ではこうして全体像を捉えながら語ることはできるのだが、その年の五月末の時点では完全な五里霧中。しかし、ほぼ毎日のように魂の奥底から湧き出てくる正体不明の感覚や意味深い不思議な出来事が連続していた六月と七月、理解の限界を超えてなだれ込んでくる圧倒的な事実を前にして爆発寸前になった脳みそを冷やすため、僕は毎週の授業の中で（講義そっちのけに）女子大生達に向かって一週間分の熱き物語を吐き出していった。

受講生は八名程度で礼拝堂の下にある孤立した小さな教室があてがわれていて、その結果隣の教室や廊下にいる学生達に聞こえる心配は皆無だったため存分に語って聞かせることができた。何せ、常識では考えられないような体験談なのだから、廊下で漏れ聞いた不特定の学生の口から無責任に広まってしまうことだけは避けなければならない。幸いにもそのときの八人の学生は、毎週教室に飛び込んでくるなり一週間の間にあったブッ飛んだ出来事を語り始める一見精神異常のような僕を毛嫌いもせず、一年を通じての授業の間に脱落者が出ることはなかった。

それどころか、授業時間以外に全員で湖畔のカフェに集まったり、研究室代わりにしていたトレーラーハウス「エアストリーム」から戦闘機を眺め、学期替わりには街のイタリア料理屋に集合して祝杯を上げるなど、これまでになかったつながりを示してくれたのだ。そしてそのこと自体、当時僕が身につけ始めていたキリストの活人術による効果の現れでもあった。むろん、そんなことは自分ではまだまだわかってはいなかったのだが。

エアストリーム

魂の解放

前著『魂のかけら』にある物語の半数以上は、このときの六月、七月そして八月に起きたことだった。そして、そのときに気づいたことを一言に集約するとすれば、現代の人間は内面（一般に「心」と呼ばれているもの）の奥底に魂が幽閉されてしまっていて、それを解放することができていないということになるだろう。

むろん、気づくという意味は、一般には自分自身の思考によって言語化した上で理解したというものになるのだろうが、ここではもっとはるかに強い意味に用いている。しかも、自我意識による欲望に端を発する単なる激しい思い込みとか、あるいは盲信といったものとは正反対で、いっさいの意識の発現をなくしてしまった極限状況で奥底から湧き出てくる絶対的な確信とでもいえるものだ。「絶対真理」と呼べるものかもしれない。

心の奥底に押さえ込まれてしまっている魂を自ら解き放つことができたならば、それまで自我意識による思考の力で行動してきた生き様から抜け出すことができ、魂に委ねることによってのみ得られる神の予定調和の中に自分自身を見出すことができるようになる。全てを無条件に受け入れて己を神の前に差し出すともいい表すことができる真の魂の解放に到った人間は、宇宙森羅万象と完全に調和した本来の人生を歩むことができるようになるのだ。この絶対真理に基づいて人々の魂を心による幽閉から救い出す技法がキリストの活人術に他ならない。

だが、その年の六月の時点ではそんなことなどつゆ知らず、ただただ何となく自分の魂が心の奥底から解放されていくときには、近くにいる人の魂もいっしょに解放されていくのではないかと考え始めていた。おまけに、本人すら気づかない間にその魂を解放させることができたならば、どういうわけかその人の身体は簡単に倒れてしまうという二義的な事実にだけ目が向いていた。まあ、生来の非力と運動音痴の故に、人一倍楽して簡単に相手を倒す武術の奥義を求め続けてきたのだから無理もないことかもしれない。

そんなわけだから、授業で講じていたはずだったシュタイナーの深い思想に基づく人間教育の中にそのまま活かしていけばよかったにもかかわらず、自分の興味はひたすら武術技法、特に合気の技術へと向かっていった。

事実、六月から八月にかけての合気体験を直後の九月に書き残した個人的記録を読み返してみると、愛によって魂を包むことこそが合気の原理を与えるものだといわんばかりの印象が強い。いささか面はゆいが、その内容を公開しておくことは魂の旅路を進む多くの人々にとって数少ない水先案内として参考になるかもしれないと考えた上で、その一部を前著『合気開眼』に掲載することにした。これまた、時間にゆとりがあるときに、是非にも読み進んでいただけることを願う。

実は、その『合気開眼』に掲載した個人的記録の内容はその六月から八月の間に僕自身が体験した奇蹟のうち、特に合気の原理に強く関連していると思われるものだけを選び抜いたものだ。長年追い求めてきた合気という究極の武術技法の入口に立つことができたと確信し始めたときでもあったためいささか肩に力が入っているところが気恥ずかしい限りだが……。

そして、『合気開眼』では触れなかったこと、つまり合気とは直接関係していないと思われた神秘体験については、拙著『魂のかけら』で既に公開したとおりだ。従って、『合気開眼』と『魂のかけら』を読んでいただければ、この僕にとっての奇蹟の年の三ヶ月間にあった主な出来事の不思議さをご理解いただけるはず。

むろん、『合気開眼』にも『魂のかけら』にも取り上げなかったことも多いのではあるが、その中に

写真２　ＤＶＤビデオ撮影当日の稽古前の著者

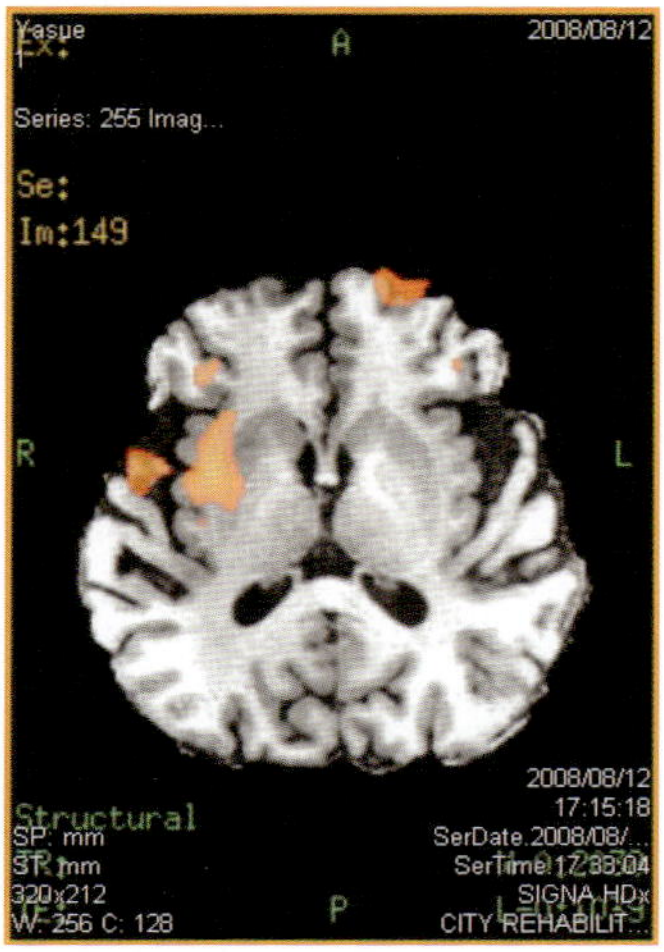

写真１　著者近影（？）＝ファンクショナル MRI で撮影した愛魂状態における著者の脳活性断層写真（Ｒが右側，Ｌが左側）

写真３　稽古に参加した門人

★写真２～22は、同時発売のＤＶＤビデオ『冠光寺眞法――キリスト伝来の活人護身術――』（海鳴社）において初公開された愛魂技法の一部をカラー連続分解写真で紹介したものです。

写真４　手首をつかまれたときの愛魂上げ

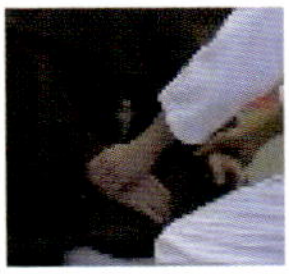

写真5　人差し指をつかまれたときの愛魂上げ

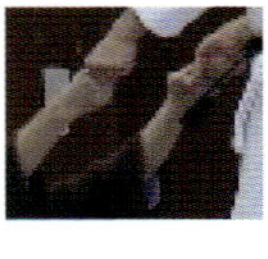

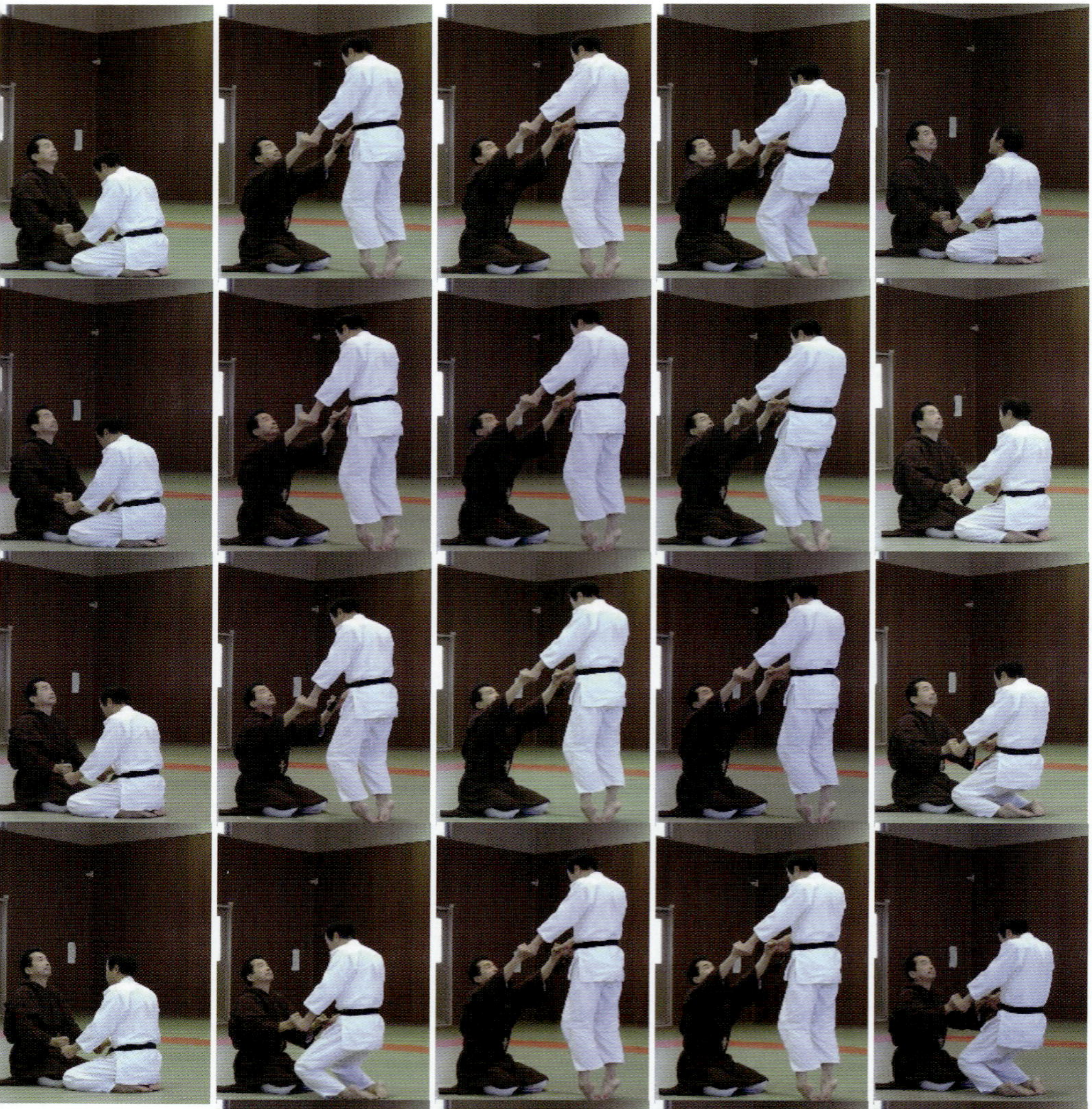

写真６　小指をつかまれたときの愛魂上げ

写真７　相手の掌を人差し指の先で持ち上げる愛魂上げ

写真８　割り箸による愛魂上げ

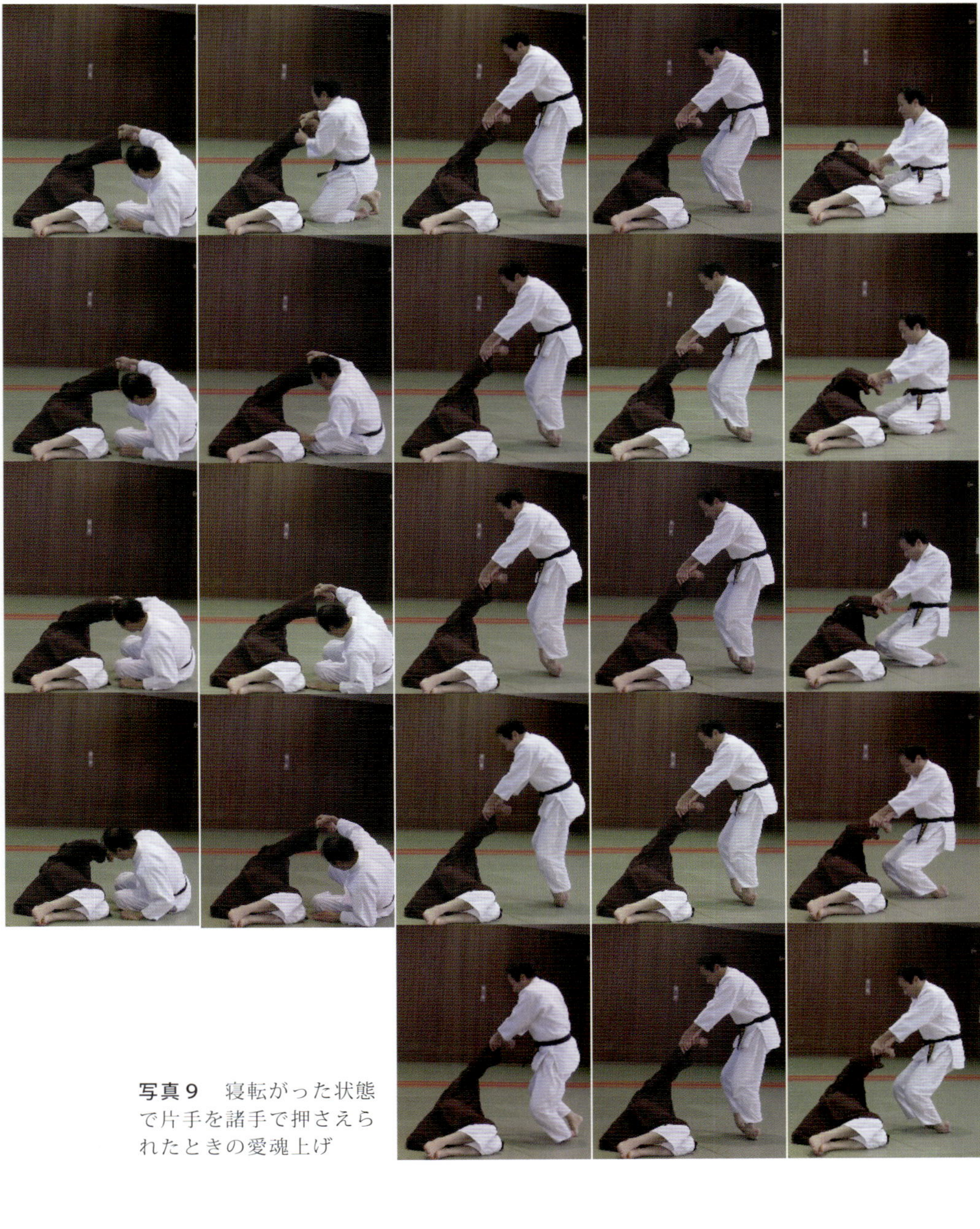

写真９　寝転がった状態で片手を諸手で押さえられたときの愛魂上げ

写真10　片手での
愛魂上げからの投げ

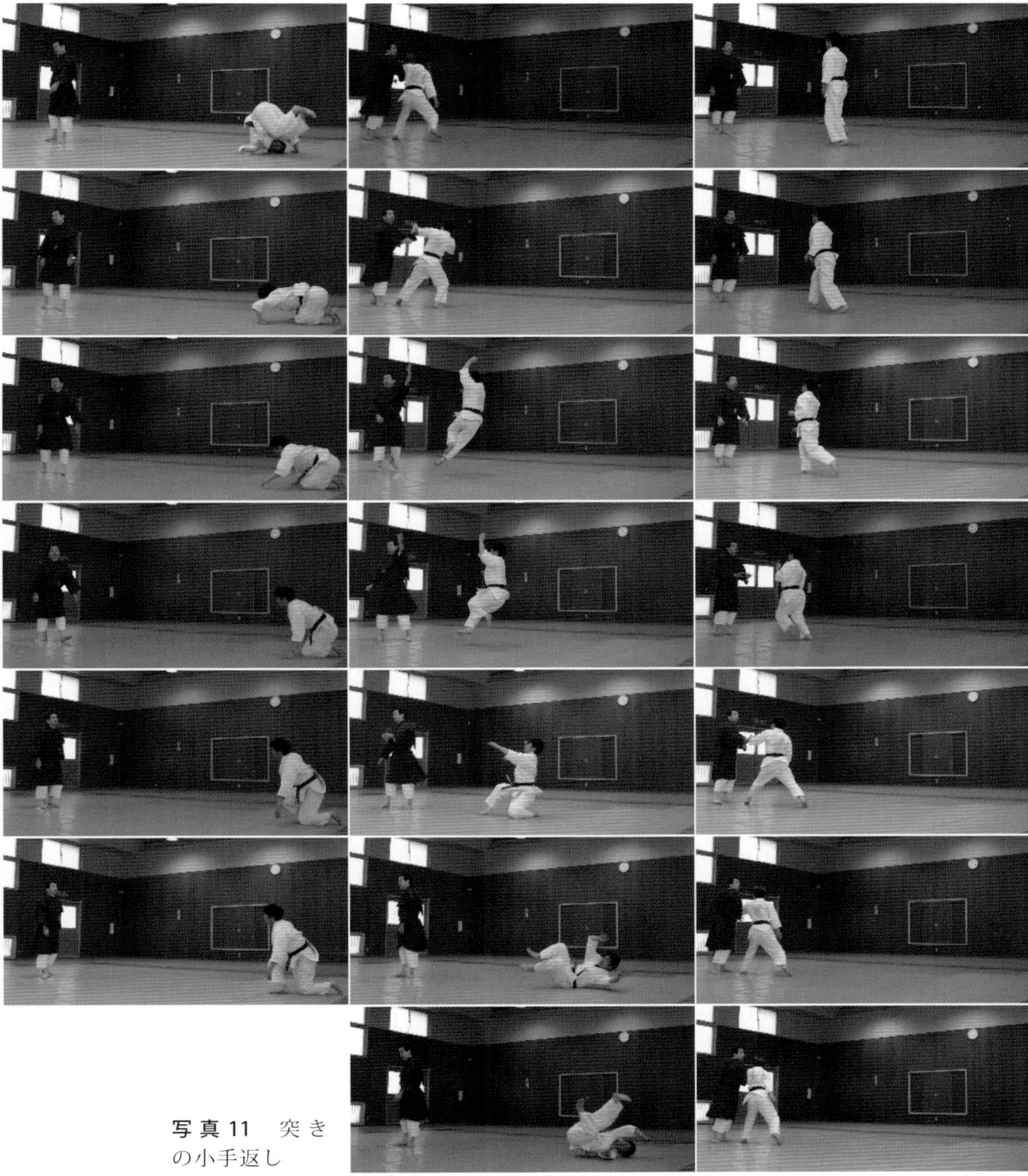

写真11　突きの小手返し

写真 12　片手捕り愛魂投げ

写真 13　片手捕り四方投げ

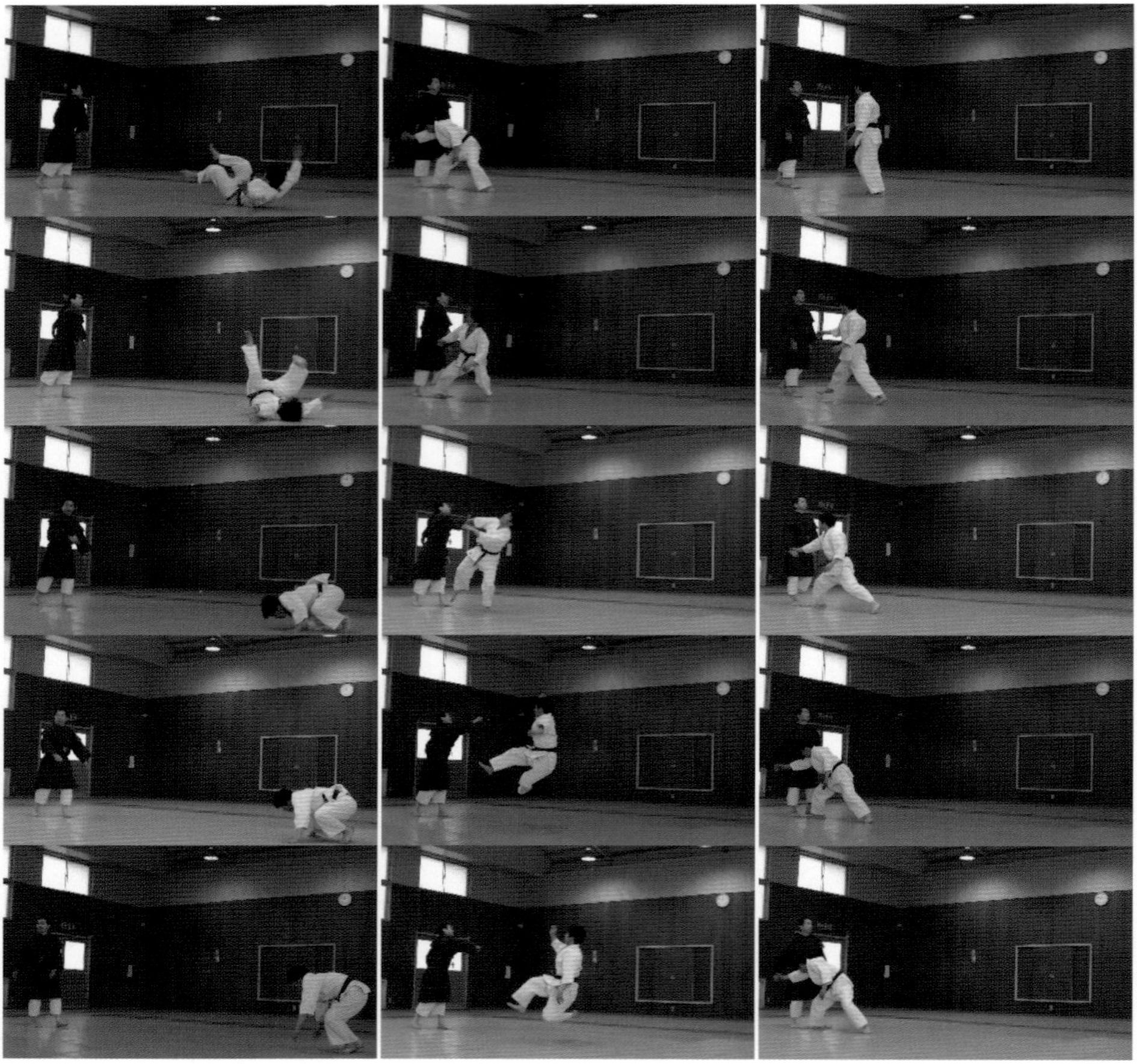

写真 14　内手捕り愛魂投げ

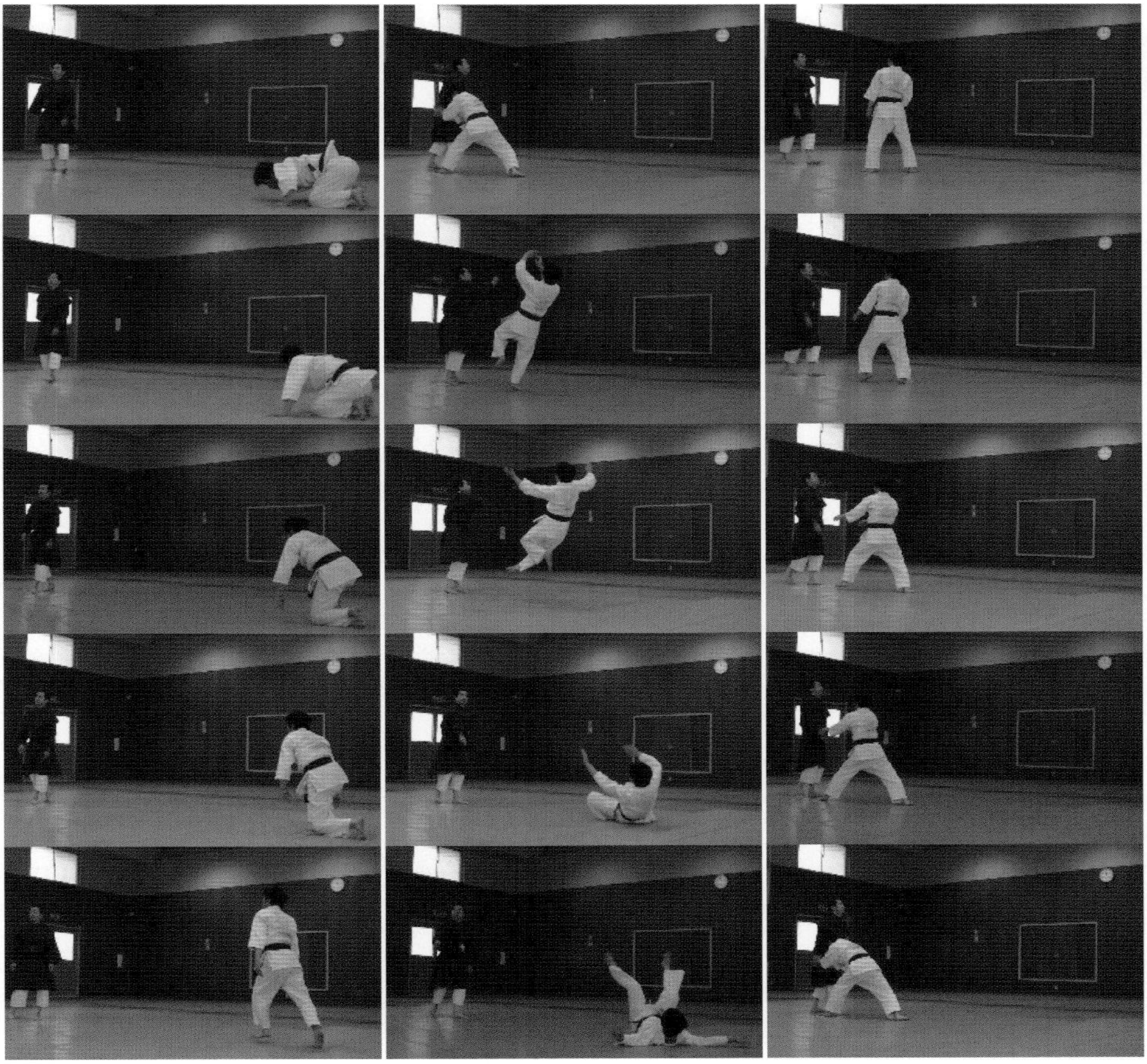

写真 15　諸手捕り愛魂投げ

写真 16　胸捕り肘あて

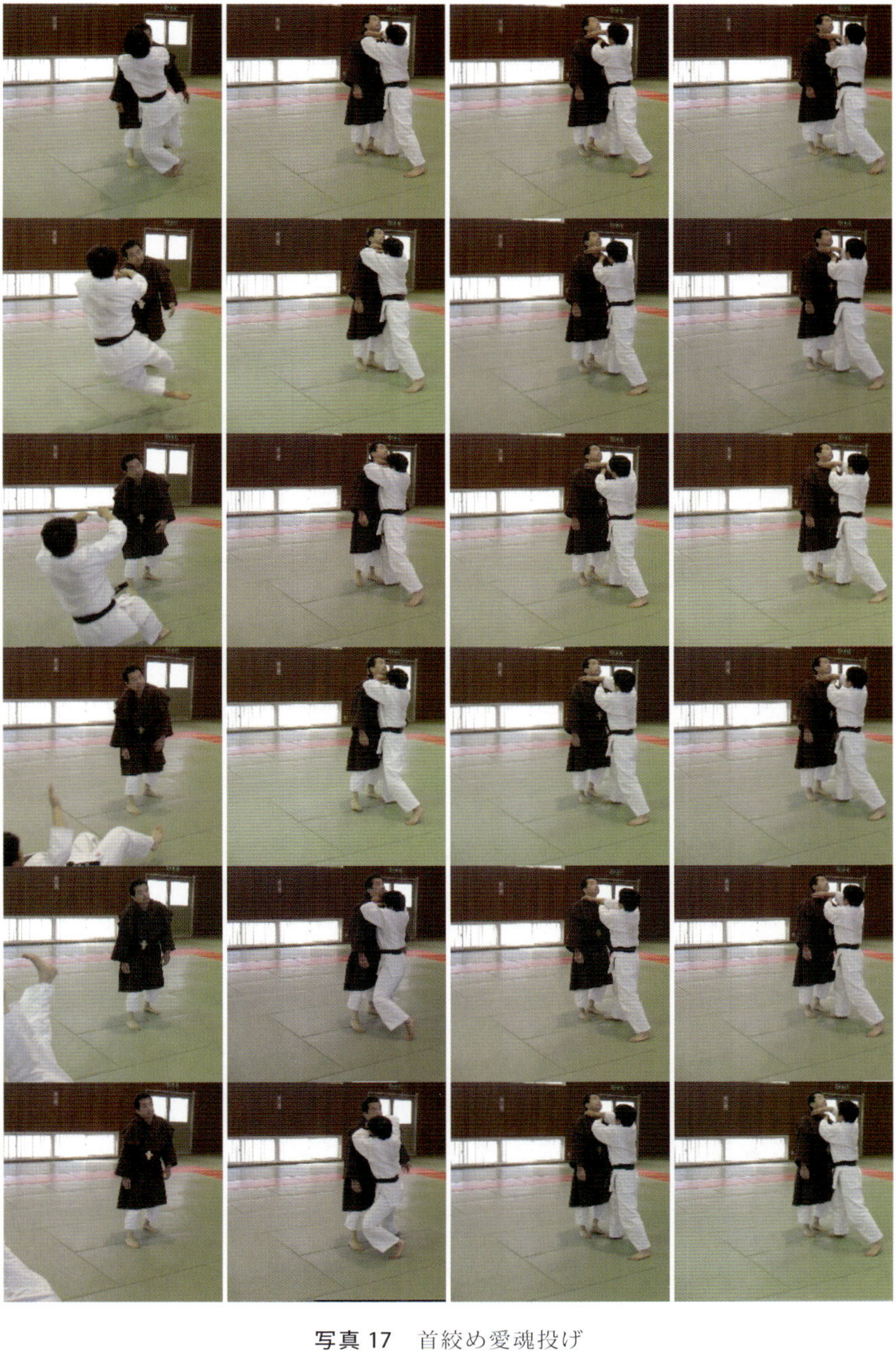

写真 17　首絞め愛魂投げ

写真 18　映画『キング　オブ　キングス』にある
イエス・キリストが用いた首絞め愛魂崩し

写真18（つづき）

写真 19　逆手愛魂投げ

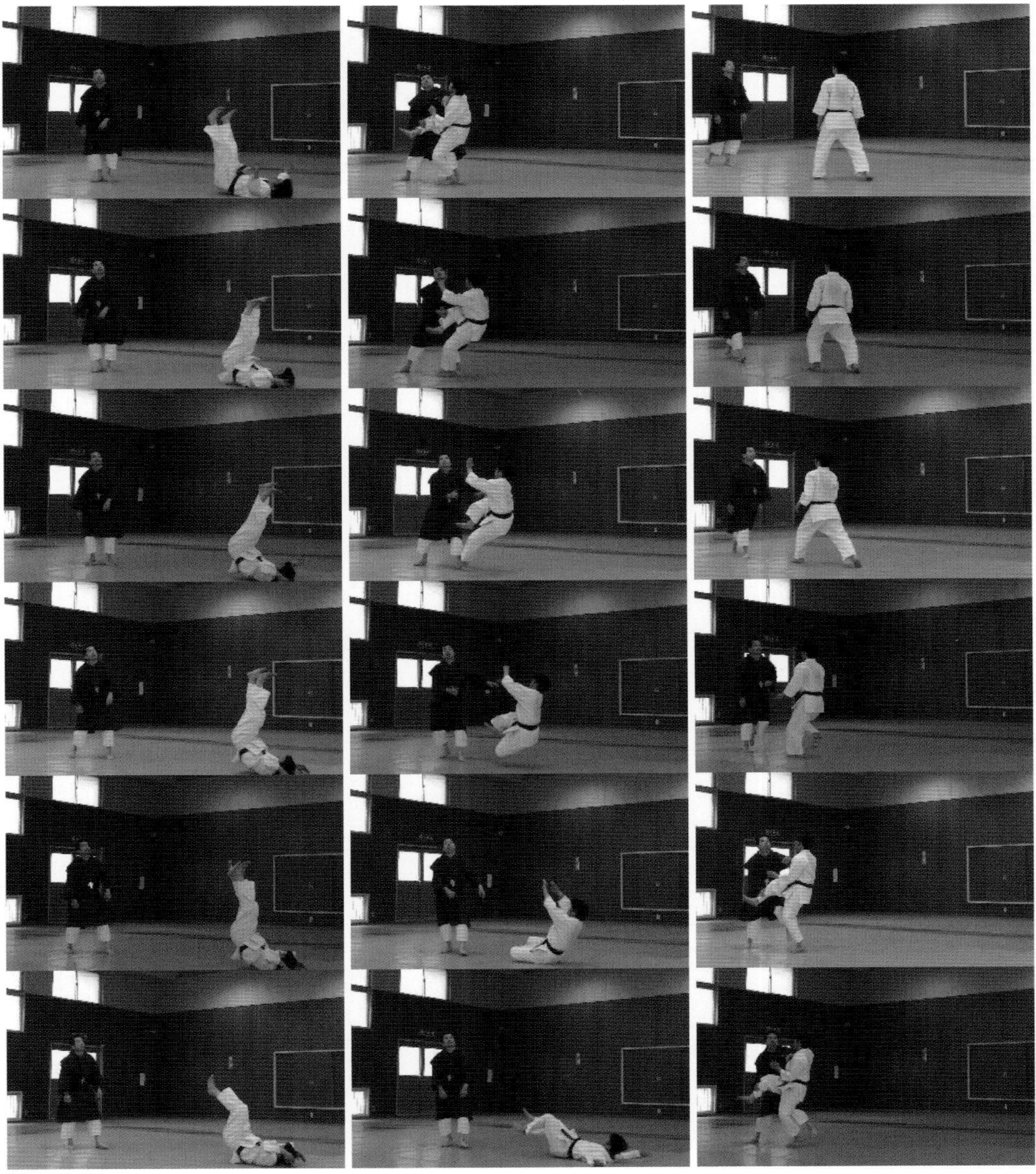

写真 20　愛魂による掛け手（その１）

写真 21　愛魂による掛け手（その２）

写真 22　撮影後に野山道場スタッフと撮影クルーを前に並ぶ稽古参加者

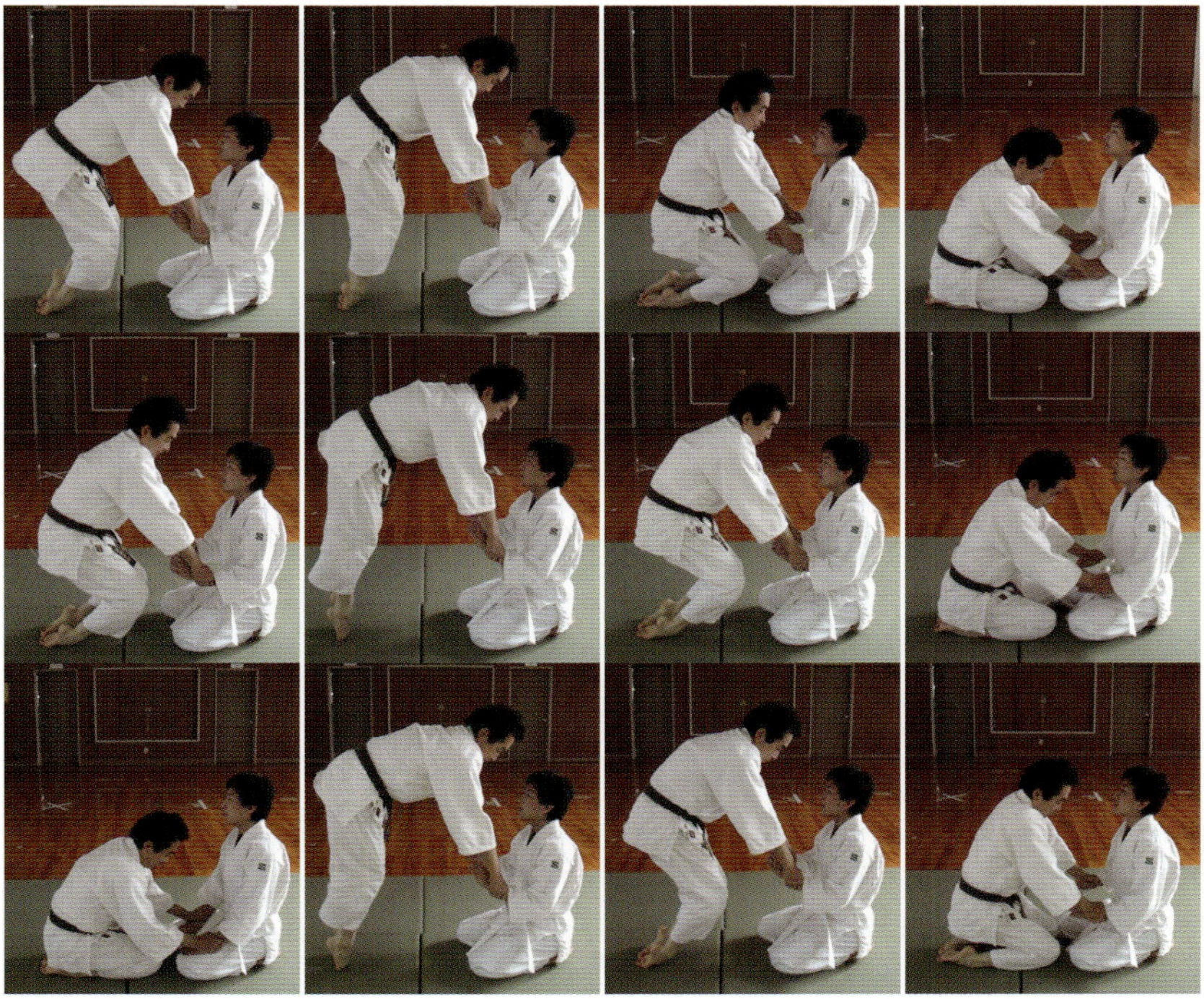

写真 23　入門したばかりで初めて愛魂上げをする新人であっても、ＤＶＤビデオで著者が説明するとおりにやればすぐに愛魂上げができるようになる

割りばしによる愛魂上げ

愛魂上げ

小指による愛魂上げ

愛魂による掬い投げ

写真 24　愛魂体験初日の出来事

写真 25　内面が僕（しもべ）になると、愛魂の効果がより大きくなる

写真 26　連邦議会横の散歩道に描かれた「愛」

は三年以上を経た今から振り返ってみると合気をつかみかけるために最も重要だったと理解できる体験もあった。ここで少し披露しておこう。

『合気開眼』では、大東流合気武術の佐川幸義宗範門下での兄弟子・木村達雄師範に五月三〇日に初めて合気で投げられてから、如何にして敵に合気をかけることができるのか、即ち敵の魂を敵の心身から分離させることができるのかについて、自分一人で考え続けていたかのように記してある。そして、初めて合気をかけることができたときの相手は腕っ節の強い友人だったと。

まあ、これは愚かにも武術伝書として書き残そうと考えた当時の僕が書いたことであり、間違いではないがよりインパクトの強い出来事を選んだ上でのことだ。腕っ節の強いその友人は、プロの武術家でもあったのだから。確かに、その二週間の間に寝ても覚めても木村達雄師範の合気を再現できないかと考え続けてはいたが、ある意味そのときの僕は一人ではなかった。五月三十日の月曜日から六月十三日の月曜日までの間に木曜日が二回巡ってきていた。つまり、あの授業が二回もあったのだ。

一回目のときは、合気で投げられた印象やその夜にあった魂の疼きなどについて熱く語ったのだが、武術などとは無縁の女子大生達はイマイチそれがどのくらいすごい体験だったのかわからない様子だった。もちろん、その場で僕がやってみせることができればよいのだが、そのときは自分が合気を使えるとは思ってもみなかったため非常に歯がゆい思いをした。よしんば合気の片鱗を見せることができたとしても、机や椅子が並んだ狭い普通教室の中では学生に怪我をさせてしまいかねない。

それでも、七人の女子大生は僕が何かをやって話のすごさの一端を披露してくれるのではないかと、十四個の黒い瞳を輝かせて教壇の方を見つめている。何かやってみたい……！　魂の叫びを受け入れた僕の頭にふと浮かんだのは、腕相撲だった。そう、僕は教室にいた女子大生全員と、まずは腕力による腕相撲をやったのだ。

楽勝……のはずだったのだが、中に二人僕より強いのがいた！　聞けば高校のときまでテニス部だったとか。そもそも、僕は鍛錬や筋力トレーニングが大嫌いだったし、生まれつき華奢な体つきで男相手の腕相撲で勝ったことなど一度もなかった。だから、僕より強い女子大生がいても何ら不思議ではなかった。

で、僕に勝った二人に再挑戦することにし、今度は東京の道場で体験してきたばかりの合気という不思議な武術の技法を使うと宣言した。全員が見守る中、元テニス部の豪腕女子大生と腕相撲の用意に入ったところで、僕は取りあえず五月三十日の夜のように自分の身体の中にある別の自分のような存在に身を任せることにした。それ以外に、何も合気のきっかけをつかむものがなかったからだ。

その結果は驚くべきものだった。腕力でやったときには必死の抵抗も空しく完璧に負けていた僕が、今度はほとんど右腕に力を入れずにあっという間に腕相撲に勝ってしまったのだ。僕も驚いたし、観戦していた女子大生達もキャーキャーと大声を上げながらビックリしていたが、相手をしてくれた女子大生だけはどうも合点がいかない様子で、しきりに首をひねりながらもう一度やり直したいという。

というわけで、結局その女子大生だけでなく他の女子大生達全員とも合気を使ったやり方で腕相撲を何十回もやってみたのだが、結果は連戦連勝。腕力でやったときにすら勝てていた相手と腕相撲するときは、相手に僕の腕ではなく立てた人差し指だけを手で握ってやるようにしてハンディーを与えたにもかかわらずだ。

この異常な対戦結果を前にして、女子大生達は合気と呼ばれる魂が強く関与した武術技法を体験した僕自身の驚きをはっきりと追体験し、感動を分かち合ってくれたようだった。むろん、どのようにすれば合気というものを使うことができるのかは、その時点ではまったくの謎だったのではあるが……。

二回目の木曜日、先回の授業には欠席した学生が、四月以来毎回のことだったが三十分くらい遅刻して教室に入ってきた。運悪くその小さな教室には教壇の側にしかドアがなく、遅れた学生はバツの悪そうな顔をしながら教卓の前をコソコソっとすり抜けていかなくてはならない。嫌でも遅刻学生の姿が目に留まるシステムになっているのだが、ふと見やるとその女子大生は何やら背中に細長い袋を背負っていて、先の方から杖がはみ出していた。

聞けば学外の道場で合気道を習っているとか。その朝稽古が毎週木曜日にあり、終わってから大学にくるので必ず遅刻になるらしい。まあ、遅刻や欠席は自由だと宣言しておいたので、そんなことは気にしなかった。それよりも、ちょうど先週同様に女子大生達と腕相撲をやって合気の感覚を磨いていた僕にとって、まさに飛んで灯にいる夏の虫……いやマリア様の御使者が現れたとしか思えなかった。

合気道をやっている学生で、ちょうど朝稽古の帰りであれば身体の動きもいいはず。これなら腕相撲でなく、立った状態で投げ倒す合気の技を教室で試しても受け身ができるので怪我はしない！　喜び勇んだ僕は、遅刻の罰としてその女子大生を机と机の間の通路に立たせた。腕相撲のときと同じで自分の身体の中にある何かの存在に身を任せるようにしさえすれば合気がかかり、相手の身体に軽くさわるだけで倒せるはず！

そう考えたのだったが、ふと眼前の女子大生を見るとこれがなかなかの美人。そのとたん急に前頭葉が働き始め、このまま身体に触れて倒したのでは最近問題のセクハラとまではいかなくても、あまりよいことではないのではないかと気づく。そこで急遽思いついたのが、教室に入ってくるときに見えた杖の存在。何食わぬ顔で、「まあ、女の子相手にするわけだからハンディーをあげよう」といって、立ったまま両手を充分に離してしっかりと杖をつかんで構えるように頼んだ。

案の定、腰が入った頑丈そうな構えで両脚を前後にして立っている女子大生が両手で支えた長い杖の先端を片手で握った僕は、まず片手の腕力や崩し技法のみで倒してみると宣言した。当然といえば当然なのだが、杖の先端を片手で持っただけではどうあがいても杖を両手で力一杯持って抵抗している女子大生を倒すことなどできはしなかった。その光景を見ていた他の女子大生達はあたりまえのことだといわんばかりに笑っている。

次に、僕なりに合気を使ってみた……つもりになった。するとどうだ、どういうわけか杖の先端を軽く握っているだけの僕が腕を振り下ろすだけで、頑丈な構えで応じていたその女子大生の身体が横に倒れかけたのだ。机にぶつかって怪我をさせてはいけないと思った僕は、完全に倒れてしまう前にやめたのだが、愚かにもそのときは相手の女子大生が弱いために何かの拍子でふらついて倒れたに違いないという考えも捨てきれなかった。

そして、翌週の月曜日六月十三日にプロの武術家に対して合気を使って倒すことができたとき、杖を構えた女子大生が倒れたのは実はちゃんと合気が使えていたからだと確信できた僕は、その数週間後に学内で見かけたその女子大生に感謝し、おかげで合気のきっかけをつかむことができたとだけ伝えた。この学生とはその後あまり話をする機会がなかったため、本人がそのときにどういう印象を持っていたのか知るよしもなかったのだが、三年後に突然現れ全てを語ってくれ野山道場に通ってくれるようになった。しかも、淡々と披露してくれた大学を卒業してからの一年半に体験したことを聞くうちに、そのとき女子大生相手に教室で試していた段階の合気ですら既に、かつて三原の隠遁者様から授かっていたキリストの活人術、即ち「愛魂《あいき》」そのものだったと確信することができた。

これもまた、マリア様の御導きだったに違いない。

魂を抜く！

既に公表した『魂のかけら』や『合気開眼』の中では取り上げなかったのだが、こうして古くて狭い教室の中で毎週少数の女子大生相手につかみかけていた合気の技法を試す授業（？）が続いていった。それと同時に、僕自身の興味は自分の身体あるいは心の奥底にあるらしい目にも見えず、自分で意識することさえできない「魂」という存在に向き始めていた。

まずは一番身近なところから始めようと思い、大きな書店に行き宗教や哲学から玉石混淆のスピリチュアル系の本を片っ端からながめてみた。このやり方は、僕が本業である数理物理や理論物理の勉強を始めたときにも使ったものだが、思いのほか効率がよい。魂に関する古今東西の重要な知恵だけが、何故かフッと目に留まるものだ。まるで気づかないうちに魂に導かれているかのように。

そうやって拾い集めたものは忘れる前にすぐに授業で紹介していったため、僕自身の頭の中には印象深く刻まれていった。授業で教えるというのは、本当は受講している学生のためではなく教える側のためにこそ大いに役立っているのだ。学生達が予想外に反応したものもいくつかあるが、その中で僕が一番面白く感じたものに「魂＝息」というギリシャ時代からの考え方がある。

ラテン語で「魂」を表すPneumaは「息」の意味もあることからもわかるように、ギリシャ時代やローマ時代においては人間の魂は息と共に身体から出たり入ったりすると考えられていたようだ。従って、誕生前の胎児にはまだ魂はなく、誕生直後に羊水を吐き出して産声を上げ初めて肺呼吸をする瞬間に魂が赤ん坊の中に入ってくるとされた。また、古今東西を問わず、息や呼吸を盗まれることによって心身を操られてしまうという戒めもある。

そんな話をしてから、どのようにすれば相手の魂を心身から分離させて合気をかけられるようになるのかについて、魂と息が強く関連しているという仮定の下に展開した荒唐無稽な考えを披露し始めたのだ。それは、自分で誰かに合気をかけるときに鼻からキュキュンと素早くわずかな息を吸い込むことをしたほうがうまくいくような気がするというものだったのだが、まだそれほど回数が多かったわけではないにもかかわらず合気をかける前には確かに息を吸っていたと思えたのも事実。その根拠として僕が説明したものが、そうすることで相手の魂を一瞬相手の心身から引き出すことができる可能性があるのではないかというお粗末なものだったため、女子大生達は納得しかねていた。そこで、腕相撲で実験をしてみることにした。

合気を使ったことのない女子大生同士で腕相撲をするのだが、まずは腕力のみでやってどちらが強いかを見極める。その後もう一度やるのだが、今度は腕力では負けた学生だけが試合開始と同時にキュキュンと素早く浅い息を吸い込んでから相手の腕を倒しにかかることにした。ヨーイドンでやっても負けてしまったというのに、一瞬息を吸ってからやるのではとうてい勝ち目はない。誰もがそう思いながらさほど注視せずに取り囲んでいた空気は、腕相撲開始の瞬間から一変した。

それもそのはず、腕力で負けていたはずの女子大生が見事に勝利したのだから！

取り囲んで眺めていた他の学生達も我先に腕相撲を再開し、あちこちの机から素早く息を吸う音が聞こえるようになった。むろん、直後にはヒャーとか、スゴーイという歓声と笑い声が必ず上がる。その光景を目のあたりにした僕は、「息を盗む」とか「息を引き込む」などという武術各流派にいわゆる「調息法」として伝わっている技法の本質に気づくことができた。そう、鼻からわずかに息を吸うだけで一瞬敵の心身から魂を抜き出すことができ、出てきた敵の魂を自分の魂で包みさえすればもはや敵は敵でなくなるのだ。まさに合気の理法そのものが実現されている。

学生達に混じって大笑いしながら喜んでいたとき、一人の学生が急に手を上げた。いわく、そういえばこの浅い息をスススッと吸うのは悲しんで泣き始めるときや、すすり泣きのときと同じではないか。もしそうなら、ずっと疑問に思っていたことが氷解するという。

聞けば、最初は反対したり自分の思いどおりに動いてくれない男の子でも、泣くのをこらえたり軽くすすり泣くように息を吸い始めると、必ず誰でも思いのままになってくれたとのこと。もちろん彼女に泣かれては困ると思ってしかたなく従ったと考えることもできるが、逆にワンワンと声を上げながら泣いたのでは効果がないらしいことからして、やはりすすり泣きにおける息を素早く吸う動作がキーポイントのようだ。

男の僕は、フーンそんなこともあるのか……といった程度にしか聞いていなかったのだが、他の女子大生達の反応は素早かった。多くの学生がまったく同じ経験を持っていたようで、そうじゃそうじゃ（岡山弁で「そうだそうだ」の意）の大合唱。中には、こんな話をする学生もいた。いわゆる長距離恋愛をしていた頃、東京にいる彼と電話口で意見が分かれてしまい悲しくなったためつい鼻をすっていると、彼は必ずすぐに意見を合わせてくれるようになったそうだ。しかも、一度や二度ではなく、そうなったときには毎回必ずうまくいくとか。ついには、鼻からキュキュンと素早くわずかな息を吸い込むことで電話回線をとおして電話相手の魂を一瞬引き出すことができるのではないかという、いささかぶっ飛んだ解釈に落ち着く始末。

そうなると、何と遠くにいる電話相手に合気をかけることさえできそうに思えるが、これは未だに試したことはない。ただ、合気の技法が最終的には愛によって相手の魂を受け入れることで相手が活き活きとした人生を送るようになるキリスト伝来の活人術と同義だとする理解に立てば、活人術としては結果として偶然何回かやっていたようだ。それは大学院で航空宇宙工学を専攻している下の娘に聞いたのだが、研究上の細かい計算がうまくいかなくて困り果てたときには父親である僕に電話して雑談することにしているという。何故なら、毎回電話直後に必ず突破口が開けて計算がうまくいくらしい。

ただ、三原の隠遁者様のところで活人術を授かったときにいっしょにいた娘であるため、他の人にはあてはまらないかもしれないのだが……。

ともあれ、僕のトンでも授業に出席してくれた女子大生達のおかげで、合気と魂についての発見を毎週のように再確認したり論じたりできたのは事実だ。少々大げさに聞こえるかもしれないが、その授業がなかったなら、既に公表した『魂のかけら』や『合気開眼』で独白した様々な気づき体験の半分は存在していなかったはず。

やはり、マリア様の御心に感謝せずにはいられない。

その素晴らしい授業も大学が夏休みに入ると同時に前期分が終わり、僕はかねてから計画していたとおり一ヶ月半ほど古巣であるジュネーブの街に滞在するためスイスへと飛んだ。いくら何でも魂という奴は外国にまでは追っかけてはこないだろう。だとしたら、この二ヶ月の間にあった不思議な出来事や発見について、ゆっくりと書き残しておくための休息期間にできる。能天気に考えた僕は、一冊のノートだけを持って旅立った。

むろん、スイス滞在中に列車や船やカフェの席を温めながら少しずつ書き溜めていったノートが先で述べた個人的記録となったのだが、ところどころにスイスの地名や列車の車窓から見た光景などが入っている。しかし、事はそう簡単ではなかった。何と、魂の実在を確信させるようなあり得ないはずの体験が、遠い異国の地にまでこれでもかといわんばかりに続いたのだ。現在進行形で起きてしまったことまではノートに書き取る余裕がなかったのだが、このときのスイスでの奇蹟については数ヶ月経ってから突如筆が走ることになった『魂のかけら』に出てくるまで、僕自身の頭から離れることはなかった。

結果として、やはりマリア様が導いて下さったとしか考えられないようなスイスでの夏休みを終え、まだ冷めやらぬ間にこの感激と興奮を伝えるべく僕はあの女子大生達の待つ大学へと急いだ。だが、僕を待っていたのはいつもの学生達だけではなかった。

待っていた手紙

夏休み期間とはいえ、一ヶ月半も大学を空けていたわけだから、学内雑用の書類だけでなく電子メールや郵便物が溜まりに溜まっていた。しかしまあ、時差呆けの頭では他にまともな時間の使い道とてなく、後期授業開始を一週間後に控えた冷房の効きが悪い研究室で封筒開け作業に汗を流す。ほとんどが開封直後に屑籠行きになる運命だが、中に一通だけ業務用のものではない真っ白の封筒があった。裏に記載された住所は岡山市内だったが、差出人の名前に心あたりはない。

市内に住む見知らぬ方から大学あてに私信を頂戴するなど、今でこそ前著『合気開眼』のおかげで珍しくもないが、まだその頃は絶対にあり得ないことだった。幾分緊張しながら封を切った僕は、ザッと目をとおして机の上に放り出したあげく半年後には屑籠に入れてしまうといういつものパターンではなく、どういうわけかすぐさま受話器を取って手紙の最後に記されていた携帯電話番号をプッシュしていた。

佐川幸義先生の合気についての正しい知識をこれほどまでに心の底から渇望している人はいないと感じながら手紙を読み終えた僕は、でき得る最善のことをしてあげなければと思ったのは事実だ。しかし、だからといってメールや手紙で返事するという選択肢ではなく、電話、しかも確実につかまるであろう携帯電話にかけることを選ばなければならなかった理由はない。にもかかわらず、僕の指は何ら躊躇なく速やかに携帯番号を打ち込んでいた。

長めの呼び出し音の後、こちら側の熱意に溢れた呼びかけとはかなり温度差がある応答があった。僕の名前を聞いてからもあまり感動した様子もなく、むしろ声を潜めて相づちを打つだけのようだ。しかしそのときの僕は、何故かそんな空気も読めずひたすらトーンを上げていったあげく、ちょうど次の日曜日に木村達雄さんが岡山にくるので是非いっしょに稽古をつけてもらおうとまで提案した。すぐにはっきりとした返事がなかったことを、これは相手が遠慮深い人だからだと決めつけた僕は、とにかく日曜日の夕方五時から岡山市の野山武道館を借りておくので是非そこにくるようにと告げて受話器を置いた。

しかし、電話口ではそういってしまったのだが、日曜の夕方に柔道場が空いているのか急に心配になった僕は急ぎ岡山市のスポーツ施設予約サイトにアクセスした。僕が借りることができる道場は、これまでに一度だけ使ったことのあった岡山市民の誰にも門戸を開いている野山武道館しかないのだ。もし塞がっていたら万事休すとなるが、日曜

野山武道館

日といえば様々な武道団体が使いたいはず。冷静に考えれば考えるほど、無茶な提案にしか思えない……。

だが、ここでも見えない予定調和のレールが引かれていたようだ。運良く（と人はいうだろう）、夕方五時から一時間だけ柔道場が空いていた！

喜んだ僕は、すぐに今度は筑波の木村さんに電話を入れ、日曜日の夕方に岡山にきてくれるときに一時間だけ僕と北村君の稽古指導をしてもらえるように頼んだ。その見知らぬ若い男もいっしょに、と。むろん、これは異例のことだ。

たった一時間しかないのだから、本来ならば僕と北村君だけの指導をお願いするのが自分達の稽古になるはず。そこに佐川門下でもない初対面の人が入ってくれば、その分だけ時間を取られてしまうし、稽古する技も制限されてしまう。木村達雄師の直接指導をめったに受けられない僕にとって、これはかなりのマイナス。だが、手紙を読んでからの僕の頭には、どうしてもこの見知らぬ若者に木村さんの素晴らしい合気を体験してもらうことしか浮かんでこなかった。それほどまでに、僕の魂は留守中に届いていた手紙によって揺さぶられていたに違いない。

藤井聡さんとは、このとき以来のおつき合いだ。だが、この『唯心論武道の誕生――野山道場異聞――』の原稿を書くために二年半ぶりに当時の手紙を読み返した僕は、あまりのことにしばし呆然となってしまった。何故なら、そこには僕をあれほどまでに動かした熱意のかけらも見あたらないのだ。かなり距離を置いて、あくまでもし佐川幸義先生の合気について何らかの感想を持っていたら聞かせてほしいが、それもあえてどうしてもということではない……。

冷静に読めば、まあさほど重要なことは知らないだろうが、同じ岡山市内で近いから取りあえずは声をかけてみただけ。そんな、まったく期待していない様子がありありとしている文面だったにもかかわらず、夏休みに滞在したスイスでも揺さぶり続けられていた僕の魂は、字面の背後にある藤井さんの魂の叫びを受け止めていたのかもしれない。それに、『魂のかけら』でご紹介した十二章の神秘体験のうち、三原の隠遁者様との出会いやルルドとファティマへの御礼参りを除く、実に九章分が二ヶ月半の間にこれでもかといわんばかりに押し寄せてきた直後でもあった。

そういうわけだから、手紙を出してから案の定なしのつぶてだったにもかかわらず突然携帯電話に連絡を受けた藤井さん本人は、熱心極まりない僕からの稽古の誘いにものすごい違和感を感じてしまったのはいうまでもない。佐川幸義先生門下の末席に位置する無名の人に、何も同じ岡山市にいるからというだけで稽古してもらおうとも考えていなかった。生前の佐川先生の合気のすごさやお人柄を知ることができるような話を聞く以上のことは、もとよりまったく期待していなかったのだ。

今の僕だけでなく他の誰が読んでも手紙からはそんな印象しか得られない文面だったはずなのに、電話口では何をどう勘違いしてしまったのかすぐにも稽古に参加してはどうかと熱くたたみかけてくる！しかしまあ、案の定ご本人に合気ができるはずもないことは自覚しているようで、先輩であり佐川幸義先生の合気を継いだ木村達雄師を岡山に呼び寄せて対処しようとしたのだろう。その点は、やはり短期間しか佐川先生に教わらなかった人の悲しさが現れているようだが、逆に悪意や空威張りとは無縁の人のようだ。そんな思いが藤井さんの脳裏をかすめたのではないだろうか。

結局のところ、判断をつけかねているうちに押し切られた形で日曜日に野山道場に行くことになったのだが、それも藤井さんにとってできるだけ早く電話を切るには他に手がなかったからというのが実状らしい。というのは、むろん数ヶ月経ってから聞いたのだが、何と彼はそのとき佐川門下の古い先輩を自宅道場に訪ねる直前だったのだ。約束の時間に遅れては佐川幸義先生の高弟に失礼にあたる。そう考えてのことだったようだが、誰の目にも納得のいくまっとうな判断だった。

脳が生み出した己の心が決めたはずの行動だったのだが、それもまた目に見えない魂のつながりが藤井さんを野山道場に引き寄せようとして置いた布石にすぎなかった。何故なら、たとえそのときには成りゆきでしかたなく会ってみることになったとしか考えていなかったとしても、そのことが藤井さん本人にとってだけでなく、電話口で珍しく熱く語っていた僕自身の生き方をガラリと変えてしまう出会いとなったのだから。

第一部「唯心論武道・誕生前夜」や第三部「野山道場異聞」でお伝えするその後の二年半における素晴らしい体験と出会いの日々は、この藤井さん抜きでは語ることができないものとなった。それだけでなく、三原の隠遁者様に授けていただいたキリスト伝来の活人術「冠光寺眞法」に基づく武術技法である「冠光寺流柔術」を完成させ、その師範として後進の指導を引き受けて下さることにもなったのだ。まさに、マリア様の御導きがあったとしか思えないような展開！

数年前の八月末、岡山ではまだまだ蒸し暑い日曜日の夕方に木村達雄師をお迎えした僕の車は、北村好孝君が待つ野山道場の駐車場へと滑り込む。隣の剣道場では少年剣道の稽古が始まっていたのだが、むしろガランとした柔道場の方がエネルギーに充ち満ちている印象が不思議だった。見ると、北村君の横に見知らぬ小柄だががっちりとした体格の青年が立っていた。

こりゃー、かなり抵抗力がありそうだ……女子大生相手ですら一ヶ月半のブランクがあるかじり始めの合気ではとても倒せそうにはない！

一瞬そう思った僕は、やはり木村さんを呼んでおいてよかったと安堵した。

一時間という短い時間だったが、隣の少年剣士達が木村さんのものすごい合気の技でぶっ飛ばされる我々三人の姿に度肝を抜かれ棒立ちで見とれている中、藤井さんの魂は徐々に心の底から解放されていったようだ。異例なことだったが、既に生前の佐川幸義先生に入門を許されていた僕と北村君だけでなく、初めて顔を出した藤井さんも含めてこの野山道場で大東流の稽古を続けてよいという許可を木村さんからもらえたのだから。

それだけでは、ない。稽古の後で、木村さんの宿舎に予定していた岡山駅隣接のホテルのレストランでいっしょに夕食を取っていたとき、解放された藤井さんの魂はどこまでも我々を魅了していったのだ。むろん、四人それぞれの自我はそのようなことに気づくわけもなく、単に同じテーブルを囲んで夕食を共にするという珍しくもない社会的つき合いの時間をすごしている意識しか持ち合わせてはいなかった。にもかかわらず、魂に操られた木村さんの口からはまるで神託のように、心の奥底にまで染み渡る教えの言葉が止めどなく流れ出てくる。ほとんど料理に手をつけず、真剣な顔で藤井さんに対して人の生きる道の素晴らしさを二時間近く蕩々と語って聞かせていたのだ。

いったい、どうなってしまったのか！

確かに、話題が佐川幸義先生の合気やご自身が研究してきた数学の専門分野となった場合には、これまでにもそうなった木村さんを目にしたことはある。だが、それ以外でこのように神憑り的になって話し続ける姿を見たこともなかったし、少なくとも僕にはとても想像できなかった。

それが、その夜に限っては大きく違っていたのだ。しかも、隣に座っていた僕がふと気づくと、何やら我々のテーブルだけがほのかな明かりに包まれていて、その周囲は薄暗いというかよく見えない状態になっていた。その中で、木村さんの顔と向かい合って座っていた藤井さんの顔だけがやけに輝いて見えたのも事実。どうやら、目に見えないところで二人の魂が呼応し合っているようだ。魂の存在に気づき始めていたそのときの僕は、よくはわからないながらも何かとても大事なことが起こりつつあると感じ、心を新たにする思いで我々を包んでいた光の帳を見守り続けていた。

だが、その二時間の間に木村さんが熱く語った内容はというと、不思議なことに翌朝には霧散してしまっていた。どうがんばっても思い出せないだけでなく、その手がかりになるような断片さえもまったくつかめないのだ。これはどうも僕だけではなかったようで、翌朝岡山空港までお送りする車中、木村さんもまた前夜の出来事を不思議な思いで振り返っていたようだった。

これが、それから二年半にわたって僕の稽古相手を熱心に務めてくれるだけでなく、三原の隠遁者様に授かったキリスト伝来の活人術である冠光寺眞法を我が国の柔術技法に活かした冠光寺流柔術の体系を創り上げるのに主導的な役割を果たしてくれた藤井聡さんとの出会いだ。本書が世に出るのを機会に、僕自身は冠光寺流柔術が藤井さんを師範として更なる発展を続けていくのを隠遁者として見守っていく道を選んだのだが、これもまたマリア様の御導きによる大いなる予定調和のなせる業に違いない。

道場開き

木村達雄師に許可をいただいた僕は、さっそくに九月頭から毎週土曜日の午後に野山道場で北村好孝君と藤井聡さんを相手に大東流の稽古を始めた。大東流合気武術一元の技を佐川幸義先生の道場で教えていただいた順番で交互にかけ合っていくのだが、門人以外に技をかけたり見せたりすることが禁止されていたためこうやって毎週稽古できるようになったのは実に二十年ぶり以上のことだ。小平の佐川道場での懐かしい日々を思い出しながら、僕はじっくりと楽しみながら稽古を続けていった。

当時岡山の社会福祉法人に勤務していた北村君は仕事の都合で土曜日が休めないことも多く、従って稽古も僕と藤井さんの二人だけということも珍しくなかった。広い柔道場の真ん中で、まだ知り合ったばかりの男二人が黙々と交替で技をかけ合っていくという場面では、北村君がいるときに穏やかな笑い声が飛び交うのとは違い、緊張感のある静けさが漂っていたのかもしれない。小平の道場に佐川先生が出てこられたときの雰囲気が蘇り、当時直接にご注意を受けた詳細までもが思い出された。

その意味で、僕にとってはすこぶるためになる稽古を続けることができた。

一ヶ月くらい経ったとき、何やら僕が野山道場で大東流の稽古を始めたらしいと聞き及んだ合気道部四年の女子大生がやってきて、参加したいとのこと。入学以来丸刈りに近い男勝りの雰囲気に徹し、三年生のときには合気道部の部長を務めた佐川由貴さんだった。僕から佐川幸義先生のすごさを聞くことも多かった彼女は、かねがね卒業して東京に出ることになったら是非にも佐川道場に入門したいとまで考えていたのだ。それを知っていた僕は、まあ残り半年の大学生活の中で佐川道場に入門する準備でもしてもらえればよいかと思い、木村さんにお願いして許可をいただき稽古に参加してもらうことにした。その佐川由貴さんだが、今では野山道場師範代を任せる腕前。門人の中には、佐川幸義先生の孫娘だと信じた人もいるくらいだ。

というわけで、十月からは多いときは四人が野山道場に集まるようになり、交互に相手を変えていけばかなり密度の濃い稽古ができ二時間があっという間に消えていく。合気とは敵の魂を自分の魂で暖かく包んでいくことだと気づき始めていた僕ではあったが、授業で女子大生相手にやっていたそんな子ども騙し(?)のことからも離れつつあった。夢物語のようなことを考えていたのでは武道とはいえない。やはり、毎週こうやって道場で汗を流すうちに合気ができるようになるはずだし、体さばきや手の持ち方の細部にまで注意を払う稽古が大事なのだ。

それに、北村君は長年のつき合いで以心伝心だし、佐川さんも合気道部の学生として僕のことを常に敬ってくれていることもあり、僕がほとんど力を入れない動きを見せるだけで二人ともあえて抵抗しないで倒れてくれる。そんな様子を見ていたからか、あるいは年長の僕に気を使ってなのか、鍛えた身体なのでかなり抵抗してくるのではと心配していた藤井さんも簡単に倒れてくれていた。このまま何年か続けていけば段々とうまくなっていき、いつかは合気の理解にもつながるのではないか!

今から思えばそんな大いなる誤解に陥ろうとしていたのだが、ここでもまた目に見えないところに張り巡らされていた予定調和の布石のおかげで、僕は再び魂の存在に目を向けるようになる。

真の誤解

ある日、いつものように藤井さん相手に稽古をしていたときのこと。野山道場に通うのも、かれこれ五回目くらいだっただろう。いつものように座り技から始めて淡々と技をこなしていたし、これといって何か特別なことがあったわけでもない。にもかかわらず、ある時点から突然に倒れてくれなくなったのだ。それまではずっと、普通に合気道をやっている人達のように形だけ技をかけていけば抵抗せずに倒れてくれていたにもかかわらず、急に抵抗するようになった！

まあ、これまでのところは初めての大東流の技の数々における身体の使い方を学ぶという目的があったために技が効いていなくても好意的に倒れてくれていたが、そろそろ大東流の技の動きもわかってきたのでこれからは効いていなければ倒れないつもりなのかもしれない。あるいは、うっかり僕が何か気に障るようなことを口走ったため、気分を害して倒れてくれなくなったのかも。

僕はあれこれと思いを巡らしながら、相手が倒れてくれないのは佐川道場で慣れていたためさほど驚くわけもなく、倒せないながらに淡々と技をかけ続けていった。まあ、これが佐川道場における門人同士の間での本来の稽古風景ではあったわけで、やっと正真正銘の大東流の稽古になってきたと考えてもいた。しかしまあ、それなら稽古の初めから抵抗して倒れなければいいのに、最初しばらくは年長であるこちらの顔を立てて馴れ合いで倒れてくれた上で途中からわざわざ抵抗してくるとは、藤井さんもかなり人が悪いのかもしれない。

頭の中ではそんなふうに不信感を抱き始めてはいたのだが、それを気取られては大東流の先輩の恥。僕は、できる限り平静を装い、佐川道場ではいつもこうだった……などと釈明しながら稽古を続けていった。藤井さんはといえば、佐川幸義先生の門人とはいえやはり体力で勝る自分が抵抗すれば結局は倒すことができない程度の人物だったのかという、幾分憐れんだ目で僕を見ているように映った。あるいは、そんなダメ人間と稽古する羽目になった自分自身の不幸を悔やんでいるのか、僕が技をかけて倒れないたびに怪訝そうな顔になる。

佐川道場での稽古のように、そのまま最後の技に到るまで互いに倒れずにやり続けていてもよかったのだが、このままでは心の奥で何かを引きずってしまいかねないと思った僕は、正直に胸の内を明かすことにした。いや、それは自我意識が後でとってつけただけで、本当は何も考えていなかったのかもしれない。ただ、魂の欲するままに、藤井さんに向かって静かに口を開いただけだったのだ。

「さっきまで僕の顔を立ててあれほど簡単に倒れてくれていたのに、急に抵抗して倒れないようにし始めたのは、何か僕が気に障ることをしたからですか？」

突然僕の口を衝いて出た言葉の真意をつかめなかった様子というよりも、思いもかけないことを問いつめられまさに目が点になった感のあった藤井さんは、僕の顔を真剣に見やったままでゆっくりと考えながら誠実に答えてくれた。そのおかげで、本来ならば我が耳を疑うような内容だったにもかかわらず、素直に、本当に素直に受け入れることができた。

いわく、この野山道場で長年求めてきた佐川先生の大東流を稽古できるようになり、晴れて自分から倒れなくてもちゃんと倒してもらえる合気の技を学ぶことができて幸せにこそ思ってきたわけで、それが急に何か気に入らないことがあるのかと聞かれてびっくりしているとのこと。すぐには理解できなかった僕は、それではこれまで一ヶ月ほどの稽古で自分からわざと倒れたことはなかったのかと問い直したのだが、むろん初めての稽古のときから効いていなければ絶対に倒れないようにしていたにもかかわらず毎回ちゃんと倒してもらえたのでうれしくてしかたがなかったという答が返ってきた。

ところが、この僕は自分が藤井さんを本当に倒していたなどとは微塵も思わず、単に年長者の顔を立てて倒れてくれているとしか考えていなかった。そんなわけで、にわかには藤井さんの言葉を信じることができず、滑稽なことではあったが本当にこんな僕の合気が効いて倒れていたのか再度問いかけていったのだ。何度聞いても答は同じで、抵抗していても不思議に簡単に崩されて倒れてしまったとのこと。

まだ半信半疑ではあったが少し落ち着きを取り戻した僕は、では何故さっきから急に倒れなくなったのかと改めて問う。いや、突然に技が効かなくなり合気の片鱗すら見えなくなってしまったため、いったいどうしたのかと気になりながら稽古を続けていたと説明した藤井さんは、そういえばずっと無言で技をかけていた間は倒され続けていたが途中で技の簡単な説明をしながら技をかけたときから倒されなくなったと教えてくれた。

そうか！　六月十三日にプロの武術家相手に合気を初めて使ってみたときと同じだ！　この言葉によって、自分ではまったく合気を使っているつもりがなかったにもかかわらず、自然に合気が使えていたという驚くべき事実の信憑性が高まった。僕自身の頭の中では単に佐川幸義先生の道場で習った大東流の技のおさらい程度に軽く身体を動かしていただけだったのに、僕の魂は本人の知らない間にちゃっかりと稽古相手の魂を愛で包んでいたのだ。そう、ちゃんと愛魂＝合気がかかっていたからこそ、抵抗していた藤井さんの鍛えた身体ですら簡単に倒すことができていた！

僕にとっては、本当に驚愕の事実だった。まさに、事実は小説より奇なり！

この瞬間から、野山道場が神の祝福を受けたかのように輝き始めたのだ。そして、野山道場異聞の全てはここから始まっていく。

女子大生参加

単なる若さだけでなく、体力的にも精神的にも最も強くなれる年齢にあった藤井さんが抵抗していたにもかかわらず、その父親のような年齢の僕が本当に自在に投げ倒すことができていたということがわかってからは毎週土曜日の稽古が急に待ち遠しくなった。本音を明かせば、それまではこのような僕の顔を立ててくれて効いてもいないのに倒れるといった形だけの稽古は、やはり気が重かったのだ。それが急転直下、効かなければ絶対に倒れない相手だとわかっただけでなく、そんな相手であってもその頃に何故かでき始めていた魂の技によってまるで合気をかけたかのように簡単に倒すことができると判明したのだから、稽古が楽しくなったのもうなずける。

こうして、明るさを増した野山道場の中で北村君や藤井さん、それに佐川さんの三人を相手にした大東流の稽古の中で、ごく自然な成りゆきではあったが常に稽古相手の魂を自分の魂で愛とともに包んでいく「愛魂」という武道らしからぬ内面の技法について、毎回驚くような効果があることを実体験していった。

そんな稽古が三ヶ月ほど続いた頃、どういうわけか見知らぬ四人の女子大生が稽古着で道場に現れた。僕の大学の合気道部の学生とかで、一年生が二人で二年生が二人。聞けば、最近合気道部の指導者である北村先生が急に変わってしまい、しかも部活稽古の後で佐川先輩と二人だけでこそこそと不思議な技の稽古をして楽しそうにしているので問いただしたところ、この野山道場で習っているとのことだったので自分達もやってきたという。

前著『合気開眼』にも書いたが、実は親友の北村好孝君は合気道五段の腕前でずっと大学合気道部の指導を頼んでいる。部員から見れば既に大成した雲の上の人である指導者であるのに、何やらこの二ヶ月ほどで技がどんどんと変わってきたし雰囲気が明るくなってきたとまで映ったのだから、その変化はよほどのものだったに違いない。今から思えば、これもまたキリストの活人術のなせる業だったのだが、当時の僕にはそれに気づくゆとりはなかった。

一応大学合気道部の顧問教員の立場としての僕が笑顔で正座している四人を追い返すわけにもいかず、さりとて木村達雄師に入門を許されているわけでもない四人を大東流の稽古に参加させるわけにもいかない！

板挟みになった形で思案していた僕の思考は、しかしながら無垢な眼差しで見つめる四人の純粋さによって彼方に追いやられていまい、ポッカリと空いた心から魂が抜け出す。木偶人形のように操られた僕の口からは、自分では思いもよらないような言葉が出ていった。

「これは佐川幸義先生の大東流の稽古なので君達を入れてあげるわけにはいかない。しかし、もしどうしてもいっしょに稽古したいというのなら、佐川先生に教えていただいたやり方ではなく最近できるようになった不思議な内面の技法があるのでそれをやっていくことはできる」

むろん四人に異存もなく、結局その日から女子大生達とも稽古をすることにした。土曜日の二時から四時までが北村君、藤井さん、佐川さんの大東流の稽古で、四時から六時までが女子大生相手の大東流でない稽古だ。前半の三人が後半の稽古に参加する必要もないと思っていたのだが、別に他の用事があるわけでもないし何か面白そうだからというわけで、結局三人とも六時まで皆といっしょに稽古を続けることになった。

二時から始まる大東流の稽古は佐川道場での門人稽古の形式そのものだったので、最初の技から始めてそれぞれの技を何回も繰り返しながら同じ相手と稽古していき、全ての技の稽古が終わったところで相手を変えて再び最初の技から順次やっていくという、どちらかというと単調で静かなものだった。しかし、四時からの稽古ではそんな大東流の形式すら用いることはできないため、やむを得ず合気道などでやっているようにまず僕がひとつの技の見本をやってみせてから、全員でその技をそのときに組んだ相手と稽古する形式にした。まあ、形だけは決まったというところ。

で、実際に最初の技をやってみせようというとき、僕は頭を抱えてしまった。いったい、何をやればよいのか！

佐川先生の大東流ならば、最初は必ず合気上げからだ。何故なら、互いに正座して相手に両腕を押さえられたときに腕を上げるという、一見単純そうな合気上げという技は合気の基本だと考えられていた。むろん、それは佐川幸義先生のお考えであるのだが、合気上げの動き自体は他の大東流にも技として伝わっているし、大東流から派生した合気道の技の中にも「座り呼吸法」という呼び名で残っている。

全員が正座して見守る中でそんなことを考えていた僕は、形だけなら合気上げと同じことをやってみても門外不出の佐川先生の技を女子大生達に伝えることにはならないし、僕自身が直伝講習の中で佐川先生から直接に教えていただいた合気上げのやり方ではない新しいやり方を説明して稽古するには問題ないと気づいた。つまり、三原の隠遁者様に授けていただいていたキリストの活人術である「愛魂」による合気上げだ。これが、合気上げとは音読みが同じとなる「愛魂上げ」が生まれた経緯に他ならない。

もちろん、まだ二十歳前の女子大生達に最初から「魂」だとか「魂を愛で包む」などといったのでは、それこそ新興宗教まがいの異常集団だと思われかねない。しかし、それをしないことにはとうてい正座して腕を押さえてくる相手を爪先立ちするまで高々と上げてしまうことなど不可能。愛魂という内面の状態を何かもっと日常的な言葉で説明しなければと思案していた僕の口から、やはり思いもしなかった言葉が不意に飛び出す。

「世界平和を祈りながらやると、この技は人間なら誰でも簡単にできることです」

世界平和とは大きく出たもんだと自分でも半ばあきれていたのだが、それでも如何にも女子大生受けするような解説が口を衝いてくる。

「まずは、何も祈らずにがむしゃらに力一杯がんばって相手を上げてみましょう。ほとんど何もできず、腕は相手に押さえられたままかあるいはかろうじて相手の手が外れるかのどちらかです。腕力や体力でやったらその程度のことしかできないことがわかったら、次はお母さんの幸せを願い、お母さんがいつまでも幸せに生きていけるように願って真剣に祈りながら腕を上げてみて下さい」

これでも、力ではまったく浮かなかった相手の身体が五センチくらいは上がるので、女子大生達も笑顔で喜んでくれる。しかし、魂の言葉は続く。

「では、今度はお母さんだけでなく世界中の人々全員、つまりまだ会ったこともないアメリカの人々や見たこともないアフリカの人々も含めて、全人類が幸せで健康に生きていけるように願いながら腕を上げてみましょう」

この時点で野山道場は女子大生の歓声でわき上がる。何故なら、相手のお尻がゆうに一〇センチは持ち上がったからだ。だが、これではまだまだ本当の愛魂上げではない。僕の口からは、徐々に女子大生達を目に見えない世界へと誘う言葉がほとばしる。

「まだまだ、これからですよ。次には、世界中の人々だけでなく、それに加えて世界中の人々を護ってくれている全ての天使達も含めて全員が幸せに過ごせるように祈りながら……はい、腕を上げてみましょう」

ウォーッ！！！

唸り声にも似た驚きの声がこだまし、両足の甲だけを畳に残して膝も腰も浮いてしまった異様な状態の女子大生が目を見張る。それを持ち上げているはずの女子大生は、自分の腕にかかるはずの相手の重さがまったく感じられないことの不可思議さに戸惑いの色を隠せない。そんなことにはお構いなしの僕の魂は、ついに最後の一撃を放つ。

「いよいよ、最後です。全人類や全ての天使達の幸せを祈るだけでは足りないことがわかったのだから、今度は神様の幸せも願うことにしましょう。そう、会ったこともない遠い異国の人達も含めた世界中の人々や見たこともない全ての天使達だけでなく、あらゆる神様までもが幸せになれるように心から祈って手を上げて下さい！」

その瞬間、野山道場には明るい笑い声が響き渡った。爪先立ちで高々と上げられた女子大生も、それをヒョイと上げたはずの格好になっている女子大生も、驚きやとまどいなどは完全にとおりすぎてしまい、ただただ楽しく幸せな気分に浸っている。

そんな光景を目のあたりにしながら、僕は女子大生達がカトリック系の女子大に通っていたことに感謝した。でなければ、天使や神様という言葉を素直に受け止めてもらえなかったかもしれない。あるいは、単に神話に出てくるような姿を頭で思い浮かべるだけで魂の祈りには結びつかないため、まったく効果が現れなかったかもしれない。日頃から神やマリア様に対する敬虔な祈りや畏敬の念を抱かせる環境に身を置いていたからこそ、全てのものの幸せを祈ることによって純白にした心の奥底から魂を高みへと解放できたのではないだろうか。

大東流と冠光寺流

こうして、女子大生達を入れての後半二時間の稽古では、愛魂上げだけではなく他の全ての技も世界中の人々と目に見えない天使達と神様の幸せを祈りながらやっていくという、武道としてはいささかトンでもない光景があたりまえになっていった。整列した若い女性達の前で「天使達の幸せを願う……」などと胡散臭そうな中年男が説明しながら藤井さんや北村君を投げ飛ばしてみせる図は、隣の板張りで太極拳の練習をしていたおばさん達には、女の子をだまして新興宗教に入信させようとしているのではないかと心配だったに違いない。

だが、当の女子大生達は結構楽しそうだし、それなりに相手を愛魂上げしたり投げ倒したりできている。その光景を見ている限り、幸せを祈るということが相手の魂を愛で包むということにつながるのだと思えるのだ。それに、単に楽しいというだけではなく、何か心の中から輝いてきているという雰囲気もあった。これもまた、キリストの活人術のなせる業なのだろう。

前半の大東流の稽古にも参加している北村君と藤井さんや佐川さんですら、後半の稽古では笑顔を絶やすことなく場合によっては声に出して笑うこともある。武術の稽古中に笑うなど、本来ならば不謹慎極まりないと思われるが、屈託のない笑みからはそんな非礼な様子は皆無。ただただ、楽しく幸せな時間を他の人達と共有できているからこそ生まれる、至福の笑い声なのだから。

こうして、後半の稽古はあっという間に終わり、夕暮れが野山道場を包んでいく。

そんな素晴らしい土曜日の午後を繰り返すうち、当然といえば当然のことだが、誰からとなく後半の稽古でやっているのはいったい何流の柔術なのかと問われ続けた。とっさに出てきた僕の答は、これは佐川幸義先生の大東流合気柔術ではなく、大東流や合気道などの一般にもよく知られた技を選んで三原の隠遁者様に教えていただいたキリストの活人術と組み合わせた新しい柔術というものだった。ということは……、そう、まだ何流とかという名前はなかったのだ。

では、何か名前をつけてくれという女子大生達のリクエストがあったのだが、まさかキリスト流や隠遁者流というのを謳うわけにはいかない。しかし、そもそもはキリストの活人術に由来するものであり、僕自身がマリア様から授けていただいた幾多の神秘体験によってもたらされた「愛魂」という内面技法によるものであることを匂わせる名前が求められていたのも事実。

隠遁者様

困ったときには原点に立ち返ればよい！

そう思った僕は、その昔に中学生の娘を救ってもらうつもりで訪ねた三原の隠遁者様が荒行として修行されていたキリストの活人術のフランス語でお聞きした呼び名、直訳すると「聖母マリアを祀る修道騎士団寺院に伝わる秘技」をそのまま日本語にすればよいと気づいた。カトリックの宗教画において、聖母マリアは唯一光り輝く冠を被ることが許されている。従って、「冠光」というのがマリア様のことになる。また、修道騎士団寺院は「寺」そのものを使えばよい。伝わる技法というのは「流」そのものだから、結局のところ「冠光寺流」がよい。

これが、「冠光寺流柔術」の由来だ。

ところが、『合気開眼』の奥付では既にキリストの活人術のことを「冠光寺眞法」と名づけていたのだから、その活人術を用いた柔術技法であれば当然「冠光寺流柔術」となっただけのことではないかと訝しがられるかもしれない。だがこれまた不思議なことだが、三原の隠遁者様から授かった活人術を「冠光寺眞法」と呼んでいたのは、フランス語でうかがった活人術本来の呼び名のことを思い出したからではない。『合気開眼』にもあるように、木村達雄師に初めて合気で投げ飛ばされた数日後、その様子を思い出しながら治療を受けていたとき僕自身の身体に本質的な変化が生まれたのだが、その治療をして下さったマリア様の生まれ変わりのような治療師の方が授けて下さったのが「冠光寺」という呼び名だっただけだ。

それが、ここにきて見事に合致してしまう。

全ては神の予定調和を具現しているのだ。

魂の侵略!?

その年も師走となり、岡山といえども寒い日が続く。ガランとした古い体育館のような造りの野山道場で初めての本格的な冬を迎える。寒々とした空気に冷え冷えとした畳とくれば、稽古はかなり辛いものになる。実際のところ、冬場になってからは他の時間帯に野山道場が使われることが少なくなっていくようで、よけいに寒く感じてしまう。

だが、土曜日の午後に我々が野山道場の鍵を開けて中に入っていくと、いつも空気が冷たくないし畳がほのかに暖かい。長年の経験からいえば、冬の柔道場の床は氷のように冷たく感じられ、一歩足を踏み入れた瞬間から足をピョンピョンさせていないと足裏から凍てついてしまう。にもかかわらず、野山道場の床は冬でも暖かい！

寒さに弱い女子大生達も、稽古しながらこの道場は床暖房が効いているのかと問う。岡山市に払う使用料は夏も冬もいっしょだから、わざわざ冬に床暖房をしているとは考えられない。では、いったい何故に畳が暖かいのかと聞かれた僕は、いつものことでとっさに苦し紛れの説明を編み出してしまう。確かこの道場は岡山市の下水道ポンプ場の上に建てられているので、床下の屎尿処理装置がバクテリアの発酵で発熱しているために暖かくなっているのだ、などと。

それ以後、野山道場は屎尿処理のバクテリアのおかげで冬でも暖かいということになってしまった。むろん、夏場の暑さは大変なもので、普通でも酷暑の岡山で床暖房も効いているといえば想像していただけるはず。

ともかく、寒い季節になってからもまったく冷たくならない畳のおかげで、土曜日午後の稽古は毎週続いていった。そして、年の瀬も押し迫ったある日のこと、後半の冠光寺流柔術の稽古に初顔の女子大生がきた。友達に誘われてきたという学生は、ごくごく普通の人に映ったのだが、稽古が始まって皆の前で僕が藤井さん相手に技の見本を始めた瞬間に考えられないような行動に出てしまう。いきなり「キャー恐い」と叫んだかと思えば、隣に正座していた友達に抱きついていったのだ。

当然ながら僕も藤井さんもびっくりしてしまい、見本の技を途中でやめた上でその女子大生に近づいていく。女子大生を怯えさせるほど危険で激しい技をしようとしたわけでもなく、皆の前で何かまずいことをしたとも思えなかったのだが、叫び声が尋常ではなかったのでまずはいったい何があったのかを知りたかったからだ。

何が恐かったのかという僕の問いかけに逆に躊躇し始めたかのようだったが、それを察した隣の友達が答えてくる。「この子は、実は人のオーラが見えてしまうんです。それで、何か私達には見えない恐いものを見たので怯えたんだと思います」

オ、オ、オーラ!!

突然に降ってわいたスピリチュアル系の用語に驚いたのだが、まあテレビにはオーラを見てその人の問題点を指摘する芸人までもが登場しているわけだし、どうせそんな番組の見すぎで自分で勝手にそう信じ込んでいるだけだろうというのが僕と藤井さんの共通した判断だった。しかし、たとえそうであっても初めて稽古に参加した女子大生に叫び声を上げられてしまったのだから、ここはきちんと声をかけて対処しておかなければならない。

そう考えた僕は、怯えている学生に向かってできるだけ笑顔を作りながら聞いてみた。

「オーラが見えるという人に初めて会ったが、しかしオーラが見えたらどうしてそんなに恐くなるのかなー。テレビなんかで紹介しているのは、単に様々な色を持った輝く空気のように映るものだったと思うけど……」

それに対する本人の返答は、東京の佐川道場で木村達雄さんに佐川幸義先生直伝の合気で投げられてから何となく感じていた合気のからくり、つまり『合気開眼』でもご披露した僕の魂が胸の奥から頭の上に解放され相手の魂を包むという感覚的理解をまさに裏づけるものだった。しかも、しかもだ、僕自身それまでに野山道場では誰にもそんなことを話してはいなかったのだ。

信じがたいかもしれないが、その学生は次のように説明した。

これまでもたくさんの人のオーラを見てきたが、それは恐いという種類の感情が湧き出るものではなかった。ところが、道場で技を見せるために僕が相手に合気をかけようとした途端、僕の身体を包んでいた蛍光紫色のオーラが上の方から前に伸び出していき相手をしていた藤井さんの身体を包んでいる純白色のオーラの中に侵入していったそうだ。そして、藤井さんの白色のオーラが上の方から段々と紫色に染まっていって、ついには足下の辺りまで僕の紫色のオーラが侵略してしまったときに藤井さんの身体が倒れてしまう。このようにある人のオーラが他の人のオーラを侵略するなどというおぞましい場面などこれまで一度も見たことがなかったため、その女子大生は極度の恐怖を感じて叫んでしまったのだ。

僕のオーラが頭上から相手のオーラを侵略していく！

そう表現された僕自身には見えない現象は、しかしながらそれまでおぼろげにつかみかけていた合気のからくり、即ち僕の魂を後頭部の上に解き放ち相手の魂を包んでいくという何の根拠もなしに感じていたものを見事に裏づけてくれるように思えた。しかも、その後藤井さん相手に稽古している様子を眺めていた学生は、それまで足下から簡単に崩れて倒れていた藤井さんの身体が急に安定してしまい、どうがんばっても肩のところで腕が上がるような動きしか見せなくなったときにも、僕のオーラによる侵略が肩の辺りまでしか達成できていないからだとまでいう。そこで、何とか僕の魂をもっと奥深くまで延ばすようなつもりにしてみたところ、やっと腰の辺りまできたと学生が教えてくれた途端に腰の位置から藤井さんの身体が大きく後に仰け反るかのように倒れていった。

なるほど、普通の人には絶対に見えない存在である魂をオーラとして見ることができる女子大生がいれば、合気というものが本当に相手の魂を自分の魂で包むことによって達成されていることがわかるだけでなく、実際にその様子をあたかもレントゲン写真を撮影するかのようにリアルタイムで解説してもらえるのか！

愚かにも、そのときの僕は大いに喜んでしまう。自分では見えないものを、代わりに見てもらえることになったのだから。

そして、オーラが別のオーラの中に侵略していくという殺伐としたイメージによって魂で魂を包むという根拠のない考えを裏づけることにした僕は、愛という最も重要なものからは大きく逸脱していくことになる。その過ちについて凛とした姿勢で正して下さったのはやはりマリア様だったのだが、愚か者はそれよりも堕天使が用意したオーラという物質の延長に捕まってしまい、マリア様が差し延べて下さった助けをも拒否する始末。

だが、『魂のかけら』にあるように、神やマリア様の救いは愚か者にこそ限りなく与えられる。愚かにもオーラなどに捕らわれていた僕が予定調和の網によって救い出された経緯については、その後野山道場に集うこととなる様々な人々についてご紹介する第三部・野山道場異聞において触れることにしたい。

唯心論物理学者登場

年末にオーラが見える学生が加わってからというもの、正月をはさんで三月までの間は僕や藤井さんだけでなく、北村君も他の女子大生達もオーラをキーワードにして稽古をしていくようになった。そして、前半の大東流の稽古時間が徐々に短くなり、後半の冠光寺流の稽古に興味が移っていった結果、ついには全員で冠光寺流の稽古に丸々四時間を費やすことになった。

大東流の野山道場が消滅し、名実ともに冠光寺流の野山道場が生まれた瞬間だ。

この後、毎週土曜日午後二時から六時までの長時間であるにもかかわらず、床下の屎尿処理装置がバクテリアの発酵で発熱しているために冬でも暖かいと勝手に思い込んだ野山道場で、全員が楽しく愉快に稽古を続けていくことになる。むろん、参加者のほとんどが二十歳前後の女子大生であり、何やら指導している雰囲気の男は頻繁に世界平和や天使、さらには神様やマリア様などと唱えていたと思ったら、今度は突然にオーラなどと口走るわけだから、隣接する剣道場で同時に太極拳を稽古していたおばさん達は内心さぞ心配していたことだろう。そんな視線などに気づくわけもなかった僕は、世界平和を縦糸に、そしてオーラを横糸にして編み上げるようにして稽古を続けていった。

当然の成りゆきかもしれないが、藤井さんや北村君だけでなく女子大生達までもオーラとか魂などといったいわゆるスピリチュアル系の観点に興味を持つようになる。だが、このスピリチュアル系と

ライプニッツ

いうのが玉石混淆というか、ほとんどがでたらめの危ない内容だという世間の評価は外れてはいない。何万という石の中にたったひとつだけキラリと光るダイヤの原石があるという程度に受け止めておかないと、大きく道を誤ってしまうのだ。

そのときの野山道場全体が、本来は無用のスピリチュアル系にゴロゴロとしているオーラに取り憑かれてまさに足下が見えなくなっていたとき、忽然と現れて正道に戻すための予定調和を示してくれた人物がいた。京都の大学院のときからの友人であり、僕が最も尊敬する物理学者の一人でもある中込照明君だ。高知大学で教鞭を取りながら研究を続けている彼は、年度末には必ず岡山に僕を訪ねてくれ、数理物理学から深く形而上学にまでも及ぶような独創的な研究成果を披露してくれていた。その年の三月も例外ではなく、数日間岡山に滞在する間に、彼がライプニッツのモナド（単子）論をヒントに見出した量子モナド理論について熱く論じてもらった。

この理論は形而上学レベルから現代物理学の根底に巣くう二大難問を解決した優れもので、本来ならばノーベル物理学賞受賞に値する。少し専門的になってしまうが、自然科学の基礎を与えるはずの現代物理学における二本の屋台骨である量子論と相対論は、実はそのどちらもが根底部分において大きな矛盾をかかえてしまっている。むろん、物理学以外の分野の科学者や普通の物理学者のほとんどはその矛盾について知らされていないため、現代物理学の基礎は盤石だと誤解したままになっている。

四半世紀以上にもわたって物理学基礎論を専門とするごくわずかの理論物理学者が矛盾を取り払うために様々な理論を提唱してはきたのだが、全ての努力が徒労に終わっていた。それほどまでの難問中の難問を見事に解決したのが中込照明君の量子モナド理論だったのだが、この基礎理論の驚くべきところは他にもある。それは、従来何の疑いもなく科学者の間で暗黙の了解のうちに信じられていた唯物論的世界観を完全にくつがえし、確固とした唯心論的世界観をもたらすものだという点だ。つまり、この眼前に拡がっているはずの世界は、唯心論によってしか矛盾なく理解することができないことになる！

にわかには信じがたいかもしれないが、幸いにも中込君が一般読者向けに書いた解説書『唯心論物理学の誕生――モナド・量子力学・相対性理論の統一モデルと観測問題の解決――』（海鳴社）があるので、是非にもその驚くべき内容を確かめていただければと願う。唯物論における実在と考えられているこの世界は、実はその背後に隠れている眼に見えない形而上学的な実在であるモナド間の関係性の表れにすぎないものであり、実体のない蜃気楼のようなものなのだ。しかも、この世界における時間の流れや空間的な拡がりだけでなく、物質の成り立ちや基本的な物理法則に到るまで全てはモナドの選択過程によって表される心の移り変わりによって不可思議な形で変化していく。

そう、中込君の量子モナド理論は単に唯心論に基づく現代物理学の基礎づけを与えるものだけでなく、それまで俗悪なスピリチュアル系のテレビ番組や書籍によって汚されることの多かった目に見えない心の世界そのものを正しく記述するための、明確な数理科学的枠組を作り上げたものとも考えられるのだ。魂や心などといった唯心論で語られるためにこれまであやふやとされてきたものが、唯心論物理学の誕生とともに現代物理学の根底と矛盾しない唯一の世界観の中で中心的役割を果たすようになるだけでなく、オーラや霊などスピリチュアル系でもてはやされている誇張されたイメージの真偽を判別し切り捨てるための科学的な試金石が得られることになった。何故なら、唯心論だからといってこれまでのように魂や心についてどのようないい加減なことを主張してもかまわないという非科学的な時代は終わり、唯心論においても量子モナド理論の枠組に照らし合わせた結果生き残ることだけに考察を絞るという科学的な時代を迎えたのだから。

その唯心論物理学の完成に自らの学者人生を賭した友人との議論の合間、夕食後の雑談の中で僕はたまたま野山道場で稽古を始めたことを話題にした。昔から武術などにまったく興味を示さなかった中込君だったのだが、相手の魂を愛とともに自分の魂で包むことにより相手の身体組織は相手の意識に上らない部分で何故か勝手に動いてしまうかのようになると聞いた途端、眼の奥がキラリと輝いたようだ。普通の物理学者ならばあり得ないことだとして笑い捨ててしまうはずだが、そこは唯心論物理学を開拓した理論物理学者の真骨頂。唯物論の観点からは笑止千万であっても、彼が展開した量子モナド理論が与えてくれる唯心論的世界観の中では「相手の魂を自分の魂で包む」ことも、その結果「相手の身体組織が意識に上らないところで何故か勝手に動く」ことも何ら不自然なことではなかったのだ。それどころか、もしかすると僕が野山道場で始めた冠光寺眞法というキリスト伝来の活人術の存在こそは、中込輝明君の量子モナド理論が与えてくれた唯心論的世界観の正しさを示しているのかもしれない！

全てを一瞬のうちに理解した彼は、一刻も早くその活人術の効果を見せてくれという。ちょうど食後の雑談をトレーラーハウス「エアストリーム」の狭い室内で続けていたときだった。従って、投げ飛ばすようなことはできないし、よしんばできたとしても受け身の取れない中込君に怪我をさせてしまいかねない。そこで、僕は愛魂上げをやってみせることにした。

床に正座して膝の上に置いた僕の両腕を、中込君が体重をかけながら手首の位置で必死で押さえ込んでくる。まずは腕力だけで腕を上げようと努力したが、とうてい無理な話。まさに唯物論の限界でもある。次に、僕の魂で愛とともに中込君の魂を包むやり方を試した。その結果、逆にほとんど力を入れていない腕を軽く上げようとしただけで、前のめりに膝を床について全体重をかけてきていた中込君の両足がピンと膝を伸ばすように動いて立ち上がるかのようになってしまった。

一瞬驚いた顔を見せた中込君だったが、その動きを自分で振り返りながらもう一度だけやってみたいというので、再度愛魂上げをやってみる。前と完全に同じ現象が起きたことを確かめながら、さらには両足に残る疲労感を反芻しながら、確かにこれは自分で立ち上がっている現象が生じただけだと断言した。しかも、自分の意志では立ち上がるつもりはなかったわけだから、明らかにお前の心のままに自分の身体が動かされてしまったことになるとつけ加え、そのようなことは眼前に拡がった世界の背後に潜んでいる実在としてのモナドに直接に働きかけなければ実現しないのだから、お前がやっている愛魂ないしはキリストの活人術というものは唯心論物理学の理論的枠組をうまく利用して成立しているとまで見抜いてくれた。
この時点において、既に中込君には全てが明らかだったのだ。たった二回、愛魂上げを経験しただけで。

ただ、僕としては彼の理解を彼自身の自我意識による論理的な理解だけでなく、魂による根元的な理解にまで深めたかった。そのためには、中込君自身が愛魂上げで僕や他の人を上げる稽古が必要になるのだが、その夜は自分には無理だと笑っているだけ。翌日の土曜日の昼には高知に向かって岡山を離れる予定だったのだが、明日もこのまま岡山にとどまり午後に野山道場で女子大生達といっしょに愛魂の稽古をしてはどうかと誘ってみた。考えておくといいながら宿に戻っていった中込君は、翌朝迎えにいった僕に向かって照れ隠しの笑い顔で「結局もう一泊することにした」という。

多分そうなるだろうという予感のあった僕は、既に車の中に中込君に使ってもらうための古い稽古着を用意していたのだが、野山道場に到着したときの緊張感は女子大生達に騒がれながら楽しそうに稽古しているうちに消えてしまった。気がつけば、僕がそれまでにいつも道場で初めて愛魂上げをする人に呼びかけていたときの台詞を、順番に中込君を相手に愛魂上げをしていた女子大生が使っていた。

「世界平和を祈りながらやると、誰でも簡単にできますよー」

「まずは、何も祈らずに力一杯がんばって私を上げてみて下さい。いくら私が女の子でも、腕力や体力でやってもできないことがわかったら、次は中込先生のお母さんの幸せを願い、お母さんがいつまでも幸せに生きていけるように願って真剣に祈りながら腕を上げてみて下さいね」

力ではまったく浮かなかった女子大生の身体が少し上がるので、中込君も笑い始める。そこで、すかさず女子大生の声。

「では、今度はお母さんだけでなく世界中の人々全員が幸せで健康に生きていけるように祈りながら腕を上げて下さいねー」

女子大生の身体が一〇センチくらいは持ち上がり、肩を叩かれるようにして褒められた中込君は次の言葉に絶句する……。

「中込先生、これからですよ、愛魂上げは。今度は、世界中の人々だけでなく、私達を護ってくれている眼に見えない全ての天使達も幸せに過ごせるように祈りながら上げてみましょう」

これにはあきれてしまうかにみえた中込君だったが、さすがに唯心論物理学者だけあって笑いながら受け入れてしまった。その瞬間、両足の甲だけを畳に残して膝も腰も浮いてしまった異様な状態の女子大生を持ち上げている自分の腕に相手の重さがまったく感じられないことを理解した彼は、笑顔を輝かせている。

「先生、次が最後ですよー。今度は会ったこともない世界中の人々や見たこともない全ての天使達だけでなく、あらゆる神様までもが幸せになるように願いながら手を上げて下さいねー」

次の瞬間、周りで見ていた女子大生達の拍手の中、ついには魂の奥底から全てを理解した唯心論物理学者は、ヒゲ面をクシャクシャに歪めて笑い続けることになる。まさに、以心伝心。

こんな異様な光景が眼前に繰り広げられること自体、自分自身が見出した量子モナド理論の正しさを物語っているのだから……。

もちろん、救われたのは中込君だけではなかった。オーラなどというものにとらわれかけていた僕もまた、唯心論の真の姿を明晰な理性によって伝えてもらえたことにより混沌の淵から救い出されたのはいうまでもない。物理学者には、トンでもスピリチュアル系のビジョンよりも、理性を宿す魂に委ねた美しく崇高な方程式体系でしか表すことのできない真理がお似合いなのだ。その辺りの不思議な学術体験については拙著『量子の道草――方程式のある風景――増補版』（日本評論社）の中に散りばめられている。参考にしていただければ幸いだ。

こうして、野山道場に唯心論物理学者中込照明君を迎えたことで、オーラが見える女子大生によって生まれていた安易にスピリチュアル系を受け入れてしまう流れを僕自身が食い止めることができた。だが、それだけではない。今まさにこの原稿を書き殴っている二〇〇九年四月の時点で、ハッと気づかせてもらったことがある。それは、中込君がきてくれてもなお昨日までの二年間に、僕自身は合気＝愛魂の作用機構についての物理学的な解明を目指したつもりで電磁場による脳神経組織における生体現象として捉えようとしてそれなりの実験を重ねてきたし、最新の脳科学研究の詳細についても学んできたのだが、その努力が完全な徒労に終わると気づくことができたことだ。しかも、その二年間の個人的探求というものを、この本の主要な内容にしようと目論んでいたというのに！

何という巡り合わせだろう。いや、せっかくスピリチュアル系の落とし穴から救ってもらったにもかかわらず、今度はその反動で知らず知らずのうちに唯物論に邁進してしまっていた愚か者が、再びギリギリのところで助けられたというべきかもしれない。

当然ながら二年前に中込君の唯心論物理学による合気＝愛魂の理解に気づけてさえいれば、もはや唯物論に汚れただけの現代物理学と脳科学の中で現象論的に追求することなどまったく必要ないことだと確信できていたはずだ……。本当に、この自分が情けない！

　相手の魂を愛とともに魂で包むというキリスト伝来の活人術はそのままで武術技法にもなるのだが、攻撃してくる敵から身を守る護身術としてだけでなく、その敵をも愛し改心させる活人術としての常識では考えられない不思議な効果は確かに見る者に畏敬の念にも似た感動をもたらす。その感動の由来こそは、我々の心が帰属する量子モナド理論が明らかにした目に見えない実在世界構造にあり、従って愛魂の原理もまた量子モナド理論の範疇でのみ明らかとなる。

　冠光寺眞法と名づけたキリスト伝来の活人術技法の基礎を与える愛魂の作用原理は、唯心論物理学の中で正しく理解されるものなのだ。その活人術を柔術技法に取り入れた冠光寺流柔術であるならば、それは唯心論武道と呼ぶにふさわしいものとなる。せっかく中込照明君を野山道場に迎えたというのに、この重大な事実にまったく気づかないでいた自分自身への戒めの意味も含め、本書の主題を『唯心論武道の誕生』とさせていただく。

　そして、たった今から駆け出しの唯心論物理学者となった僕自身の眼で、その後のちょうど二年間における野山道場での愛魂体験の数々を振り返ってみることにしたい。まさに、唯物論的な考え方ではとうてい信じられないような、素晴らしい出会いと貴重な発見の連続なのだ。その意味で、本書の副題を『野山道場異聞』とした。

第二部　唯心論物理学から見た人間の姿

人間とは何か

この問いかけに対し、現代人の多くは次のように答えることだろう。

「太陽系第三惑星地球に生息する動物種の中、ほ乳類、サル目、ヒト科、ホモサピエンス種に分類される生物」。確かに、動物としてのヒトを表すには、これで正解かもしれない。しかし、これでは「ヒトとは何か？」という問いかけに答えたことにしかなっていない。

そう、まず僕が最初に伝えたいのは、人間とヒトは違うということ。そのために、わざわざ「人間とは何か？」から始めてみた。実は、我々人間はヒトという単なる動物としてだけの存在ではない。目に見えない、つまり物質や電磁場などの物理的実体ではないものが備わった存在なのだ。

こう聞いたとき、多くの皆さんはきっとあたりまえのことだという印象を持つだろう。ヒトという動物の肉体に精神が宿っているのは、それこそ周知の事実だからだ。だが、僕がいう人間の中にある物理的実体ではないものは、ヒトの精神のことではない。精神と呼ばれるものは、ヒトの肉体、特に脳神経組織という物質によって実現される働きであり、その意味で物質や電磁場などの物理的実体（以下では簡単のために「物質」としておく）の作用に他ならないのだ。

このような物質の働きとして表される精神作用もまた、広い意味で物質と捉えられるべきものになる。つまり、物質であるというとき、あるいは物質的な存在というときには、物質のみならず物質の働きである作用までも含めたものと理解するのだ。これが現代物理学における最新の物質観とも合致することは、例えば『場の量子論――ミクロ、マクロ、そして熱物理学の最前線――』（Hiroomi Umezawa 著・有光敏彦他訳＝培風館）に詳しい。

そうすると、脳神経組織の働きに他ならない精神というものは確かに直接目には見えないものだが、物質ではないものとはいえなくなる。いい換えれば、一般に物質ではないものと信じられてきた精神は、肉体が物質としての働きによって生み出したものとして、肉体の延長にあるものと見なさなければならない。

精神が肉体に宿るという表現が一人歩きすることにより、あたかも精神という非物質的なものがそれ自体で独立して存在し、それが肉体の中にとどまっているという間違った捉え方が広まってしまったのだが、精神は単なる肉体の働きにすぎないわけだから、肉体と切り離して存在することはできない。精神もまた、肉体の一部なのだ。

ならば、ヒトは物質で作られた肉体が全てということになり、そのどこを見ても物質ではないものがあるとは考えられなくなってしまうではないか。にもかかわらず、いったい何故この著者は人間の中に物質でないものがあると主張できるのか⁉

こんなお叱りを受けるかもしれないが、それでもはっきりと伝えたい。人間の本質には物質ではないものがあるのだと。そして、この物質ではないものを「魂」と呼ぶことにする。むろん、他にどのような名前をつけてもよいのだが、古来より様々な民族の間に伝承されてきた魂という素朴な捉え方が一番適切だと考えてのことだ。

ただし、現代のキリスト教や仏教などの世界的な大宗教においては、人間に備わった物質ではないものに対してもっと複雑な捉え方をしているようだ。例えばキリスト教の場合は、魂だけでなく霊と呼ばれるものもあり、魂よりも霊をより重要なものと位置づける。しかし、古い時代のキリスト教の写本で近代化を目指した教会による禁書焼却処分を免れたものによれば、人間については魂と霊の区別はなく単に魂とだけ捉えられていた点に注意しなければならない。むろん、天使など人間以外の存在は霊なのだが……。

このように、時代を経るにしたがって魂のみではなく、より上位の霊という呼び名までも出してきた背景には、教会組織の安定な維持のための権威主義が見え隠れする。そうしてさえおけば、仮に信者でしかない一般市民の人間がキリストの言葉を実践したり、あるいは神の啓示を受けるといったことがあったとしても、それを全て魂のなせることとして軽視することができるからだ。さらには、教会に君臨する立派な宗教指導者の中にそのような魂の奇蹟がもたらされなくとも、霊の働きによる真の奇蹟は誰の目にもとまらないものだといい逃れできることになる。

それでも、現代キリスト教の教理で慣れ親しんでいる「霊」に愛着がある場合は、以下において「魂」と記してある部分を全て「霊」に置き換えていただければよいだろう。単なる呼び名にすぎないのだから、それを何と呼ぼうが本質にはまったく影響しないはずだ。読者諸姉諸兄が最も自然に受け入れることができる名前を用いていただければよいし、僕自身にとってはそれが「魂」という呼称だったに他ならない。

ここで、「人間とは何か？」という根元的な問いかけに戻ることにしよう。

これに対して僕が用意した答は、次のようなものだ。

人間＝ヒト＋魂

自然科学によく出てくる文字式で基本的な事実を表すやり方をまねてみたのだが、文章で書き表すよりも文字式で描くほうがわかりやすいと考えての上だ。

人間は動物であるヒトであるのみならず、魂からなる存在だというのが答。つまり、物質及び物質の働きとして生み出された肉体と精神に加え、人間には魂と呼ばれる物質でないものが備わっているのだ。肉体と精神のみの存在をヒトと呼んだわけだが、それを文字式で表せば

ヒト＝肉体＋精神

とも書けるため、先程の文字式を

人間＝肉体＋精神＋魂

と変形することもできる。

物質である肉体の総合的な働きのことは生命と呼ばれているため、生命のなくなった肉体はもはや如何なる働きも生み出すことができず、従って精神も消失してしまう。これがヒトの死に他ならない。

ヒトも動物であるため、犬や馬など他の動物と同じで必ず死を迎える。肉体の働きの総称が生命であるから、肉体が総合的な働きを失うことが生命を失う、つまり「死」を意味することになる。従って、生きているとか死んでいるということは、動物としてのヒトにはあてはまる。

もし人間がヒトでしかないとすると、ヒトの死は人間の死を意味することになる。そうすると、人間が死んだときに残るものは、何の働きも生み出せない物質の塊としての屍（肉体の残骸）しかないといえる。肉体の働きの総体が生命であるのだから、特に主として脳神経組織の働きである精神もまた生命の一部であり、死とともに存在しなくなるのは自明のことだ。そのため、人間が死んだならば、精神すら残ることはない。つまり、人間が死んだ後にはみすぼらしい屍が生ゴミとして残るだけになる。放置しておけば他の生ゴミ同様に腐敗が進み、そのうちには土に帰っていく。

もちろん、これはあくまで仮に人間がヒトでしかないとした場合のことであって、本当は違っている。

何故なら、人間はヒトという動物に魂が入り込んだ存在だからだ。ただし、魂の存在というものは目に見えないだけでなく物質ではないものであるため、その違いは如何なる科学的計測装置によっても判別することはできない。そのため、我々生きている人間の目から見ても、死んだ人間というのは死んだヒトと同じにしか映らないことになる。

これは、何故なのだろうか？

「人間＝ヒト＋魂」といっておきながら、ありありと現実を直視すればするほど、僕を含めた我々人類には「人間＝ヒト」という唯物論的な理解しか残されていないような気になってしまう。

もし人間がヒトであるのみならず魂も備わった存在であるというなら、その魂というものはいったいどんなものでどこにあるのだろうか？

また、人間が死んだときには、魂はいったいどうなるものなのだろうか？

精神と同じく、死とともに完全に消え去ってしまうのだろうか？

魂もまた人間の一部であるというなら、我々はどうしてそれを見ることだけでなく感じることさえできないのだろうか？

このような疑問に答えるために、まずは自分自身を知ることから始めよう。

自分とは何か

スピリチュアル系に流布される膨大な量の迷信や盲信に惑わされることなく魂について正しく把握するために、まず自分自身について考えてみよう。人間は自分自身という意識を持っているが、それが「私」という主体感覚を生み出している。いわゆる自我とか心と呼ばれるものだが、これもまた記憶と並び肉体の働きである精神の中枢に位置するものだ。我々人間が「私」と意識している自分自身の心というものも、この意味では物質である肉体、主として脳神経組織の働きに他ならない精神の一部であるから、やはり広義の肉体ということができる。

既に精神も広い意味で肉体だと指摘してきたため、精神という肉体の働きの一部である自我意識、つまり心もまた広義の肉体だということは論理的には納得できるところだ。ところが、そうなると今度は逆に多くの方が違和感を抱くようになるのではないだろうか。

何故なら、人間は単にヒトではなく非物質的な存在である魂をも備えているという前節での考えに対しそれほど強い抵抗を感じないでいられたのは、心というものの実体がその魂と呼ばれるものなのかもしれないという素朴な印象を持ったからだ。そして、多くの人達が暗黙のうちに信じているように心が魂に他ならないとすると、結果として魂もまた肉体の働きによって生み出されたものとなり、いくら「人間＝ヒト＋魂」と考えてみても人間は広い意味の肉体以外の何ものでもないということになってしまう。唯物論の完全な勝利となるわけだが、実際のところ大多数の科学者が抱く人間観はこれに近いものとなる。

これでは、人間は物質的な存在でしかなくなり、これまでの僕の主張がくつがえされかねないことによる違和感が出てくる。

しかしながら、科学者の間に浸透し、かつ一般の人々のほとんどが暗に信じている「魂＝心」という等式は間違っている。人間の魂は心ではなく、むしろ心とはまったく無関係なものなのだ。文字式で表せば

魂≠心

となる。

いい換えれば、我々が自分自身として意識している「私」は魂とは何らかかわりのないものであり、精神の一部として明らかに肉体の側に存在しているのだ。

誰もが「私」と思っている自我は、このように広い意味での肉体でしかなく、従って肉体の死とともに完全に消失してしまうことになる。精神という肉体の働きが記憶を意識する主体としての自我を生み出したものが心というものである以上、肉体の働きの総体である生命が消え去るときに心もまた消失してしまうのは自明の理だ。

ところが、魂が心とはまったく異なる非物質的な存在であるために、魂は肉体が死を迎えた後におい

ても存続することができる人間の主要な要素となる。

以上のことからわかったことは、人間の自我が記憶を意識する形で存在する心というものは、既にヒトという動物に備わった物質の作用でしかないということだ。この事実は、多くの方々にとって少なからず衝撃的なものかもしれない。人間を他の動物と分かつ知性や理性が宿る座としての心が、実は動物であるヒト、つまり肉体及び肉体の働きとしての精神の側にあるというわけなのだから。

むろん、自分自身の心だけは死んで肉体が滅びた後も魂の側に残って生前の行いを恥じながら揺蕩《たゆた》っていくのではないかという、万人が暗に抱いている微かな希望を完全に打ち砕くことが本意ではない。しかしながら、魂についての真の理解に到るためには、この事実をうやむやにしておくわけにはいかないのだ。

再度強調しておく。心は肉体の側に存在するものであり、動物であるヒトに備わった肉体、特に脳神経組織による物質作用で生み出されたものにすぎない。従って、読者の方々や僕自身が「私」として意識しているものはヒトの属性、即ち人間の動物としての持ち物であり、文字式で象徴的に表すならば

ヒトの心＝人間の心≠人間の魂

となるだろう。あるいは

人間としての「私」＝ヒトとしての「私」

としてもよい。

我々の自我意識が抱く感覚もまた肉体の働きとしての精神に含まれ、従って動物であるヒトに帰属する物質的な存在であるため、そのような感覚によって物質ではない魂というものの存在を感じ取ることは不可能となる。如何に努力してみても、ヒトとしての「私」でしかない人間の「私」が人間の魂を見ることも感じることもできない理由がこれだ。

その結果人間は大きな過ちを犯してしまい、ほとんど全ての人は次のふたとおりの考えに落ち着いてしまうことになる。ひとつは、魂などというものは存在しないと決めつけるもの。もうひとつは、魂は存在するが、それが自分自身の本性としての自我意識を生み出していると信じるもの。

自分自身である「私」が魂の存在を感じることができない以上、このように魂が存在しないかあるいは「私」そのものとして存在するかのどちらかだと考えるのは極めて自然なことであり、そのために我々は魂についての正しい理解に到達することができないのだ。

人間には、動物であるヒトの段階で既に備わっている肉体と精神という物質的なものに加え、魂と呼ばれる非物質的なものが備わっているという事実に真に気づくための第一歩は、自分の心の主である「私」が魂とはまったく無関係な存在であり、肉体による物質作用により維持されているはかないものでしかないということを受け入れることだ。そして次なる一歩は、物質的なものと非物質的なものが、何故どのようにしてこの世界に存在するかということを理解することとなる。

物質とは何か

物質ではない魂についての正しい理解を目指すとしながら、いったい何故物質とは何かについて見ていかなければならないのか⁉　訝しがる向きも多いに違いない。一刻も早く魂の存在について納得したいという読者諸姉諸兄の出鼻をくじく形になるかもしれないにもかかわらず、わざわざ魂とは無関係のはずの物質について見ていこうというのだから……。

しかし、物質というものの真の姿を知るということは、我々人間にとって大変重要なことなのだ。魂そのものの正しい理解にとって、避けては通れないことなのだから。何故なら、物質はある意味で魂が行き着く先のひとつと考えられるから。そして、この魂の到達点こそは様々な宗教や民間信仰で地獄と呼ばれているものであり、絶対に陥ってはならないものなのだ。

現代科学の基礎を与える物理学において、物質とはどのようなものだと捉えられているのだろうか？

幸い、僕自身が三十年以上にわたり物理学者として研究してきたため、これについては如何なる誤解も誇張もない真実を伝えることができると信じる。物理学者の端くれであるにもかかわらず、魂の奇蹟としか考えられないような不思議な体験を授かった理由のひとつは、ひょっとするとこうして物質とは何かについて正しく語っていくことができるという点にあったのかもしれない。

いくら魂という目に見えない非物質的なものが人間の中枢に位置するということを信念や感覚で捉え

ることに長けてはいても、宗教家や思想家あるいは哲学者が対比の必要から物質について論じる場合、そのほとんどが間違っているという事実がある。これでは、現代の科学者や自然科学に興味を持つ一般の読者達が、その後に続く魂についての考察に耳を傾けてくれるはずはない。

より多くの人々に正しく魂に向き合っていただくためには、少なくとも物理学における最先端の物質観ないしは世界観をきちんと昇華させた枠組を用いて理性に訴える必要がある。だからこそ、宗教家とかではなく物理学者、しかも根元的な疑問への解答を追い求めてきた理論物理学者が召し出されたのではないだろうか。

ここで、まずその役目を果たしておく。

物質とは、量子（りょうし）と呼ばれる構成要素が数多く、場合によっては無数に集まったものというのが、現代物理学の観点だ。つまり

物質＝量子の集まり

と書き表すことができる。むろん、量子というのは物質の構成要素に対する総称であり、個別には例えば電子とかニュートリノとかクォークなどという種別ごとの呼び名も用意されてはいるが、物質についての本質しか見る必要のない本書においては量子という総称のみで充分だろう。

また、物質の本質のみがわかればよいということであれば、この文字式の中の「集まり」という部分も不必要となり

物質＝量子

と書ける。つまり、物質とは量子にほかならないというわけだ。

確かに、「物質とは何か？」という問いかけに対し「物質とは量子である」と主張することも答にはなっているかもしれない。しかし、物理学における「量子」というものについてほとんど知識のない分野の科学者や一般の人達にとって、このような答ではよけいに混乱してしまうかもしれない。何故なら、物質は量子だといったところで、物質を単により馴染みのない言葉で置き換えたとしか映らないからだ。あるいは、十歩も百歩も引くことにしてその答を受け入れることにしたとしても、今度はさらに難しそうな「量子とは何か？」という問いかけが生まれてくるに違いない。

これに答えるためには、どうしても現代物理学の基本的な考え方を用いなくてはならないが、本質を決して損なわない範囲で可能な限り平易な言葉で解説してみよう。暫しの間、辛抱をお願いしたい。

量子とは何かを理解するために、物理学ではまず空間に限りなく拡がって存在する「場（ば）」というものから出発する。運動場とか牧場というように、日常的にもずっと拡がったところには「場」という名前を用いるのと同じ。磁場という呼び名を耳にすることは多いかもしれないが、これもやはり空間に限りなく拡がって存在している場のひとつなのだ。どこまでも拡がっていることを実感するためには、例えば方位磁石（コンパス）を持ってあちこちと移動してみるとよい。どこでコンパスを眺めても、その場所における磁場の影響で針の向きが左右されるのがわかる。

このように、空間全体に拡がっているものが「場」に他ならない。そして、この場が時間とともに変化していく様を「波」あるいは「波動」と呼んでいる。牧場の一面に植えられた牧草が風にそよぐ風景を想像すれば、波という名前もうなずけるだろう。海水面を場と考えれば、波は海の波そのものとなるため、よりわかりやすいかもしれない。

海岸に立って海を眺めてみると、遠くからうねるようにして押し寄せサーファーを喜ばせている大きな波もあれば、音もなく海面を滑っていく小型ヨットが立てた小さな波もある。あるいは、砂浜で遊ぶ子どもが手足を動かして立てたほんの小さな波も。

これと同じで、空間に拡がった場にも大小様々な波が発生する。ところが、波が小さくなればなるほど、何故か極端に小さな芯のような塊が現れてくる。これが量子と呼ばれるものだ。一般向けの物理学の解説書や高校物理の教科書などには、よく「量子は波と粒の二重性を持つ」という表現が出てくるが、その意味がこれだ。つまり、場の波が小さくなったときに粒のような塊として働き始めるものが量子であり、簡単にいえば場の中に現れてくる大きさのない（無限に小さい）塊が量子に他ならない。

この事実を象徴的に

量子＝場の塊

と記すことができる。これと「物質＝量子」という文字式を組み合わせることによりとしてもよい。これが「物質とは何か？」という問いかけに対する現代物理学が用意した答だ。

ところで、この答を受け入れるにあたり、実はふたつのものが何ら説明なしに登場してきたことに気づいただろうか？　そう、「空間」と「時間」だ。量子とか場とは違い、空間や時間というものは誰もが何となく常識的にわかっているような気になっているために、それほど違和感を感じなかったかもしれないが……。

しかし、本当のところは空間や時間が何なのかは解明できていないというのが、物理学の実状だ。相対性理論とか超弦理論などで空間と時間を数学的に表してみるという努力はなされてきたが、そもそも空間や時間が如何なるもので、何故どのようにして我々の眼前に存在するかについてはまったくわかっていない。

空間や時間とは何か

物理学では未だに空間や時間の正体がまったくつかめていないといいながら、この著者はいったいどうやって空間や時間とは何かについて論じようとしているのか⁉

そう訝しがられるかもしれないが、心配は無用。理論物理学者の裾野は意外に広いもので、全員が流行を追って研究をしているわけではない。確かに、九九．九九パーセントの物理学者は物理現象のみに目を向け、既に確立されている基本法則や原理をあてはめることにしか興味を持っていないのは事実だ。しかし、残り〇．〇一パーセントの中には僕のように物理現象ではなく、むしろ何故基本的な物理法則が成り立つのかという、より根元的な問題に取り組んできた物理学者もいる。

そして、たった一人ではあるが、同じく長年にわたって「空間とは何か？」そして「時間とは何か？」という最も根元的な問題に専心してきた物理学者も存在するのだ。幸いにも、その研究は十年ほど前に完成し、新たに生まれた物理学の基礎理論として「量子モナド理論」と呼ばれている。そこでは、「空間とは何か？」とか「時間とは何か？」という問題だけでなく、やはり未解決のまま放置され続けていた物理学の難問中の難問である「観測問題」や「自由意志問題」も見事に解決されている。

ポーランドのコペルニクス大学から出版された論文で僕が初めてこの量子モナド理論に触れたときの印象は、極めて強烈なものだった。そこで展開されていた理論的内容に、その昔天動説に痛烈な批判を与えたコペルニクスの地動説をも凌ぐ衝撃を感じたからだ。

実は、「観測問題」と「自由意志問題」はどちらもが物理学の根底に巣くう難問だったのだが、その内容は意外にも人間の精神や魂とも強く関連してくるものだった。そのような難問までも解決できた理論ということで、この量子モナド理論は唯心論物理学の理論と呼ばれることもある。この呼び名は一見自己矛盾的に映ってしまうかもしれないが、その意味は我々の曖昧な常識をはるかに超えたところにあるということに注意しなければならない。

量子モナド理論を発見した物理学者自身による解説書『唯心論物理学の誕生』（中込照明著＝海鳴社）の前書きを引用してみよう。

——＊——

唯心論と物理学という水と油ともいうべきふたつの言葉を結合した題名は読者を驚かすためにつけたのではなく、本書の内容を端的に表現する最適な言葉として選んだのである。

唯心論と聞いて、何やら曖昧なもの、融通無碍のものをイメージするとしたら、それは唯心論を正しく理解していないのである。

物理学によって解明できる現象には限界があり、世界の一部を記述しうるのみである。とりわけ、精神現象、社会現象は物理学の範囲外であると考えるなら、それは物理学を正しく理解していないのである。

物理学は、世界は物理の法則に従う物質から構成されており、それ以外のものは存在しないと主張しているのである。だから当然、精神現象も社会現象も全て物質の現象である。

ここから機械論的世界像（モデル）というものが生まれる。この世界像はニュートン力学の成立とともに物理学の基本思想となり、今世紀に入り、量子力学が生まれたことにより、また相対性理論の四次元時空概念の出現により意志及び意識の入る余地がまったくなくなったことにより、望ましい世界像としてそのまま受け継がれ、また一方では、分子生物学、脳科学、計算機科学の発展により、これまで困難と思われていた生命、精神現象の機械としての説明が可能であるという確信が行き渡るにしたがって、さらに一層強固なものとなっているのである。

確かに最近のコンピューターはよくできており、近い将来に人間にできることは全て、それもはるかによい効率で、できるようになりそうである。しかし、コンピューターはただの物体であり、何の意味も持たない。人間がそれを使い解釈することによって初めて、意味が生まれるのである。人間が機械であるとするなら、それに意味を与えているものはいったい何なのか？

機械論の主張はどうしても我々の経験に合わない。機械論では自由意志、意識に関する主観的経験が説明できない。主観的経験なるものはそもそも存在できないのである。さらに相対論的な四次元時空の中には「いま」という特別な時間がない。だから、我々が「いま」こうして意識を持って生きていることがまったく説明できない。

実は、機械論は単に我々の経験と合わないだけでなく、物理法則とも合わないのである。量子力学は観測の問題という矛盾の構造を抱え込んでおり、量子力学の成立の初めから、これは議論され続けてきたのであるが、未だに矛盾は解消されていない。これは端的に世界モデルの問題であると考えるべきである。機械論によっている限り、観測の矛盾は絶対に解消できるものではない。

本書では機械論に代わる世界モデルを提示する。モナドを世界の構成要素とする唯心論世界モデルである。これはライプニッツのモナド論にヒントを得たものであるが、モナドの思想はシステムとは何かということを徹底して考えるならば必然的に到達する考え方である。

この唯心論世界モデルには物理学の基礎理論である量子力学と相対性理論が極めて自然に組み込まれる。これにより、観測の問題が解決されるだけでなく、物理の基礎法則の意味、我々の主観的経験の意味が解明され、物質現象から生命現象、社会現象に到るまでが体系化されるのである。

ここで一言断っておきたい。本書の理論は決して、「高度に複雑な系では要素に還元できない新しい法則が生まれるのである」などという安易な主張に与するものではない。このような主張は物理学をまともに理解していないものの主張である。

——＊——

量子モナド理論に立脚した唯心論物理学は、こうして我々を全てに対する真の理解へと導いてくれる。そしてまた、理性に訴える形で魂の存在を伝えることができる、唯一の物理学基礎理論でもある。では、まず日常的に経験しているはずの空間というものから見ていくことにしよう。

空間とは何か

我々が日常で経験している「空間」が、実は存在していないと聞くと驚くかもしれない。何故なら、この「空間」の体験こそが我々の世界認識の根底を形作っているからだ。その根底が蜃気楼のようにまったく実体のないものだとしたら、その上に築かれてきた我々の世界観はまさに砂上の楼閣でしかない。

ところが、二〇世紀から二一世紀にかけて精密自然科学の基礎として整備されてきた現代物理学の奥深くに巣くう難問や矛盾のことごとくを解決した唯一の基礎理論である量子モナド理論が教えてくれるのが、まさに空間は虚像にすぎないということなのだ。これについて見ていくためには、まず量子モナド理論の考え方そのものについても大枠のところを理解していかなければならない。

量子モナド理論においては、実在するのはモナドあるいは単子と呼ばれるものだけになる。名前はともかく、ただ一種類の実体からできているというところが重要となる。それがいくつあっても、その全ては同じ性質を持つ単一なもので、互いに完全に平等となるからだ。

実在するものが集まった全体こそが「世界」と呼ぶにふさわしいものとなるわけだから、量子モナド理論においては「世界はモナドからできている」と考える。文字式では

となる。

世界＝モナドの集まり

モナドは単一なるものとして互いに同等で平等に存在するのだが、それぞれのモナドは自分の存在の仕方を自分で決定している。そういうからには、モナドが存在する場合にいくつかの異なったやり方で存在できるという性質がモナドに与えられていなければならないし、さらにそれを自発的に選択するという性質も与えられていることになる。

量子モナド理論では、モナドに備わったこれらの性質を数学の枠組の中で記述しているが、それを全ての読者諸姉諸兄に無理強いすることはできない。できるだけ平易な言葉で、よりわかりやすく説明することが必要とされるはずだ。はたして量子モナド理論の本質を違えることなくそのようにできるか心

配ではあるが、僕自身の物理学者としての全精力を注ぎ込んでみたい。

まず、モナドが持つ第一の性質である、「存在の仕方」あるいは「存在の形態」についてだ。ただし、モナドの存在の仕方といっても、それが具体的にどんなイメージで捉えられるものかをいうことはできない。そもそも、モナドと呼ばれるもの自身が如何なるものなのか、具体的にはまったく定めることができないことに注意しなければならない。そのような具体像を詮索しても意味はない。重要なのは、モナドというものが実在し、その存在の仕方がいくつかに分かれているという事実だけなのだ。

量子モナド理論の前身であるライプニッツのモナド論においては、モナドの存在の仕方は「級」という呼び名で順序づけられていた。即ち、「低級なモナド」から「中級なモナド」を経て、「高級なモナド」といったものだ。モナド本来の存在の仕方は高級なモナドとしての存在なのだが、それが場合によっては中級なモナドあるいは低級なモナドとして存在するようになるとされている。

ライプニッツと同じような考えは、アメリカ西海岸から発したニューエイジ運動のバイブル的な本『なまけ者のさとり方』（タデウス・ゴラス著＝地湧社）においても踏襲されている。そこでは、モナドは拡張して存在するか、収縮して存在するか、あるいは両者を繰り返して（中間的に）存在するかのいずれかなのだ。拡張、つまり拡がって存在するのが高級なモナドとしての存在であり、収縮、つまり縮んで存在するのが低級なモナドとしての存在、そして収縮と拡張を繰り返すのが中級なモナドとしての存在に対応している。

ところが、ライプニッツのモナド論を受け継いでいるとはいっても、量子モナド理論はあくまで現代物理学の基礎理論に他ならない。そのため、そこで扱われているモナドの存在の仕方は低級なモナドとしての存在、即ち縮んで存在する場合のみとなる。その理由は、物理学が主に物質や宇宙についての実体を解明する学問であるからだ。むろん、量子モナド理論においても本当は高級なモナドや中級なモナドとしての存在も論じることができるのだが、物理学との関連では単にその必要性がなかっただけのこと。

実は、迷信に振り回されることなく、またスピリチュアル系に溢れる間違いだらけの流布情報にだまされることなく、魂の本質について正しく理解するためには、この物理学では必要のなかった量子モナド理論の枠組を利用するのが最も安全な、つまり誤解を生みにくい手法となる。これについては、次節以降で詳しく見ていくことになるが、その前にまず空間とは何かについて明らかにしておこう。

量子モナド理論では、低級なモナドとして世界に存在するモナドが物質の要素、つまり量子と考えられる。文字式で象徴的に表すならば

物質＝量子＝収縮したモナド

となる。従来の物理学においては

量子＝場の塊

と捉えていたのだが、その「場の塊」が実は世界を形作る唯一の実体であるモナドが収縮して（塊のようになって！）存在しているものだとするのが、量子モナド理論による唯心論物理学における物質観と

なる。

それでは、収縮して塊になったモナドばかりが存在する世界において、空間はどのようにして表出してくるのだろうか？

これを理解するには、本来はヒルベルト空間やローレンツ群などの高度な数学概念が必要となるのだが、ここではそのようなものを使わずに説明してみよう。厳密性は失ってしまうが、代わりに直観的に捉えやすくなるはずだ。そのために、ここでモナド自身を想像しやすい簡単なもので表しておこう。

モナドを透明なガラス板だと見なす。モナドは互いに平等で単一な存在であるから、全てのモナドはどれも同じ形の透明なガラス板ということになる。しかし、これではモナドを互いに区別することができなくなるため、それぞれのモナドには色がついていることにしよう。つまり、赤い透明なガラス板や青い透明なガラス板などだ。

このようにガラス板全体に色素が拡がって色のついた透明ガラスとなっているものを拡張して存在する高級なモナドだと考える。そして、全ての色素が小さなひとつの塊に収縮している、つまり無色透明のガラス板のどこかに一点だけ小さく色がついたガラス板を、収縮して存在する低級なモナドとする。

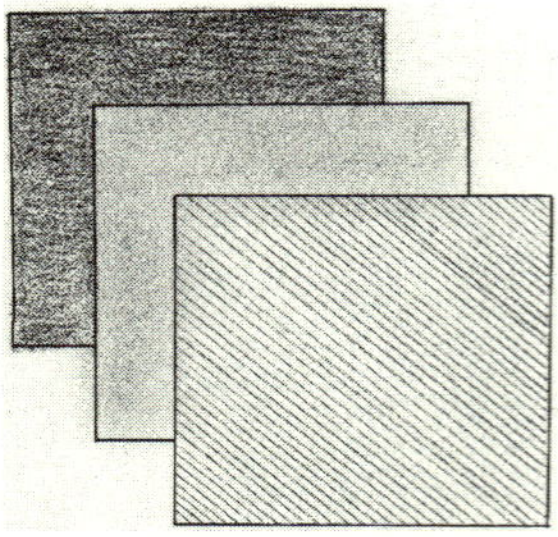
拡張して存在するモナド

世界が収縮して存在するモナドのみから作られているとき、存在するモナドは全て無色透明なガラス板のどこかに様々な異なった色の一点があるものになる。このような全てのモナドであるガラス板を重ねてみよう。そうすると、モナドのみから作られる世界は何枚かの無色透明なガラス板が

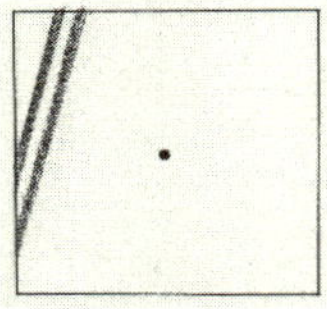
収縮して存在するモナド

積み重なってできた無色透明なガラスの大きな塊となるだろう。

ところが、無色透明なガラスを見ることはできないため、この世界は様々な異なった色の小さな塊があちこちに点在するかのように見えてしまう。つまり、量子が互いに相互関係を置きながらバラバラに散らばって存在しているわけだ。世界の中のモナドであるガラス板を積み重ねる順番を変えれば、異なった色の小さな塊である量子の間の相互関係も変わって見えるようになるが、量子しか見えていない場合にはあたかも量子が「空間」の中を動くことによって互いの相互関係が変わったのだと考える他はない。

収縮して存在するモナド、つまり物質の基本構成要素である量子だけから作られた世界において、収縮した塊としての量子の間の相互関係だけを見ていると、まるでそれが互いに近寄ったり離れたりしていくように映るのだが、そうすることでその背景に何かその中に量子の「存在」を許すような拡がった空虚な場所があらかじめ「存在」するかのような錯覚に陥ってしまう。こうして夢想されたものが「空間」という虚像に他ならない。

それは、我々が日常体験によって得た「その中に物質の存在を許す拡がった虚空」という実在でも何でもなく、本来この世界には存在しない蜃気楼にすぎない。物質を形作る量子は唯物論的な古い物理学においては「場の塊」として捉えられ、空間という実在の場所に存在すると信じられてきた。しかし、空間はもはや実在の場所でもなく、量子はモナドのみからなる世界の中に収縮して存在するモナドとして実在するとしか定めることができないのだ。

象徴的に記せば

空間＝蜃気楼

となり、結局それはどこにも実在しないものでしかない。これが、「空間とは何か？」という問いかけに対する、量子モナド理論からの答となる。

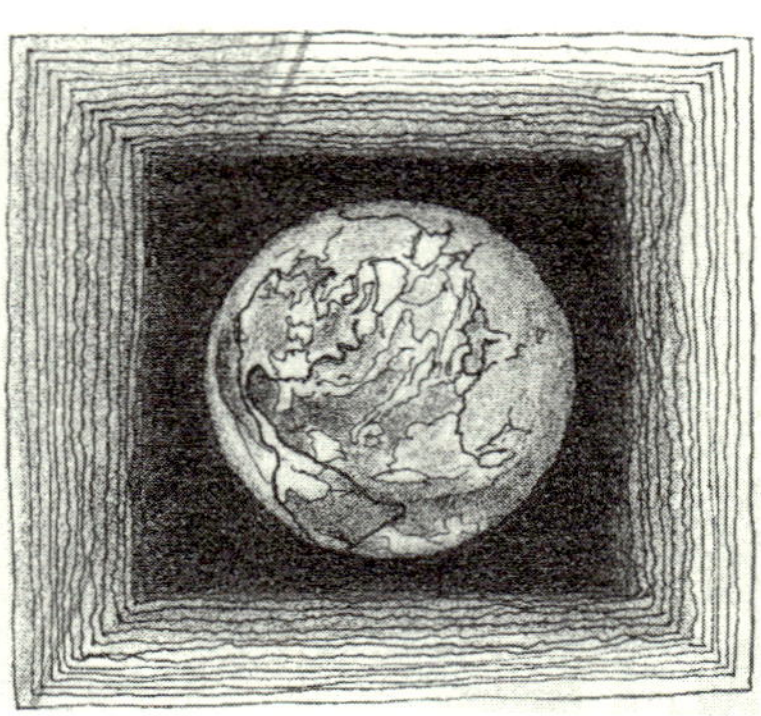

「その中に物質の存在を許す拡がった虚空」

時間とは何か

モナドは単一なるものとして互いに同等で平等に存在するが、その存在の仕方には拡張して存在する、収縮して存在する、あるいは拡張と収縮を繰り返して存在するという三種類があった。このうち、収縮して存在するモナドが現代物理学において物質の構成要素と考えられている量子であり、収縮して存在するモナドが集まった世界では、それぞれのモナドが他のモナドとの間の相互関連の影響を受けるときに「空間」という空虚な背景があたかも実在するかのように、そしてその空間の中に自分も含めたモナドが量子として「存在」するかのようにモナド間の連関を受け取ってしまうのだった。その意味で、空間とは蜃気楼のように実在しない見かけだけのものでしかない。

ところで、それぞれのモナドはこのような存在の仕方をそれぞれのモナド自身が決めているが、そうであるからにはモナドには自発的に選択するという性質が備わっていることになる。量子モナド理論では、それを「自由意志」と呼んでいる。また、それぞれのモナドが他のモナドとの間の相互関連の影響を受けるからには、モナドには他のモナドの影響を受ける形の受動性が備わり、さらにひるがえって他のモナドに影響を与える形の能動性を持つことになる。量子モナド理論では、このようなモナドの受動性と能動性を「意識」と呼んでいる。

現代物理学における未解決の難問や矛盾をことごとく解明した基礎理論である量子モナド理論の中に、「自由意志」とか「意識」といった名前で呼ばれるものまでもが登場することは多くの人達にとって驚きであるに違いない。それもそのはず、自由意志や意識は常識的には人間の心を論ずる場合に現れてくるものであり、自然科学の礎である物理学の基本的枠組の中に登場するとは思えなかったはずだ。

しかし、聡明な読者諸姉諸兄の中には、この辺りに魂の存在を理性で理解する道が開けるのではないかという予感が生まれてきているのではないだろうか。次節からはその予感が現実となることを確認することになるが、その前にひとつだけ物理学の根元的な問題を片づけておこう。それは「時間とは何か？」という問いかけに答えることだ。

そのため、「空間とは何か？」という問いかけのときと同じように、収縮して存在するモナドばかりの世界を考えよう。縮んで塊になったモナドが場の塊である量子であったのだから、このような世界には量子、つまり物質だけが存在することになる。そして、それらの間の相互関係だけに着目すると、まるでそれらが互いに近寄ったり遠ざかったりしていくように映り、その背景に空虚な拡がりがあらかじめ存在するかのような錯覚に陥ることで、「空間」という蜃気楼が生じるのだった。

この意味で、空間は実在しない虚像にすぎないのだ。それとまったく同じで、時間もまた実在しない虚像なのだろうか？

答は、いささか複雑になる。

実は、我々が日常的に感じている「勝手に流れていく時間」というものは実在であるモナドの働きによって生み出されているため、この世界に存在するものとなる。しかし、物理学、とりわけ相対性理論以降の現代物理学において物理現象の変化を記述するために用いられる、変化の進み具合を示す値にすぎない「時間」は実在しない虚像でしかあり得ない。

相対性理論においては、時間は空間と組み合わされ四次元の虚空である「時空」として存在すると仮定され、それが現代物理学に引き継がれている。つまり、物理学で時間と考えられてきた変化の進み具合を示す変数が場合によっては空間と混ざって切り離すことができなくなると考えられているのだ。ところが、前節で見た如く「空間」は収縮して存在するモナド相互間における連関を映す背景として表出する虚像にすぎなかったのであるから、このような物理学でいう「時間」も必然的に虚像でしかなくなり、モナドからなる世界に実在するものにはなり得ない。

それでは、もう一方の時間概念である、モナドからなる世界に「実在する」時間とは如何なるものなのだろうか？

モナドには「自由意志」と呼ばれる自発的に選択するという性質が備わっているため、それぞれのモナドはその存在の仕方をそれ自身で決めているのだった。このうち、収縮して存在すると決めたために量子という塊となって物質の構成要素となっているモナドだけからなる世界においては、各モナド間に相互関連の影響を及ぼしたり受けたりする「能動性」と「受動性」、つまり「意識」があるためにあたかも「空間」という空虚な背景が実在し、その空間の中に自分も含めたモナドが塊である量子として「存在」するかのような印象が生まれるのだった。

既に収縮して存在することを自由意志によって選択したモナドである量子についてのみ考えているわけだが、だからといってこれでモナドの自由意志による選択の余地が完全になくなっているわけではない。収縮して存在することについては選択してしまっているわけだが、実は他の収縮して存在するモナドとの間の相互関連をどのようなものにするかについては、それぞれのモナドの自由意志によって選択することができるし、さらにその選択を何度でも繰り返すこともできる。むろん、選択しないということも自由意志によって決めることができるが、この「選択しない」というものもひとつの選択と考えておけば全ては広い意味での選択ということになる。今後は、選択というものをこのような広い意味に理解することにする。

収縮して存在するモナドの集まりが世界であったから、ひとつの収縮して存在するモナドが自由意志によって選択するという他の収縮して存在するモナドとの間の相互関連とは、その世界の中で自分がどのような影響を受けまた逆に及ぼしているかという意味の、世界の中に占める自分自身の位置を表す。量子モナド理論においては、これを「枠」あるいは「フレーム」と呼んでいる。

そうすると、収縮して存在することを既に選択したモナドであっても、さらに「枠」を選択することで世界の中における自分自身の位置、つまり世界とのかかわり方を自発的に決めることができるのだ。

しかも、どのモナドも平等で単一であるから、世界を構成する全ての収縮して存在するモナドがそれぞれ自発的にそれぞれの「枠」を選択することになる。それぞれのモナドが選ぶ枠は、他のモナドからどのような影響を受け、また他のモナドにどのように影響を及ぼしているかという世界とのかかわり方であったから、ひとつのモナドがそのモナドの枠をひとつ選択すること自体も、結果的にそれ自身だけでなく他のモナド全てに対して影響することになる。つまり、ひとつのモナドにおける枠の選択はそのモナドのみにかかわるものではなく、必然的に世界の全てのモナドにかかわるようになるわけだ。

いい換えれば、たとえそれ自身では枠を新たに選択することをまったくしないでいたとしても、世界の中のどれかのモナドがそのモナドの枠をひとつ選択することによって、世界の中でそれが受けている影響だけでなく他のモナドの及ぼしている影響までもが変わる、即ち枠を選択しなかったモナド自身の枠までもが別のものに変わってしまう。このように、世界を作っている全ての収縮して存在するモナドそれぞれの枠は、それぞれが自由意志によって自発的に選択することによって変わるだけでなく、他のどのモナドがそれぞれの枠を自由意志によって自発的に選択しても変わるものなのだ。

モナドは平等で単一なものであったから、世界の中のどの収縮して存在するモナドをとってみても、自由意志によって自発的にそれ自身の枠を選択する頻度は全て同じ程度と考えられる。もし、世界がたったふたつの収縮して存在するモナドだけからできているとすれば、その中の個々のモナドの枠が変わるのは、それ自身の自由意志による選択の結果としてのものと世界の中の他のモナドが枠を自発的に選択する結果によるものが同じ程度あることになる。ところが、もし世界が多くの収縮して存在するモナドからできている場合、その中の個々のモナドの枠が変わるのは、それ自身の自由意志による選択の結果によるものに比べて世界の中の他のモナドがそれぞれの枠を自発的に選択する結果によるものが圧倒的になるはずだ。このような場合には、どのモナドの枠もそれ自身の自発的な選択で変わるのではなく、他の多くのモナドの自発的な選択によって勝手にどんどんと変わっていってしまうことになる。

量子モナド理論においては、世界を作っている収縮して存在するモナドの数は有限ではあっても非常に大きな数だと考えられている。そのため、世界の中のそれぞれの収縮して存在するモナドの枠、つまりそのモナドが他の全ての収縮して存在するモナドから受ける影響と逆に及ぼす影響に他ならない世界とのかかわりは、それ自身の自由意志の作用とは無関係に変化を続けていくことになる。それぞれの収縮して存在するモナドの枠が被るこのような変化の持続が、そのモナドが経験する「流れる今」あるいは「時間」に他ならない。

これが「時間とは何か？」という根元的な問いかけに対する量子モナド理論からの答となる。多数のモナドが実在することにより、このように必然的に生まれてくるものが「時間」なのだ。

魂とは何か

人間についてのヒトの部分、即ち肉体を形作っている物質とその働きによって生じる精神と呼ばれる作用によって自我意識が生じ、その主体としての「私」が維持されていくのだった。つまり、僕自身を含め人間が皆抱いている自分自身という感覚、心や意識といったものは広い意味で物質的な存在でしかない。

もちろん、ここまでなら唯物論的な大多数の科学者の見解を代弁したにすぎないかもしれない。まさに、そのとおり！　まっとうな物理学者ならば、そのように考えることはあたりまえ。

そんな声が聞こえてきそうだ。

しかし、そんな世の中の風潮に流されるために、わざわざ難解な物理学の基礎理論である量子モナド理論を平易な言葉で解説してきたわけではない。その本意は、物質的なものと非物質的なものが、何故どのようにしてこの世界に存在するのかを理解することにあったのだ。

物質的なものの存在、そしてそこから生じた空間という虚像や時間という実像について、量子モナド理論の枠組の中で捉えることができたのだから、次はいよいよ物質的ではないものの存在について見ていくことにしたい。

唯一の実在は平等で単一なるもの、モナドだった。

それぞれのモナドには自由意志が備わっていて、それ自身の存在の仕方をそれ自身で選択することができた。これまでは物質的なもの、つまり物質の構成要素として現代物理学において量子と呼ばれているものに対応する、収縮して存在するモナドだけについて考察してきた。しかし、モナドの存在の仕方には、このような収縮して存在するもの以外にさらにふたつあったことを思い出そう。

拡張して存在するというものと、拡張と収縮を繰り返しながら存在するというものだ。

拡張して存在するモナドについては、人間そのものには関連しないため取り上げることはせず、以下では拡張と収縮を繰り返しているモナドに焦点をあてておく。このように拡張と収縮を繰り返して存在するというのは、ある意味で収縮して存在する存在の仕方と拡張して存在する存在の仕方の中間的な存在の仕方といえる。

しかし、収縮して塊のように存在するモナドと拡張してはてしなく存在するモナドの中間に位置するモナドであれば、それは何らかの有限の大きさで拡がっているモナドではないかと考える向きも多いのではないだろうか。確かに、どこまでも縮んでいるモナドは限りなく小さいというイメージがあるし、どこまでもはてしなく拡がっているモナドは限りなく大きいというイメージがあり、従ってそれらの間の中間的な存在のモナドのイメージとしては、有限の大きさに適度に拡がったモナドというものが最も素直かもしれない。

ところが、このようなモナドの存在の仕方を規定するためには、モナドの拡がりというものの尺度が必要となってくる。つまり、モナドが存在する場合の拡がりの尺度はモナドのみからなる世界に存在しなくてはならないのだが、実在するものは平等で単一なモナドだけだったため、そのような尺度というものすら存在はしないのだ。

そもそも、有限の大きさに適度に拡がって存在するというときの拡がりというものは、空間という虚像の中でのみ錯覚されるものであり、空間と同様に実在するものではない。そのような「有限の大きさの拡がり」という虚像を実在であるモナドの存在の仕方に対応させること自体、根本的に無理があることになる。

唯一の実在であるモナドの存在の仕方のうち、拡張して存在するものと収縮して存在するものの間の中間的な存在の仕方というものを考える場合、やはり実在するものに対応させる必要がある。その点においては、拡張と収縮を繰り返して存在するという存在の仕方に軍配が上がるのだ。繰り返すというからには、時間の流れとともに拡張して存在するときもあれば収縮して存在するときもあることになるが、既に見てきたように量子モナド理論においては流れる今としての時間は実在している。

こうして、拡張して存在するモナドと収縮して存在するモナドの中間的なモナドとして、拡張と収縮を繰り返しながら存在するものなどが実在することになるが、その実在性は流れる今としての時間の実在性によっている。ところが、このような時間は収縮して存在するモナドが多数実在する世界でしか実在しなかったため、その意味ではこの世界に収縮して存在するモナド、つまり物質である量子が実在しているからこそ拡張と収縮を繰り返すモナドも実在できるといえる。

さて、拡張と収縮を繰り返しながら存在するモナドについて見ていこう。このような存在の仕方で実在するモナドを「魂」と呼ぶことにする。もちろん、呼び名についてはどのようなものにすることもできるが、あえて「魂」とするにはそれなりの理由がある。それは、人間という存在が物質であるヒトだけでなく物質でない魂というものが備わった存在であるという、多くの人達が抱く素朴な予感にある魂と同じものだという確信があるからだ。これを文字式で象徴的に書けば

魂＝拡張と収縮を繰り返すモナド

となる。

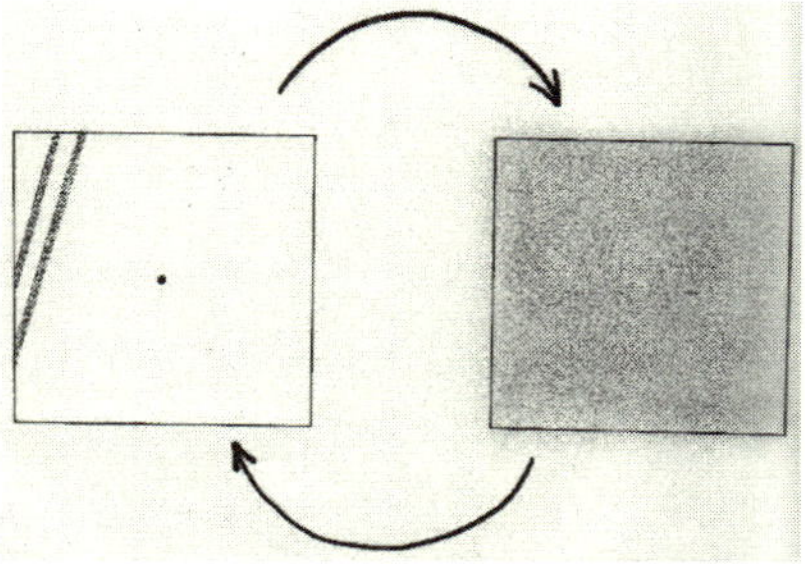

拡張と収縮を繰り返すモナド

拡張と収縮を繰り返しながら存在する、魂と呼ばれるモナドがその拡張と収縮を繰り返すことができるのは、実は流れる今としての時間が実在するからだった。そして、その時間は量子と呼ばれる収縮して存在するモナドがそれぞれの枠、つまり世界とのかかわりを自発的に選択することによって魂と呼ばれるモナドの枠までもが被る変化の持続に他ならない。このように、ひとつの魂が見せる拡張と収縮の背後には、いくつかの量子が世界とのかかわり方を自発的に選択することによる影響があるのだ。

ひとつの魂が持つ世界とのかかわり方である枠やその拡張と収縮の繰り返しの度合い（リズム）に強い影響を及ぼしているこれらの量子は、その意味でこの魂と強くつながった物質と考えることができる。ひとつの魂には、こうしていくつかの量子が物質としてつながってくるのだが、それが物質としての人間であるヒトを形作ることになる。これにより、

人間＝ヒト＋魂

という文字式で表された事実が、現代物理学の基礎理論である量子モナド理論の枠組において具現化したといえる。

人間の物質の部分がヒトという生物であるということを強調して

ヒト＝物質

と書いてしまうと、一般論としては何も問題はないのだが、個々の人間の物質の部分という意味でヒトの個体について見ていく場合には

ヒト＝魂とつながった物質
＝魂とつながった量子
＝拡張と収縮を繰り返すモナドとつながっている収縮したモナド

と書き表すのがよいかもしれない。

これに呼応して、「人間とは何か？」という根元的な問いかけに答えることができる量子モナド理論による文字式が完成する。

人間＝ヒト＋魂
＝魂＋ヒト
＝拡張と収縮を繰り返すモナド＋それにつながっている収縮したモナド

お気づきだろうか？　ここにきて、人間の物質的な存在であるヒトと非物質的な存在である魂の順番が入れ代わったということを。そう、「人間＝ヒト＋魂」だったものが、ここで初めて「人間＝魂＋ヒト」と表されている。その理由は、下辺が「ヒト＋魂」のままであれば

人間＝拡張と収縮を繰り返すモナドにつながっている収縮したモナド
＋拡張と収縮を繰り返すモナド

のように、人間とは何かを最終的に示してくれる文字式が無意味に煩雑なものとなるからだ。

ところが、右辺を「魂＋ヒト」としさえすれば、同じ内容をより簡単に表すことが可能となる。より深い真理であればあるほど、単純で美しい表現が可能となるというのは物理学研究の上での重要な指針となっているのだが、同じことは人間とは何かということを教えてくれる真理にもあてはまるはずだ。「人間＝ヒト＋魂」を「人間＝魂＋ヒト」と書き直すだけでその後の表現がより簡単になるのであれば、それが真実をより明確に表していると考えるべきだろう。

こうして、人間とは何かということが判明した。それは、ひとつの拡張と収縮を繰り返すモナドに他ならない魂という非物質的なものと、その魂につながった多数の収縮したモナドからなる肉体と呼ばれる物質的なものからできているのだ。物質的なものというのは、物質が収縮したモナドである量子から形作られていることからして収縮したモナドのみからなるものと考えられ、非物質的なものというのは従って収縮したモナドではないモナドからなるものと考えられる。

我々人間が「私」と意識している自我とか心という主体感覚は物質である肉体、中でも脳神経組織の働きに他ならない精神の一部であり、広義の肉体としてヒトを形作る収縮したモナドの作用に他ならない。そのため、拡張と収縮を繰り返すモナドである魂の存在を「私」が心の中で意識することは不可能となる。これが、魂の存在を確信することを妨げる最大の障壁なのだ。
だが、量子モナド理論からの帰結

人間＝拡張と収縮を繰り返すモナド＋それにつながっている収縮したモナド
＝魂＋ヒト

が明確に示している如く、魂こそが人間の本質的な存在といえる。スピリチュアル系に蔓延した誤解の流布に警鐘を鳴らしておくが、魂はオーラなどという正体不明のものでは絶対にない。そうではなく、たとえ自我意識によって見ることも感じることもできなくとも、量子モナド理論による唯心論物理学の理性的な枠組の中で正しく把握することが可能な確固として実在するもの、それが魂なのだ。第一部「唯心論武道・誕生前夜」と第三部「野山道場異聞」に頻繁に出てくる「魂」は、このように間違いなく捉えておかなければならない。

第三部　野山道場異聞

高校物理教員達

野山道場の門人の過半数は、僕が教鞭を取っているカトリック系の女子大に通っている学生だった。つまり、世間一般の皆さんよりも神様やマリア様、あるいは天使にも親しみを持っている可能性は高い。だからこそ、全人類や天使や神様の幸せを祈ることで相手が正座の位置からつま先立つまで高々と上がってしまう愛魂上げをすることができるのかもしれない。そんな穿った考えもできなくはないのだが、好都合にもキリスト教とは無縁のおじさん達、しかも県立高校で物理を教えている根っからの懐疑論者でもある理科教員が五人、野山道場を訪ねてきてくれる機会があった。

その頃までの二十年間、毎月一回県内の物理教員を集めた研究会を開催していた。その席上、たまたまの雑談として最近野山道場でキリスト伝来の活人術を用いた護身武道の稽古をしているのだが、筋肉を鍛えているわけではない女子大生が正座している大の男を爪先立ちするまで両手で持ち上げることができるのだと話したことがあった。むろん、聞いていた物理教員の全員が、すぐさまそれは嘘だと主張した。だが、その中の数人は確かめもしないで即座に否定するというのも科学的ではないとのことで、幸い春休み中でもあることだし、次の土曜日の午後に野山道場に行ってみようということで話がまとまった。

当日の午後二時、学校の課外活動指導や出張などで都合がつかなかった人や、見るまでもなく端から嘘だと決めつけてしまう度量の小さい人を除いた五名の教員がやってきた。その中には道場に通ってきていた女子大生が高校のときに担任だった先生までいて、女子大生達は一歩も二歩も後に引いてしまう。やはり、高校を卒業したばかりのときには、高校のときの先生達はまだまだ恐い存在なのだ。

しかし、これでは世界平和を祈りながらの愛魂上げなど、すんなりとやっていける雰囲気には戻らない。困った僕は、急遽女子大生達と高校教員のおじさん達を分けてしまうことにした。つまり、女子大生は女子大生相手で、教員は教員相手で愛魂上げを稽古するわけだ。

五〇歳前後の物理教員の多くはいわゆるメタボリック症候群の体型だ。つまり、脂肪太りの上に腕力は女子大生以下。そんなおじさん達が二人一組で正座して向き合い、一人が相手の両腕を女子大生の二倍以上もあろうかという体重を乗せて押し込んでくるわけだから、とうてい両腕が上がるなどとは思えない状況だ。しかも、家では一応寺の檀家に入ってはいるが、全員が無宗教の物理教員。神様や天使などと聞いた時点で、大きな疑いを差し挟んでくることは確実。

どう考えても、愛魂上げを実現するには最も難しい状況以外の何ものでもない。

僕自身ですら、その様子を見て内心完全に諦めていた。しかし、遠巻きにしてクスクスと笑いながら昔習ったことがある先生達の真剣な面持ちを眺めていた女子大生達の眼はキラキラと光っていたのが印象的だった。最初から上がると信じてやまない雰囲気だったのだ。

そんな純真さに後押しされた形で、僕はいつもの台詞を口にする。

「世界平和を祈りながらやると、誰でも簡単にできます。これから、僕が指示するようにやってみて下さい」

突然に世界平和と聞いた五人の物理教員は、やはりトンでもないまがい物だと感じてか、全員が苦笑いをしている。しかし、だからといってここでやめてしまったのでは、結局本当に嘘だったということになってしまう。もう後戻りはできないのだ。

僕は続けた。

「まずは、力一杯がんばって相手を上げてみて下さい」

案の定、どの教員も腕は相手に押さえられたままだった。

「腕力で一生懸命やってもその程度だとわかったところで、次は皆さんのお母さんやお父さんの幸せを願い、ご両親がいつまでも幸せになるように願って真剣に祈りながら腕を上げてみて下さい。ご両親が既に他界されている場合は、ご自身のお子さんなどご家族の幸せを祈ってください」

女子大生が稽古でやっているのとほとんど同じで、こう祈っただけで力ではまったく浮かなかった相手の身体が五センチくらいは上がった。何だ、メタボの中年教員の重い身体でもちゃんと反応するのか！

その光景に安堵した僕は、懐疑的な五人の物理教員をさらなる迷宮の入口へと誘い込む。

「では、今度はご両親あるいはご家族だけでなく世界中の人々全員、まだ会ったこともないアメリカやアフリカの人々も含めて、全人類が幸せで健康に生きていけるように願いながら腕を上げてみて下さい」

明らかに高校の先生達は動揺し始めていた。相手のお尻が、祈りの対象を家族から世界中の人々へと変えただけで、前の倍近く持ち上がったからだ。むろん、本当の愛魂上げはこれからだ。僕の魂は、懐疑的だった物理教員達を目に見えない世界への入口へと誘う。

「これからですよ、面白いのは。次に、世界中の人々だけでなく、その世界中の人々を護ってくれている全ての天使達も含めて全員が幸せになるように願いながら、腕を上げてみて下さい」

エーッ!

声にならないほどに緊迫した驚きが野山道場に張り詰め、両足の甲だけを畳に残して膝も腰も浮いてしまった異様な状態の自分が信じられない教員は戸惑いの色を隠そうとしない。今だ! ついに最後の瞬間がやってきた。

「全人類や全ての天使達の幸せを祈るだけではなく、今度は神様の幸せも願うことにします。会ったこともない世界中の人々や見たこともない全ての天使達だけでなく、あらゆる神様までもが幸せになれるように心から祈って手を高く上げてみて下さい!」

このとき、野山道場に明るい笑い声が戻ってきた。爪先立ちで高々と上げられたメタボ体型の物理教員も、それを筋力の衰えた細腕で持ち上げた形になっている物理教員も、何故か幸せな気分で純粋に子どものように驚いている。

キリスト教とは無縁であり、さらには唯物論の権化ともいうべき物理学至上主義にどっぷりと浸かってきた高校の物理教員達なのだから、当然ながら天使や神様という言葉を素直に受け止めてもらえるはずはなかった。逆に、反感や不信感を抱かれていたはずだ。あるいは、素直で好意的な教員の場合にすら、単に神話に出てくるような姿を意識するだけだったろうから、魂の祈りには結びつかなかったはず。それでも、女子大生と同じように、世界平和を祈るだけで簡単に愛魂上げができてしまう！

この事実は、僕自身に衝撃とともに飛び込んできた。

日頃から神やマリア様に対する敬虔な祈りや畏敬の念を抱かせる環境に身を置いているからこそ、全てのものの幸せを祈ることによって純白にした心の奥底から魂を高みへと解放できる。愚かにもそう信じようとしていた僕を、正しい理解の道へと引き戻して下さる聖母の御導きにも等しい予定調和の布石がここでもまた助けてくれた。

そう、唯物論者の物理教員であろうが、カトリック大学に通う女子大生だろうが、あるいは恨みや懐疑心のみを糧に生きている人間だろうが、そもそも魂を備えた人間であるならば誰でも等しく愛魂上げというあり得ないような技を見せることができるのだ。どのような形であっても、単に祈ることによって心の奥底に幽閉されている魂を解放し、愛とともに相手の魂を包み込むだけでよい。

それが、

人間＝魂＋ヒト

の文字式で示される全ての人間を活かすキリスト伝来の活人術の真髄なのだから。

初の男性入門者

桜の季節を迎え、それまで通ってくれていた女子大生の何人かは卒業と同時に岡山を離れる、あるいは就職先が土曜日も終日勤務となっていることなどで野山道場に顔を出せなくなっていた。もともと少人数でやっていたのだから、たった数人でもいなくなってしまえば道場は火が消えたように寂しくなる。残った四、五人の女子大生と笑いながら、いつになったら普通の人が稽古にくるようになるのかなどと軽口を叩くこともあったが、それでも北村君と藤井さんというたった二人の男の門人を交えた冠光寺流の稽古を毎土曜日午後に四時間も続けていくことができた。

そんな春の日の夕方、技をかけるたびに野山道場に響き渡っていた女子大生達の甲高い笑い声が急に消え、全員の視線が入口へと向かう。明るい外の駐車場を背にしたシルエットしか見えなかったのだが、そこには二人の若い男性が立っていた。野山道場始まって以来の出来事となるのだが、聞けば何と稽古を見学させてほしいとのこと。頭を丸刈りにした体格のよい男と、その友人だという痩せて少し暗い雰囲気のある男を眺めて躊躇はしたのだが、まあわざわざ交通の便のよくない野山道場にまできてくれたことに敬意を表し、道場の中に入ってもらうことにした。

その途端、柔道場の畳の上からこちらの様子をうかがっていた女子大生達の塊の中から、「暗い、暗い……」というヒソヒソ声がもれてくる。オーラが見えるという女子大生が、ふとその二人のオーラを見てみたところ、体格のよい格闘家志望の男性は派手にカラフルなオーラで問題はないのだが、もう一人がよくないとのことだ。しかも、その二人が道場の入口に現れる十分ほど前から、何やら暗いオーラの人物が野山道場に近づいてくるのがわかり、稽古しながらもひたすらその人が通り過ぎてくれることを願っていたとまでいう。自分の経験ではそういう暗いオーラの人には周囲の人が影響を受けてしまうことが多いので、稽古に参加させないほうがよいとも。

それを聞いた他の女子大生達も心配そうな顔つきになっているのだが、既に中込照明君のおかげで唯心論物理学者の仲間になっていた僕はオーラの話に惑わされることもなかった。それに、実をいうとそろそろ格闘技系の体格をしている男の門人がほしいと思い始めていた頃でもあったため、僕としては突然の訪問者を歓迎したかったのだ。万が一にも道場の雰囲気を壊すような人であったとしたら、やはり目に見えない予定調和の布石が助けてくれるに違いない。そんな他力本願の気持ちからか、二人の男を道場に招き入れた僕は高校の物理教員達のときと同様に、互いに向かい合って正座してもらい世界平和を願う愛魂上げをやってもらうことにした。

単に見学にきただけだった二人は最初のうちこそは躊躇していたが、特に体格のよいほうの男性は緊張した表情の中に笑みもこぼれるようになっていった。こうなると自然な成りゆきだったとも思えるのだが、ふと気づくと僕の魂はその男の人の魂を包んでいた。つまり、自分でも気づかないうちに「愛魂

＝合気」をかけていたのだ。これは初めてのことだった。

それまでは、僕の魂で愛とともに相手の魂を包むという状態に自分自身の内面を整えていくという努力を意図的にしていって初めて愛魂が可能となっていたのだが、今回は単にその男の近くにいただけで何も意図したわけではなかった。にもかかわらず、活人術である愛魂がかかってしまっていたのだ。

僕の心はそこまで読み取ることはできなかったにもかかわらず、その奥底にある僕の魂は即座に愛魂となって眼前の男の魂を解放する。キリスト伝来の活人術とは、ここまで自然であるがままのものなのだ。ただただ、人々の側にいればよい。説教も、会話も、会釈さえもいらない。単に、人々の近くに誰に知られることもなくひっそりとたたずんでいるだけでよい。拙著『魂のかけら』でご紹介した、イエス・キリストのように。魂に委ねた本来の生き様から大きく乖離してしまった迷える人達のためには、その場にともにいるだけでよかったのだ。何も意図する必要さえなかった！

むろん、このときはそこまで気づくこともなく、単にたまたまいつのまにか勝手に愛魂の状態になっていたとしか考えていなかったためすぐに忘れていた。だが、数週間後から格闘技系の体格をした男だけが稽古に通ってくるようになり、初めての一般男性の門人を迎えてからの野山道場の雰囲気は以前にも増して穏やかで暖かいものとなっていったので時折不思議な感覚が訪れることはあった。その都度、この横山隼人君という若い男性がいったい何故野山道場にくることになったのかと、思いを巡らしていたものだ。

それがわかったのは、つい最近のこと。既に冠光寺流柔術三段を取得して活人術の意味合いについても理解した横山君が、野山道場に初めてやってきたときのことをポロッと口に出したのだ。その頃の自分は、今から思えば一番活人術を必要とする状況に陥ってしまっていたのだと……。そして、自分の魂がこの野山道場に通うことを望んだとしか考えられないのだが、自分自身ではよくわからないまま気がつくと道場に足が向いている。決して、そんなゆとりがあったわけではないにもかかわらず。

確かに、その後の横山君は魂に委ねた人生を送ってくれ始めているように映るのだから、野山道場に通ってくることになった意味はある。だが、それだけではない。野山道場のためとか、彼自身のためとかいうのではなく、もうひとつ大きな意味があったのだ。この僕自身にとっての。

天使長ミカエル

野山道場で横山君が僕の側を通り過ぎていくとき、ときたまフッと風を感じることがあるだけでなく何故か懐かしさがあった。最初はそれが何なのかどうしても思い出せなかったのだが、あるときまたしてもその風を感じて反射的に後を振り返ったときのことだ。視界から消え去ろうとしていた横山君の横顔が、『魂のかけら』に独白したあのルルドの夜のレストランで横に座らされた男の横顔に重なっていくではないか！

まさか……、天使長ミカエルは野山道場にまでも降りてきてくれたのだろうか？

愛魂の稽古をしているときの姿を見ているときにはそう思うこともあるのだが、最近また復活したタバコを道場の外でふかしている図からは……まあそれもよし。何はともあれ、初めての一般の男性門人である横山隼人君は、今や野山道場の師範代級の実力者に育ったのだから。

大学合気道部の旧友

三月末に唯心論物理学者中込照明君の訪問を受けてからの野山道場は、冠光寺眞法と名づけたキリスト伝来の活人術に基づく護身柔術である冠光寺流柔術の稽古一色に染まっていった。大東流の稽古を中心としていたそれ以前の頃には誰の興味も引かなかったにもかかわらず、四時間の全てを冠光寺流の稽古に費やすようになってからは、不思議なことに外部から野山道場を訪ねてくれる人が徐々に現れ始めた。その第一号が四月に門人になってくれた横山隼人君だったのだが、五月には思いもよらない訪問を受けることになる。

連休前に拙著『武道の達人——柔道・空手・拳法・合気の極意と物理学——』（海鳴社）が新しく出版されたばかりだったのだが、それに気づいた大学合気道部のときの友人武田富久君がそれこそ三十年ぶりに連絡をくれたのだ。永年勤めていた外資系の会社を三月末で早期退職したので、今は失業給付を受けながら次の仕事を探しているため時間は自由だとのこと。しかも、神戸から趣味の自転車で岡山までやってくるという！

前著『合気開眼』で白状したように、大学生だった僕はあれほどに打ち込んでいた合気道に大きな疑問を抱いてしまい、身勝手極まりないことだが突然合気道部をやめてしまった。同期だった武田君は、僕が退部した後のことを合気道部にも僕自身にもマイナスにならないよう、僕が後ろ足でかけた砂を一身に浴びてくれた。そのおかげで、当時お世話になった本部道場の奥村先生や先輩達から白い目で見られることはなかったのだ。

にもかかわらず、僕自身は武田君に迷惑をかけてしまったという大きな負い目があったため、合気道部退部以来はたった一度しか会っていなかった。しかも、これまた『合気開眼』に詳しいが、そのときは僕が博士を取ってスイスのジュネーブ大学に赴任するというので、大学合気道部の同期の皆がわざわざ熱海の保養所で歓送会を開いてくれていた。自分勝手に途中で抜けてしまった負い目があったためだろう、そのときもひたすら気恥ずかしく申し訳ない気持に終始していたため、武田君とは簡単な挨拶を交わした程度だったのだ。

それが、まだまだ働いていかなければならない年齢であえて早期退職に応じたため次の仕事を探さなければならないという大事な時期に、よりによってわざわざ自転車で岡山まで僕に会いにくるとは！

その連絡を受けたとき、僕の脳みそが生み出した意識は当然のことながら大いに戸惑っていたのは事実。だが、その奥底に何かいいようのないうれしさというか幸福感があり、そこから心地よさが湧き出てきていたため、それまでの僕ではあり得ないことだったのだが娘の部屋が空いてるので好きなだけ泊まってくれと返答していた。まさに、魂に操られたかのように。

実際、自転車に乗って神戸から百三十キロメートルの距離をやってくる日が近づくにしたがい、迎える側の僕にも不思議な高揚感が強くなっていた。単に三十年ぶりに再会するなどという表面的なことではなく、心の奥底で魂同士が引き合ったために実現されるひとつの大きな節目が迫っているという根拠のない確信があったに違いない。ともかく、岡山に到着するという金曜日が、理由もなく待ち遠しかったのは事実。

当日は午後五時に勤務先の大学の近くで一番大きな交差点に到着する予定だったが、あいにく朝からの雨。てっきり遅れてくるはずと考えた僕は、最悪のコンディションの中を走ってくる友の無事を案じながら交差点にかかるエックス字型の横断陸橋の上から東方面の国道を見下ろしていた。そして、驚いたことに到着予定時間数分前、ポンチョをたなびかせながら疾走してくる銀輪が視界に入ってくる。地元岡山の人間であれば、こんな悪天候の日にわざわざポンチョを羽織ってまで自転車には乗らないはず。とすると……、顔はヘルメットとゴーグルで判別できないが、あれが武田君に間違いない!

横断陸橋から駆け下りていった交差点の角で再会をはたした大学合気道部同期の二人は、当然ながら深夜まで語り合った。とはいえ、ほとんどは僕が一方的に語り、武田君が驚愕の表情で受け止めるという場面の連続ではあったのだが。拙著『魂のかけら』に書いた内容だけでなく、『合気開眼』にあることまでも延々と語って聞かせたのだが、己の明晰な思考の中では何もそこまでしなくてもよいのではという声がこだまする。

だが、魂に操られた声帯からはここでどうしても伝えておかなければならないことを表す空気の振動が生み出されていったのは事実なのだが、本当をいえばそんな振動音が意味する物語などはどうでもよかった。むしろ、その振動によって心身ともに揺さぶられることにより、再会をはたした友の魂が重い心の枷を破って解き放たれることこそが重要だったのだ。そう、三原の隠遁者様から受け継いだキリストの活人術を必要とする魂がこうして不思議な縁で引き寄せられてくるものだという事実を僕が徐々に理解していくための最初の布石となったのが、大学合気道部の旧友武田富久君だったに違いない。

しかし、いったい何故旧友の魂は活人術を求めていたのだろうか？

それがわかったのは、翌週に武田君から届いた礼状に目をとおしたときだった。岡山に着いた翌日は朝から晴れ上がり、朝に弱い僕がまだ寝ている間に近所を散歩してきたという彼は、その日の午後にある野山道場での稽古を単に見学するのではなく、自分でも稽古に参加してみる気になっていた。むろん、僕に異論のあろうはずもなく、二ヶ月前に中込照明君に貸したのと同じ古い稽古着を身につけた武田君を迎えたのも、やはり女子大生達の黄色い歓声だった。

野山道場の暖かい雰囲気の中の四時間、僕はいつものように全員の魂を解き放つように心がけ、初めて稽古に参加した合気道部の旧友の顔も徐々に笑顔で満たされるようになる。ここまでくれば、もう僕の出番はない。後は女子大生達が交替で世界平和を祈りながらの愛魂上げの妙技を伝えてくれ、藤井さんが冠光寺流柔術の実際を解説しながら指導してくれるのに任せれば充分。三十年も勤め上げた会社のことも忘れ、明日神戸に帰ってからの我が身を待ち受けている仕事探しの気苦労からも離れることができるほど、武田君は心の奥底から笑い楽しんでくれたに違いない。

何故なら、翌日の日曜日に再び百三十キロメートルを走破して辿り着いた我が家に彼を出迎えてくれたのは、前の週に就職を断られていた会社からの連絡だった。自宅からの通勤に便利な場所にあった工作機械メーカーの中途採用に応募していたのだが、五十歳を過ぎたエンジニア、しかも機械系ではないレーザー光線の専門家だった男が必要とされていたわけでもなく、案の定断られていたのだ。

ところが、ところがだ。それまではダイヤモンドカッターで切断加工することの多かった部分をレーザー光線で肩代わりさせるという社長さんの鶴の一声で、一度は断ってしまっていた武田君にお呼びがかかることになった。それが、魂に操られるままに三十年ぶりに岡山に僕を訪ね、何となく気分の赴くままに野山道場でキリスト伝来の活人術の稽古を心地よく楽しんでいる間でのこと。まさに、完全に諦めた後に己を魂に委ねるという、突然に癌が見つかった五年前の僕自身が辿ったその同じ道を岡山への小旅行で再現したかのような、神の予定調和を感じずにはいられない意味のある偶然の一致が生まれたのだ。

日曜日の朝に岡山を離れるとき、笑顔で自転車にまたがった武田君は、この調子ならまた来月も稽古にやってくるかもしれないといい残していったのだが、次の会社には六月一日からの出社を希望されたとのこと。これで、またしばらくは会社人間として精一杯働いていくことになるため、残念ながら当分の間野山道場には戻れないだろうが、定年を迎えたときにはよろしく……。そんな結びを眺めながら、僕は今は亡き三原の隠遁者様に思いを馳せた。どういうわけか授かってしまった活人術、冠光寺眞法が持つ奥深さにようやく気づき始めながら。

佐藤道場

五月の連休前に拙著『武道の達人』を上梓したのだったが、そこで僕は物理学における静力学、並進動力学、回転動力学の理論的枠組の中で、伝説の柔道家三船久蔵十段の「空気投げ」や空手の原形でもある琉球古武術本部御殿手の達人上原清吉宗家の突きや蹴り、さらには少林寺拳法の達人山崎博通八段の体捌きや柔法のからくりを明らかにした。その反響は決して小さくはなく、連休明けには武道・格闘技マニアのための雑誌『月刊秘伝』（ＢＡＢジャパン）からの取材が入ってきた。

初めてのことでいささか浮かれていた僕は、取材の中で総合格闘技戦でブラジリアン柔術の選手達が多用する最強技マウントポジションによる攻撃をかわすことができるかと問われたとき、深く考えもせずに「そんなのは簡単ですよ」と応えてしまっていた。まあ、ちょっと力学的に考えれば如何なる技にも対抗することができるはずという物理学者の意地もあったし、最後には相手の魂を愛とともに自分の魂で包むという愛魂技法を使えばどんな相手でも簡単に倒せるはずだという確信が生まれつつあったのも事実。

その結果、一週間ほどで回転動力学の理論を用いて組み立てたマウントポジション外しの技を考案して編集部に送ったのだが、文章で読んでもよくわからないので一度東京でやってみせてくれということになってしまった。こうして五月十五日に上京した僕は、予定の時間に編集部が借りてくれていた地下道場の扉の前に立っていた。僕の声に呼応するようにして開かれた扉の奥では、そこでフルコンタクト空手の道場「日本空手道佐藤道場」を主宰されている空手の佐藤昭師範と『月刊秘伝』の副編集長が僕を待ち構えていた。佐藤先生は取材の中で僕の相手をして下さるということで、既に稽古着姿。しかも、体重は百二十キログラムを超え、激しい稽古やトレーニングで鍛え上げた腕の太さは僕の三倍はあるように見える。おまけに、フルコンタクト空手で指導者の立場にあるということは、体格や体力だけでなく運動神経も抜群に違いない。

その圧倒的な立ち姿を前にして気後れしていた僕の頭の中には、これではどんな技を使っても倒せるはずがないという、百パーセントの確信が生まれていた。この予見については大いに自慢してよいのだが、それは後日フルコンタクト空手をやっていた友人が教えてくれたところによると、佐藤師範は凄まじく激しいアメリカのUSA大山空手の出身だったからだ。

これは、トンでもない相手をぶつけられてしまった！

自分が置かれた状況が決して気楽なものではないと気づいたのは、更衣室で稽古着に着替えてきた僕を見た副編集長氏が佐藤先生に「では、始めましょう。まずはマウントしてみて下さい」と声をかけたときだった。仰向けの僕の身体にまたがってきた百二十キロの巨漢は、当然といえば当然なのだが、単なる素人の馬乗りではなく腰を軽く浮かせて僕がどう動いても影響を受けないようなプロが使う本物のマウントポジションに持ち込んできたのだから。

鍛え上げた巨漢の空手家にマウントポジションで攻めてこられたら最後、後は総合格闘技戦のテレビ中継でお馴染みの左右の連打によるKOかギブアップしか選択肢は残っていないはず。これは、とてつもなくヤバイことになったと混乱し始めた僕の意識に、副編集長氏の冷酷な言葉が追い討ちをかけてくる。

「それでは、マウントポジション外しを見せて下さい」

もう、後には引けない。はたしてうまくできるかどうかわからないが、馬乗りになっている佐藤師範の後頭部あたりにあるはずの魂を自分の魂で包み込んでいくしか方法はない！　腹を決めた僕は、寝転がっている状態からは初めてのことだったが、マウントしている相手に愛魂を用いてから軽く腰をひねってみた。すると、どうだ。強固なマウントポジションで馬乗りになっていた百二十キロの身体が、いとも簡単に投げ倒されてしまった。

これには、絶対優位のマウントポジションからあっという間に投げ倒された佐藤師範も驚いて下さったのだが、僕自身の驚きはそれをはるかに上回っていた。何せ、どうせ無理だろうと内心あきらめてのことだったのだから。

「やはり、プロのマウントを外すのは難しいですね……」

そう弱音を吐いて、全てを終わりにする。そう腹を括っていたにもかかわらず、三原の隠遁者様に授かった活人術を使ったとたん状況は一挙に好転した。絶対にあり得ないことであるのにもかかわらず、この僕がいとも簡単にマウント返しを披露してみせることができたのだ。

落ち着きを取り戻した僕は、是非とも活人術の愛魂技法の素晴らしさを確認したくなり、再び佐藤師範にマウントしていただいた上で試しに愛魂を使わないで同じ動きをしてみた。むろん、単に腰だけを同じようにひねってみたところで、マウントしていた一二〇キログラムを超える巨漢の空手家はビクともしなかったのだが、活人術の技法によって魂を解放させるならば何回やってもそのわずかの動きだけではじけるように転覆させることができる！

しかし、この僕自身が信じられなかったのだから、いわんやその様子を横から凝視していただけの人においておや。絶対優位なはずの上体を起こしたマウントポジションで僕を押さえていたフルコンタクト空手の師範があまりにも簡単にはじける姿を目のあたりにしたとき、副編集長氏はご自分が依頼した、つまり僕にとっては初対面の相手であるにもかかわらず、なれ合いか約束でわざと倒れているのではないかと疑ってしまったようだ。まあ、誰が考えても自然なことではあるのだが……。

結局は自分で体験してみなければとうてい納得できない光景なのだから、ここは空手の先生に代わって副編集長氏に実際にマウントしてもらうしかない。だが、既に愛魂によるマウント返しを何回もやって納得してしまった僕にとって、再び相手を換えて同じことをやるのはまったくもって面白くはなかった。

何か、もっと驚くようなことも試してみたい。

そう考えた僕は、佐藤師範に仰向けに横になってもらい、その上で副編集長氏に上体を起こしたマウントポジションを取ってもらった。一二〇キロの巨漢の上に一三〇キロの巨体が馬乗りになった姿にはかなりの迫力があったが、まずは自由に動いてマウント返しを試みてもらうことにした。もちろんご自身は現役の武術家あるいは格闘家ではないとはいえ、武術と格闘技の専門誌の副編集長の立場にあるため案の定マウントしている腰を半ば浮かせて上体を直立させている。そのため、佐藤師範がいくら動いても微妙に重心を動かしてバランスを保ち、まったく崩れる気配はない。マウントポジションは、本当に絶対優位な攻撃方法なのだ。

そこで、今度は少し離れた場所にいた僕は馬乗りになっている副編集長氏の魂を僕自身の魂で包む、即ち愛魂をかけてから佐藤先生に向かって身体を軽く横にひねるように依頼した。するとどうだ、何気なく横を振り向いただけの動きだったにもかかわらず、盤石な体勢でマウントしていた一三〇キロの巨体が見事にはじき飛ばされてしまったのだ！

こうして、マウントポジションを現実にいとも簡単に返されてしまった副編集長氏は、合気＝愛魂という不可思議な武術技法を自分自身で体験することができた。しかも、何回も試していた途中からは、その表情に笑みさえもこぼれるようになったではないか。これ以上の幸せはないとでもいいたげな顔で笑いながら、「なるほど、こんなふうになるのか！」と心地よさを満喫しながら叫んでもいた。

その笑顔を見れば、本当ならばキリスト伝来の活人術である愛魂技法の効果であったことは一目瞭然だったのだが、その頃の僕は愛魂＝合気という近視眼的な見方しかできなかった。離れたところから手も触れずに誰かに合気をかけておけば、他の人がその人に軽く力を加えるだけで倒れてしまう！　武術技法としては不可思議極まりないものであったにもかかわらず、その驚愕の結果に目を奪われてしまった僕は、離れたところからでも人間の身体や精神に何らかの影響を及ぼすことができる物理的なメカニズムが存在するに違いないとにらんでしまう。

その結果、人間の脳神経組織や筋組織の活性を物理的に測定するという、唯物論的な観点に突き進む大罪を犯してしまうことになる。道場での一部始終を見聞きし、さらに体験もしたフルコンタクト空手の佐藤昭師範からは、後日届いたお礼状の中で素晴らしいお言葉を頂戴していたにもかかわらず！

「取材のときの稽古では、優しさを教えていただきました」

そっと置かれていたこの神の予定調和の布石に気づくことができなかった僕は、愚かにも脳波や筋電位を採取することで合気のからくりを明らかにできると誤解し、結局は徒労に帰すことになるとも知らず心地よい唯物論物理学者の鎧をまとっていく。その結果、前著『合気開眼』では、今後の精密な脳波測定や筋電位測定によって合気＝愛魂のからくりにせまることができるのではないかという考えで結ぶことになってしまった。

それだけではない。その後もファンクショナルMRIや光トポグラフィーなどの最先端計測装置を用い、愛魂の場における自分と相手の脳神経組織の活性を測定するなど、底のない泥沼へと沈んでいったのだ。その泥沼を豊かな苗代と見誤っていた僕は、当然ながら『合気開眼』の続編となる本書の原稿の中心にその辺りの最新の科学的研究成果を盛り込むつもりで実験を進め、非常に興味深い結果を得てもいた。そして、野山道場に唯心論物理学者の中込照明君を迎えたときのことを書き進むまで、それらの測定結果にこそ愛魂と呼ぶ人間が持つ不可思議な能力を解明する糸口があると信じてやまなかったのも事実。

だが、限界まで唯物論の側に振り切れていた僕を目に見えない世界からの誘いが魂の真実へと呼び戻してくれたため、それこそギリギリのところで救われたのだ。そう、量子モナド理論に基礎を置く唯心論物理学にまで掘り下げていかない限り、愛魂技法のメカニズムを理性によって理解することはできないという絶対真理に気づかせてもらえた。その瞬間、二年前の佐藤道場で試していたまったく手を触れないやり方の背後にあるモナドの世界での明確な相互関連の存在が、佐藤師範の魂に映った世界の中では「優しさ」と感じられ、僕の魂に映った世界の中では「愛」と捉えられ、そして中込君の魂に映った世界の中では「予定調和」なのだと確信する。

今こうしてこの素晴らしい真実に気づいた時点で振り返ってみれば、そのときからの二年間に野山道場で経験させてもらえた数多くの印象深い出来事の多くが、このたったひとつの真実に僕の注意を向かわせてくれるべく舞い降りてきていたのだとわかる。そして、自分でも何故かはよくわからないうちに『唯心論武道の誕生――野山道場異聞――』という題名だけが頭にこびりついていたのだったが、その理由もここにきてはっきりした。

まさに、字面のとおりのことをお伝えすることになるのだから。

患者は神様

日本空手道佐藤道場の佐藤昭師範から「優しさ」という愛魂の本質を理解する上で重要なキーワードを教えていただけたにもかかわらず、絶対優位なはずのマウント攻撃ですら返してしまうことができるだけでなくそれを離れたところからも可能にしてしまう愛魂技法の現実的威力のすごさに眼を眩ませてしまった僕は、そのからくりを明らかにしたいと考えたあげく脳波や筋電位の計測に夢中となった。その辺りのことは実験結果の報告を含め、前著『合気開眼』の後半に詳しい。そこでのスタンスは、愚かにも合気＝愛魂の原理は脳組織や筋肉組織における何らかの生物物理現象に帰すことができるというものになっていたほどだ。

物理学者故の性か、このような唯物論的な考えに取り憑かれてしまったならば、いくら魂のつながりで真実を伝えてくれようとする働きかけがあっても、それに気づくことができない。まさに、「聞ける者は聞け、見える者は見よ」という戒めに続くイエス・キリストの素晴らしい言動に気づくことさえなかった、パリサイ人と同じ。だが、拙著『魂のかけら』で独白した聖母マリアによる許しは、ここで終わることはない。再度自ら迷える道を選んだ羊に対しても、救いの御手は限りなく差し延べられるのだ。

愛魂技法を用いているときの脳波や筋電位の測定に喜々として時間を費やしていたときにも、マリア様はちゃんと眼前で全てをお示しになったのだから。

愛魂の原理が本当はどこにあるのかを！

ただ、僕がこうしてそのことに気づくまでに、二年近くの月日が流れてしまったのではあるが。

その頃は二ヶ月に一度のペースでCTや超音波による画像診断と血液中の癌マーカーを用いた術後検診が続いていたのだが、ちょうど拙著『武道の達人』が出版された直後の検診時に、手術のときからずっと診ていただいていた女医さんに一冊差し上げていた。そして、パラパラっとページをめくって中の写真を眺めていたとき、急に笑顔になったかと思うと自分にもできるだろうかという。僕はとっさに「これは人間なら誰にでもできることですから、きっとおできになりますよ。一度道場にお出で下さい」と応えたのだが、それに対して非番の土曜日にでも行きますので道場の場所を教えてくれとのこと。内心、多忙な救急外科の医者がそこまでできるわけもないからこの場だけのリップサービスに違いないと思いつつ、僕は携帯電話の番号を記したメモを渡しながら、当日のお昼までに電話いただければ病院まで迎えにくると伝えた。

そんなことも忘れかけていた六月の土曜日、憶えのない番号からの着信があった。出てみると、何とその女医さんだ。今日の午後が非番になったので、是非道場に行ってみたいが柔道着は持ってないので普通に運動できる服装でもよいだろうかとのこと。突然の予期せぬ電話にドギマギしつつも、かろうじて要点だけは伝えることができたのだが、結局午後一時半に病院前に迎えに行った僕の車にジャージー姿のマリア様が乗り込んできたことには気づかなかった。

それでも、その後に野山道場で目撃した驚きの光景と、女医さんの口から淡々と出る魂の言葉の重さに心を打たれたことは事実。

その日の野山道場には仕事の都合で藤井さんの姿がなかったが、北村君と横山君の他に女子大生が二人きてくれていた。数年前に僕の命を救ってくれた女医さんだということで、全員が緊張して稽古を始める。小柄で痩せた体型の女医さんだから女子大生の一人と稽古してもらえばよかったのだが、どういうわけかそのときの僕は道場で一番腕力のある北村君を指名していた。そのほうが、愛魂というものが筋力とは無縁のものだということを本人に納得してもらえるはずだと、とっさに考えたのかもしれない。だが、愛魂などまったく初めてのか弱い女性が体力や体格で優るだけでなく合気道五段の腕前でもある北村君相手に、いったい何ができるというのか⁉

いつものように互いに稽古しながらも、他の人達は僕が随分と無茶なことをやらせていると思ったのか、女医さんのほうをしきりに気にしている。しかし、いつものように世界平和を祈りながらやってもらえば、この無茶な状況をくつがえして正座した位置から北村君を愛魂で高々と上げることができるはず。

むろん、救急外科を専門とする医者に最初から「魂を愛で包む」などといったのでは、とうてい信じてはもらえないだろうと考えて、女子大生達や高校の物理教員達の場合に効果が大きかった「世界平和を祈る」ことで内面を愛魂の状態に持っていくようにしたのだった。それ以外のやり方で初めての人が正座して腕を押さえてくる北村君を爪先立ちするまで高々と上げてしまうことなど、不可能だと思われたからだ。

僕は、正座している女医さんの横で、いつもの言葉を口にした。

「世界平和を祈りながらやると、人間なら誰にでも簡単にできることですので、これから僕がいうとおりにやってみて下さい」

真剣な表情でうなずく姿を確認した僕は、まず北村君の腕力に力で抗することの難しさを体験してもらう。

「まずは、単に力一杯がんばって相手を上げてみて下さい」

明らかなことだったが、女医さんは何もできず、腕は押さえられたまま微動だにしなかった。さて、そろそろ驚いてもらおうなどと考えながら、僕は次の台詞に進む。

「腕力や体力で腕を上げようとしても無理だということをわかっていただけたなら、次は先生ご自身のお母さんがいつまでも元気で幸せに生きていけるように願って真剣に祈りながら腕を上げてみて下さい」

いつもであれば、こうすることによって力ではまったく浮かなかった相手の身体が五センチくらいは上がるので、女子大生達も高校の物理教員達も驚いてくれる。しかし、今回だけは違った。力でがむしゃらにやった場合と同じで、北村君の腰も腕もまったく上がらない。

「うーん、やはりダメのようですね。ご自分の母親だけの幸せを願うというのは、利己的といえば利己的ですから」

予期せぬ展開に戸惑いつつも、僕はトンチンカンなことをいいながら先に進む。今さら、ここでやめるわけにもいかないのだから。

「では、今度はお母さんだけでなく世界中の人々全員が幸せで健康に生きていけるように願いながら腕を上げてみて下さい。見たことも会ったこともない南米やアフリカの人達も含めた全人類の平和な生活を祈るのです」

この時点で相手のお尻は一〇センチくらいは持ち上がるはず。だが、これでも北村君は動かない。

「ウーン、まだ足りないようですね。では、世界中の人々だけでなく、世界中の人々を護っている目に見えない天使達も含め、全ての魂が幸せになるように祈りながら腕を上げて下さい」

これで、北村君が両足の甲だけを畳に残して膝も腰も浮いてしまった異様な状態が実現する……はずだった。それでも上がらない北村君の身体を横目にしながら、半ばやけっぱちになった僕は最後の台詞を放つ。

「これで、最後です。全人類や全ての天使達の幸せを祈るだけでは足りないようですから、今度は神様の幸せも願って下さい。そう、会ったこともない世界中の全ての人々や見たこともない全ての天使達だけでなく、神様までもが幸せになれるように心から祈って手を上げます！」

そのとき、野山道場には爪先立ちで高々と上げられた北村君の姿も、彼をヒョイと上げた女医さんの楽しく幸せそうな表情も生まれることはなかった。

万事休す！

女医さんの顔はというと、怪訝そうな雰囲気はまったくなく、むしろ自分だけが愛魂上げができないのは申し訳ないといった様子。このままでは、せっかく野山道場にお出でいただいたことがかえってあだになってしまう。ここは、何か他の技で愛魂の技を体験していただかなくては！

使命感に燃えた僕は、今度は立ち上がって投げ技を試してみようと提案した。自然体でどっしりと構えている北村君の腰から上体の部分に手をかけ、相撲の下手投げのような動きで倒すという技だ。これまた、本当に自分の魂で愛によって相手の魂を包むという愛魂技法を用いなければ、小柄な女性がやってがっちりとした体格の男に通用するわけもない技となっている。しかも野山道場に初めてやってきたわけで、愛魂に触れたこともないというのに！

半年以上も熱心に通ってくれている女子大生達ですらできそうもない技を初めてやってきた女医さんに要求している様子は、どう考えても初心者イジメとしか映らなかったかもしれない。むろん、この僕にそんなつもりは毛頭なく、ただどういうわけか口を衝いて魂から発せられたのが難易度の高い下手投げだった。僕自身も、大いに戸惑ってはいたのだが、ここはともかく北村君の身体を下手投げで投げるという女医さんにとってはとうてい実現できない技を持ちだしておかない限り、愛魂の素晴らしさに本当には納得してもらえないかもしれないと納得するしかなかったのだ。

ここでもまた、最初は力任せに下手投げをやってもらい、相手の北村君がビクともしないということを確認する。それに続き、「母親の幸せを祈る」ことから始め、「母親だけでなく、世界中の全ての人々の幸せと平和を祈る」に進み、さらには「世界中の人達に加え見えない世界の天使達の幸せも祈る」から最後は「全ての人達、全ての天使達だけでなく、神様の幸せまでも祈る」という形に内面の状態を変化させるたびに下手投げを打ってもらった。愛魂上げと同じで、こうしていくことによって相手が崩れる程度が段々と激しくなっていき、最後には力を入れていない下手投げであっても簡単に相手を投げ倒すことができるはず……だったのだ。

だが、結果は再び僕の目論見を破ってしまうものだった。女医さんが毎回放つ下手投げに対して、北村君の身体はほとんど動くこともなかったのだから。

「ウーン……」

初めての状況に追い込まれた僕は、頭を抱えながら唸ってしまった。何とかしなければと思い必死で頭を使ってみるのだが、僕自身も愛魂のからくりというものをわかっていたわけでもなかったために、いったい何をどのようにしていけばよいのかという手がかりすら浮かんでこない。途方に暮れた意識がもうこれ以上どうすることもできないとあきらめていく……、その刹那のことだ。不思議なことだが、数年前に癌による腸閉塞で膨れ上がった爆発寸前のお腹をかかえて運び込まれた救急病棟での記憶が映像として蘇った。

そういえば、最初に応対してくれた男の医師は大した病気ではなく強度の便秘くらいに診たのか、僕は移動用ベッドに寝かされたまま廊下の隅に放置されていたのだった。それが、この痩せて小柄な女医さんが現れてからのことだった、あれよあれよという間につきっきりでの検査や問診が進んだ結果、緊急に手術をする運びになってしまったのは。それまではたくさんの救急患者の中の一人という感じで扱われていたのに、眼前の女医さんだけは全身全霊をかけてこの僕だけを救ってくれようとしていると思わずにはいられなかったくらいの変わりようだったのだ。

あの救急病棟での緊迫した映像が蘇ると同時に、魂に揺り動かされた声帯からは僕自身でさえも驚くような言葉が発せられていく。

「あのとき病院で僕に接してくれていた先生なら、絶対に愛魂の技ができると思うのです。申し訳ありませんがもう一度だけ、今度は相手を先生の患者さんだと思って投げてみていただけませんか？」

今から思い返しても、いったい何故そんなことを口走ったのか自分でもまったく不明なのだが、女医さんはとても素直に「わかりました」とだけ答えて再度北村君の腰と上体に手をかけていった。

まさに、その瞬間からだ。野山道場が暖かい驚愕に包まれていくのは。

「エ、エー!!」

二人を遠くから取り囲むようにして見ていた横山君や女子大生達だけでなく、この僕までもが感嘆の声を上げるほどにあり得ない光景の中、あっという間に倒されてしまった北村君の笑い声だけが響き渡る。女医さんが軽く身体をひねっただけで、それまであれほど安定して立っていたままだった北村君が簡単に倒れていったのだ！

笑顔で起き上がってきた北村君は、今度は油断しないぞとばかりにしっかりと腰を極《き》めて立つ。ところが、ところがだ。女医さんが再び北村君の腰と上体に手を回したとたん、しっかりとしていたはずの足腰が急にもろくなってしまったかのように崩れていく。おまけに、必死で抵抗していた北村君も倒れる途中から笑顔で笑っている。明らかに、愛魂の効果だ。

いくら何でも初めての人がこんなに高度な愛魂技法をすぐに使えるわけがないという考えが意識にこびりついていた僕は状況を完全に把握できていなかったのだが、実際に女医さんに投げられた本人である北村君には百パーセントの確信が生まれていた。この女医さんの内面は、見事に相手の魂を愛とともに自分の魂で包むことができる状態になっているのだという。そのため、僕に向かって「これなら愛魂上げも簡単にできるよ」とまで進言してくれた。

張り詰めた緊迫感を北村君の清々しい笑顔が溶かしてくれた野山道場の中、再び正座して対面する二人の姿を残りの全員が見つめていた。それだけでは、ない。これなら、確かに愛魂上げもできるかもしれないと直感した僕は、ちょうど持ってきていた小型デジタルカメラを連写モードで構えていたのだ(口絵カラー写真24参照)。

「では、腕を押さえ込んでくる北村君を先生の患者さんだと思って、両腕を軽く上げてみてください」

僕の合図の直後、北村君が女医さんの両腕を手首のところで押し込んでいく。すると、どうだ。さっきはビクともしなかった北村君の身体がつま先を床に残して膝も腰も軽々と上がっていくではないか！

「これなら、人差し指でもできるよ」

北村君が笑って確信したように、その直後に女医さんの両手の人差し指だけをまっすぐに伸ばしてもらい、それを北村君が両手で握り締めておいたのだが、これまたあっという間に愛魂で上げてしまった。おまけに高笑いが止まらない北村君は、僕に向かって「イヤー、絶対に小指でも上がるよ」とまで断言してしまう。だが、いくら何でも女医さんのか細い小指を屈強な男が握っている状況では失敗して小指を骨折するのが関の山。しかも、救急外科を専門とする女医さんが両方の小指を骨折したのでは手術もできなくなってしまう！

そう思った僕は、北村君にやめておいたほうがよいと答えた。だが、残念そうな北村君の前に正座していた女医さんも何かご自身で確信をつかんだようで、はにかみながらも「いえ、できそうな気がしますからやってみます」とまでいう。本人がそうしたいというのなら、やむを得ない。うなずいた僕を確認した北村君は、女医さんが伸ばした本当に細い小指をがっちりと握って押さえていく。一番力が入らず頼りない感覚のある小指を強く握ってこられたなら、誰でも恐怖感が先立って動きが鈍くなってしまうはず。ところが、女医さんの場合は違った。

何の躊躇も見せることなく、細くてもろいはずの小指を握られたままあっという間に両手を上げてしまい、それにつられるように北村君の身体がやはり爪先立ちになるように高々と上がっていくのだから。実はそれまで自分以外の人間が小指の愛魂上げをするのを見たことがなかったのだが、小柄な女医さんが軽々とやっている姿を目にした僕は、心の奥底から感動していた。そのため、やはり自分以外の人ができたことのない割り箸による愛魂上げもぜひ第三者的に見てみたいと思い始めた僕は、横山君や女子大生達に向かってひょっとして割り箸を持っていないかと問う。

運良く誰かのお弁当用の割り箸が一膳余っていたため、僕はそれを割って両手で一本ずつ握ってくれるように女医さんに指示した。むろん、この時点までで女医さんは僕が普通の愛魂上げをするのだけは見ていたのだが、割り箸で愛魂上げすることなど知りもしなかった。そのため、割り箸で相手を上げるということに戸惑いを感じ、愛魂技法がうまくできないかもしれないとも思われたが、考えてみれば僕自身が人差し指や小指で愛魂上げする場面も見てはいなかったにもかかわらず、ご自身でちゃんとやってのけていたのだから、ひょっとすると……。

そんな雑念で埋まりつつあった僕の心の内とは正反対の内面を維持していた女医さんは、野山道場にいた全員が凝視する中いとも簡単にあっさりと北村君を上げてしまった。割り箸を折ることもなく！

あまりの衝撃に我を忘れた感のあった僕は、涼しげな顔で微笑んでいる女医さんに対して何をどうトチ狂ったのか、逆にいったい何故小指や割り箸の愛魂上げができるのかと問いかける始末。むろん、女医さんはあきれた顔をして答える。

「いや、私は相手を患者さんだと思えと指示されたので、本心からそう思っただけです。ですから、うまく技ができたのはご指導がよかったのではないでしょうか」

当然ながら納得できない僕は、さらに女医さんに追いすがる。

「いえいえ、僕が知りたいのはいったい何故相手を患者さんだと思い込むだけで急に愛魂ができるようになったのかということです。患者というのは、先生にとっては何か特別な存在なのでしょうか？」

それに対する女医さんの回答は、脳波や筋電位にばかり注意を向け唯物論に傾いていたその頃の僕を、マリア様とともに再び目に見えない世界へと導こうとしてくれるものだった。聞けば、こうだったのだから。

医学部を卒業して外科の医局に入っていた女医さんは、地元の総合病院で救急外科医として勤務することになったとき、教授から声をかけられ救急外科医の心得を教えられたそうだ。

いわく、救急外科は主に生命にかかわるような緊急性の高い重症の怪我や病気で運び込まれてくる患者さんを診ることになるわけで、目の前の患者さんの命が救えて初めて意味がある。そのためには、それこそ患者さんから目を離さず常に患者さんのためだけに全身全霊を傾け続けていく必要があるのだが、患者さんを人間だと思っている限りいくらがんばってみてもつい気が緩むときがある。本当なら助けられた命を助けられなくなるのは、そんなときだ。そして、絶対にそうならないためには、目の前の患者さんを神様だと思え！

以来、この女医さんは患者さんを常に神様だと思い続けながら、救急病棟での外科治療に邁進してきたという。だからこそ、腹部を醜く膨らませた僕が転がり込んだときにも、本当に親身になってつきっきりの治療をしてくれたのだ。何せ、こんな僕でも患者である限り彼女にとっては神様だったのだから。

「ですから、さっき相手の人を患者さんだと思えといわれたとき、私はいつものように相手を患者さん、つまり神様だと思ったわけです」

なるほど、そうだったのか！

相手の魂を愛で包むというキリスト伝来の活人術である愛魂技法が見せてくれる驚くべき効果の数々の背後にあるモナドの世界での明確な相互関連の存在が、僕の命を救ってくれた女医さんの魂に映った世界の中では「神様に向かう」と感じられていたのだ。これが、佐藤師範の魂に映った世界の中での「優しさ」、僕の魂に映った世界の中での「愛」、そして中込君の魂に映った世界の中での「予定調和」に続く第四のキーコンセプトをマリア様に授けていただいた経緯に他ならない。

相手を神様だと思うことで、自分の内面を愛魂を可能にする状態に持っていける！

この驚くべき、しかし愛魂が元々はキリストによってなされていた活人術であることを考えると大いに納得できる事実の前に、本来ならば全員が平伏してそれを行うべきだったのだ。ところが、唯物論に振り回されていた僕はそれが単に女医さんだけの特殊なものとしか考えられず、ただただそんなこともあるものだと他人事のように思いを巡らすのが限界だった。

せっかくマリア様が手を差し延べて下さったにもかかわらず、佐藤昭師範のときと同じでここでもまた自ら手を引っ込めてしまったわけだ。相手を神様だと思うという、この世の中で最も普遍的な愛魂の原理に手が届いていたというのに！

そして、そんな愚か者の僕にマリア様が再び救いの手を差し延べて下さるまでには一年の月日が流れてしまうことになる。

武術の目的

三原の隠遁者様から受け継いだキリスト伝来の活人術といいつつ、野山道場でやっていることは武術の稽古としか思えないようなことだ。実際、北村君や藤井さん、さらには佐川さんと女子大生達や横山君にいたるまで、最初は武術だと思って野山道場で稽古をするようになった。しかし、僕自身は最初から活人術だと捉えてきたし、稽古をしていくうちに他の人達も全員がこれは活人術だと思ってくれるようになったのも事実。そして、前著『合気開眼』では「合気＝愛魂」だけでなく、「武術＝活人術」とまで明記できたのだ。

極端に暑い夏の野山道場で大汗をかきながらの稽古が続いた夏休みには、ちょうど『合気開眼』の原稿を書き始めようとしていた。つまり、武術というものが本当に活人術と見なすことができるものかどうかについて、特に武術の目的について思いをめぐらせていたことになる。そこを出発点として、それまでさほど興味も持っていなかったキリストの福音書や中世ドイツの神秘主義哲学から使徒トマスの手でインドを経て中国から日本に伝わった景教と大乗仏教にまで思索の旅を続けていった。ここで、そのときの下手な考えや頭に浮かんだ光景をいくつかお披露目しておこう。

武術の目的とは……、自分を倒すあるいは殺そうとして襲いかかってくる他者である敵を制す、つまり逆にその敵を倒したり殺したりすることができるように自分自身を作り上げることのはず。

確かに、一般に広く信じられている武術の目的は、表現の違いはあるにせよそのようなものでしかない。いくらきれいごとを並べ立ててみても、理不尽な行いと承知で襲ってくる蛮人に殴り倒されたり斬り殺されたのでは元も子もないではないか。目には目を、歯には歯を……ではないが、悪意ある暴力に屈することなく、襲いかかってくる人間を同じような暴力で排除する手段を持つことのどこが悪いのか！

そう考える人達が多いからこそ、武術の目的として、身を守るという大義名分の下に結局は蛮人と同じ暴力の技術を磨くことが掲げられてしまったのだ。

自分を殺そうとして他者が襲いかかってくるという状況は、殺伐とした現代社会において誰の身にも降りかかってくる可能性がある。あるいは複数の暴漢に囲まれるようにして殴られている人が助けを求めている場面に出くわすこともあるだろう。そんなとき、自分自身を守り他の人を助けるためだからといって、襲いかかってくる他者や暴漢を武術として修得した暴力の技を用いて殺してしまうのでは、人間としてお粗末極まりない気がする。

いったい、どこで的を外してしまったのだろうか？

もう一度振り返ってみれば、「武術の目的とは、自分を倒すあるいは殺そうとして襲いかかってくる他者である敵を制す」というところまでには、このように頭をひねらなければならない主張はどこにもない。ということは、「敵を制す」という表現を「逆にその敵を倒して殺したりすることができるようにする」と解釈したときからおかしくなってきたと考えられる。

では、「敵を制す」とは本当はどのような意味があるのだろうか？

「敵」とは、この自分を倒そう、殺そうとして襲いかかる他者のことであり、それを「制す」ことは「逆にその他者を殺すこと」などと考えるのはあまりに稚拙な発想でしかない。それに、仮に敵を殺すことで自分はその場を生き抜いたとしても、殺された敵に同情する人達からは蛮人だと思われて様々な形で命を狙い続けられることになってしまう。

真に「敵を制す」ためには、敵を殺すことなく、また怪我や不快な思いをさせることもなく、敵が己の行動の非を恥じ入って改心し、その後は非道なことや暴力とは無縁の生き様を見せてくれるようにならなければならない。即ち、「敵を制す」とは、「敵が改心してよい人として生きていく」ように仕向けることに他ならないのだ。一瞬の下に！

換言するならば、本来の武術の目的は次のようになる。

武術の目的とは、自分を倒すあるいは殺そうとして襲いかかってくる他者が一瞬のうちに改心し善良な人として生きるように目覚めさせること。

そして、このような武術の目的を達成するための最良の技法を追い求めることこそが、武術の修行となるのだ。

しかし、ここで僕がいくら声を大にして強調してみたところで、おそらく誰一人として信じてはくれないだろう。それどころか、大多数はここで大きな誤解をしてしまうはず。そう、敵が改心して自分を倒そうとするのをやめるように説得したところで無駄であり、聞く耳を持たない敵に殴り倒されるに決まっている……と。

ここで、注意しておこう。「敵を制す」ことが「敵が改心し、よい人になるように目覚めさせる」ことを意味するとはいえ、言葉で敵を諭して己の非をわからせるなどというやり方では最良の方策にはなり得ない。それが真実であることは、東西の歴史に残る幾多の暗殺場面を思い起こせば明らかだろう。誰しもが言葉による説得を試み、そのあげくさらなる敵の怒りを買って殺されていったのだから。そもそも、如何なる理由があるにせよ人を一人殺そうと念じて襲いかかってくる敵の精神状態をあなどってはならない。どんな大声で話しかけようが、本人にはまったく聞こえていないのだ。

それに、万が一にも説得が功を奏したとしても、それには時間がかかってしまうはず。敵が一瞬のうちに改心するという状況からはほど遠い。

しかし、それではますますもって信じられなくなってしまうではないか！　そう訝しがられてしまうのも、大いにうなずけることだ。自分を殺そうとして襲いかかってくる敵を無言のまま一瞬にして改心させることができるなど、とうてい想像することさえできないのだから。

百聞は一見に如かず。ここは、一度そのような場面を見ていただきたい。

イエス・キリストの教え

魂の救世主（キリスト）であるナザレのイエスの生涯を描いた映画は多いが、中でも最も忠実に表現したものにハリウッドの名監督ニコラス・レイがメガホンを取った『キング オブ キングス』がある。一九六一年の作品だが、今でもＤＶＤで手軽に鑑賞することができる。

急にキリストの映画の話になってしまい、戸惑われたかもしれない。だが、その中に重大な場面が見事に描かれているのだ。是非にもご覧いただきたいのだが、その場面とは？

キング オブ キングス

荒野で悪魔に屈しなかったイエスが村から村へと歩むうちに弟子となって従う者が現れてきた。母親を残して死んだ若者ラザロを墓から蘇らせたり、病で足が萎えていた老人を立ち上がらせたり、さらにはカナの村で行われていた婚礼の祝いの席で水瓶の水をワインに変えたことなどは、聖書と縁遠い人達にも馴染みがあるだろう。だが、これから見ていく出来事について知る人は少ない。たとえ、キリスト教の信者であっても。

弟子達とともにイエスがとある村に辿り着いたとき、一人の巨漢が狂ったかのように村人に襲いかかり、次々と殴り倒していた。獣の眼を宿していた暴漢が流れてきた一行に気づいたとき、今度は先頭に立っていたイエスに向かって凄まじい形相で突進し、強靭な身体に任せてその首を絞めてきた。しかも、あっという間のことで、弟子達が盾になってイエスを守る余裕さえなかったのだ。それほどまでに狂った暴漢の動きは素早く、たとえ数人の弟子達が同時にかかっていったところで、まとめて叩き伏せられていたに違いないほどの剛の者だった。

そんな男に首を絞められていたイエスは痩せさらばえていた上に無抵抗で、おまけに相手を諭して暴力をやめさせようとする気配もない。力任せに首を絞めさせたまま、静かに穏やかな表情のまま立っている……。次の瞬間、まるで年老いた親をいたわりながら大地に横たわらせるかのように、あるいは疲れはてた我が子を暖かく抱きながら寝かしつけるかの如く、盤石の体勢でイエスの首を絞め続けていたはずの巨体がか細いイエスの両腕で支えられるようにして地面にゆっくりと倒れていく！（口絵カラー写真18参照）

しかも、しかもだ。イエスに抱かれるかのようにして仰向けに倒れ込んだとき、男の眼からは赤黒い獣の光が消え去ってしまい、祝福に満ちた笑顔でイエスに穏やかな視線を向けている。そして、イエスの教えに従って生きていくことになるのだ。

まさに、「敵を殺すことなく、また怪我や不快な思いをさせることもなく、一瞬の下に敵が己の行動の非を恥じ入って改心し、その後は非道なことや暴力とは無縁の生き様を見せてくれるようになる」場面、つまり武術の目的が完全に達成された状況ではないか！

だが、これはあくまでハリウッド映画『キング オブ キングス』で描かれた場面であり、本当にあった出来事を忠実に表現しているか疑わしいものだ。そう訝しがるのも無理はないが、少なくともその他の場面は全て聖書に記述されているとおりの内容だし、イエスの生涯を描いた他の映画と比べても別段の相違があるわけでもない。ただ、気が狂ったように村人を殴り倒していた暴漢を瞬時に改心させた出来事についての聖書の記述は、これよりもずっと宗教色の強いものになっている。

即ち、ある村に差し掛かったとき村人を苦しめていた狂人がイエスを見つけて襲いかかってきたのだが、イエスが十字を切って悪魔にその男から出ていくように命じたとたん、男は善人に戻ったというものだ。

聖書とは、イエスの言葉や行いについて使徒と呼ばれた弟子達が伝えていたことを福音と呼び、その福音を文字にした福音書というものを編纂して作られたのだが、十二人いた全ての使徒による福音が集められているわけではない。マルコ、マタイ、ルカ、そしてヨハネの福音書とパウロの手紙だけが残されているにすぎないのだ。イエスの使徒による福音書としては、その他にもフィリポ、トマス、そしてユダによるものも発見されているし、十二使徒の中に数えられてはいないがマグダラのマリアが残した福音書すら知られているというのに！

聖書にある四使徒の福音書が神の子としてのイエスのイメージを広く伝えるためのものだったことを考えれば、いわゆる悪魔払いのような神技を示したという表現に傾いてしまったのも理解はできる。しかし、『理由なき反抗』や『北京の五十五日』などの名作を残したことで有名なハリウッド映画の巨匠ニコラス・レイ監督が追求したのは、可能な限りのリアリティーの中で納得できるイエスの神性だった。

つまり、フィリポやトマスによる福音書に見られる、聖書よりも事実に近いイエスの姿に光をあてるのだ。

とはいえ、ナグ・ハマディ文書として発見されたフィリポの福音書とトマスの福音書の信憑性が認められていたわけでもなく、バチカンからは禁書扱いを受けていたという状況が続いていた。そんな閉塞感を打ち破ることができたのは、この映画のための映像顧問としてベアード・スポールディングを招いたことによる。実は、この人物は鉱物資源探査に赴いたヒマラヤの奥地で出会った聖人達から魂の救世主イエスの真の姿を教わり、その驚くべき内容をその後全米各地で精力的に講演していたのだ。

十二使徒の中でイエスの教えを最もよく理解し忠実だったトマスは、密かにイエスに後を託されていたとも伝えられているが、どういうわけかイエス没後のキリスト教の歴史からは完全に消されてしまっている。特に、生前のイエスの教えや行動を最も忠実に記した資料として学術的には高く評価されているにもかかわらず、トマスの福音書はバチカンから無視され続けてきた。

ナグ・ハマディ文書

それもそのはず、キリスト教がローマカトリック教会を中心として各地に立派な教会寺院を建立することで組織を広げていく中で

「私は教会にはいない。木を割れば、そこに私がいる。石をどければ、そこに私がいる」

というイエスの真の言葉を語り継いでいたトマスは迫害され続け、身の危険を避けるために東へ東へと布教しながら逃避し、ついにはインド西部にまでたどりついたのだ。

　ということは、ベアード・スポールディングがヒマラヤの奥地で出会った聖人達というのは、迫害を逃れてきた使徒トマスから授かったイエスの教えを連綿と受け継いできた修道士達だったのかもしれない。だからこそ、聖書にあるような神話的描写ではなく、実際にイエスの周囲で起きた本当の出来事としてリアリティー豊かに暴漢の改心を活写できたのだ。特別映像顧問として。

　そう、映画『キング オブ キングス』で描かれた場面、イエスを殺そうとして首を絞めている巨漢が瞬時にイエスに暖かく抱きかかえられるかのようにして倒れ込んだとき、その眼からギラリとした敵意や殺意が消え祝福に満たされた顔になったという場面は、使徒トマスが実際に目のあたりにした生々しい光景そのものだったに違いない。そして、それはまた、イエスにより武術の目的が見事に具現されたことを物語っている。

汝の敵を愛せよ

　使徒トマスがヒマラヤへと伝えた福音により、その昔イエスが武術の目的を達成する最良の技法、即ち武術の極意を身につ

ベアード・スポールディング

けていたということを推し量ることができた。そこからは、武術の目的を達成する最良の技法が如何なるものかを明らかにするための手がかりを得ることもできる。何故なら、ヒマラヤの奥地でベアード・スポールディングが聖人達から聞いたトマスの福音を映像顧問として忠実に描写したハリウッド映画『キング オブ キングス』の中で、イエスが「自分を殺そうとして襲いかかってきた暴漢が一瞬のうちに改心し善良な人として生きていくように目覚めさせる」という武術の目的を達成した場面が登場してくるのだから。その場面について詳しく見ていくならば、イエスが如何なる御業を用いて武術の目的を達成し得たかということがわかるはずだ。

布教のために神話的な表現に陥ってしまった聖書にある四使徒の福音書によれば、自分を殺そうとして襲いかかってきた狂人を一瞬のうちに改心させるために、イエスは手で十字を切って「悪魔よ、この男から出ていけ」と命じたことになっている。ということは、聖書を信じる限り十字を切って呪文を唱えるというのが武術の極意だということになってしまう！

確かにそれでもよいのかもしれないが、これでは武術の極意が残念ながら籤祈祷を駆使する陰陽道の流れを汲む呪術や幻術から生まれた気功を超えるものではなくなってしまう。

根元的な生命力を担う「気」を整えて正しく運用することが武術の極意だと主張する武術家や格闘家は巷に溢れているが、それは完全に間違っている。「気」を整え正しく運用することはあくまで基本中の基本にすぎず、「気」にとらわれていたのではとうてい武術の極意など推し量ることさえ不可能。真に武術の極意を極めたいのであれば、「気」を超えるものを追求していかなければならない。その意味でも、十字を切って呪文を唱えることが武術の極意だと誤解されかねない聖書の記述は捨て去られるべきなのだ。

さあ、使徒トマスからヒマラヤの聖人達を経てベアード・スポールディングへと伝えられた場面に集中しよう。

凶暴な巨漢に首を絞め殺されそうになっていたイエスは、何もいわず穏やかな表情のまま立っていたのだが、次の瞬間巨漢の身体を優しく抱くかのようにして地面にゆっくりと倒していったのだ。そのとたん、男の顔からは敵意が消失し感謝と愛情に溢れた視線をイエスへと向けるという、にわかには信じられないような場面だ。

まさに武術の目的を達成したこのときのイエスに注目するならば、静かに穏やかな表情のまま暴漢が首を絞めるのに任せながら、そのままその巨体を両手で抱きかかえるかのようにして地面に横たわらせている。その間、イエスは何も言葉を発してもいないし、暴漢の身体が崩れるような動きをしたわけでもなく、ましてや逆に暴漢に対して殴りかかるようなことなど一切やっていない。にもかかわらず、痩せさらばえて腕力のないイエスのなすがまま、筋骨隆々の男がイエスを絞め殺すという己の意志とは正反対に、まるで赤子の如く倒されてしまう！

本来ならば、絶対にあり得ないことだ。いったい、このときのイエスは何をどのようにしたのだろうか？

外面的には、何もやっていないことは明白。ならば、イエスの内面において、常人ではとうていなし得ないようなことがなされたはず。

しかし、外面ならば注意深く観察することによって見分けることはできるが、内面については不可能。

イエスの心は、イエスのみが知る。イエスの動きを驚愕とともに瞼に焼きつけていた使徒トマスや、それを何代にもわたって伝え聞いてきたヒマラヤの聖人達、さらにはその教えを受けたベアード・スポールディングが映像化した『キング オブ キングス』の場面に接した我々が推し量ることなど、とうていできない相談のはず……。

ところが、ところが。幸いにも、イエスは魂の救世主だ。人々を神へと導くために、その心の内を幾度となく語ってくれていた。その言葉もまた、イエスの使徒達によって伝えられた福音の中に見出されるはず。そして、他者から命を狙われているそのときの状況と強く関連すると考えられるイエスの言葉に、

「汝の敵を愛せよ」

がある。人々をそう教え導いたのだから、イエス自身の内面は常に自分の敵をも愛する状態になっていたはず。暴漢に首を絞めて殺されそうになっていたときですら。

ということは……。そう、内面がそうなっていたからこそ、イエスは武術の目的を達成することができたのだ。換言するならば、イエスが身をもって教えてくれた武術の極意は「汝の敵を愛せよ」というものになる。

深く心に刻んでおこう。

アインジーデルン修道院

三原の隠遁者様が新約聖書と華厳経を読むように勧めて下さったことがあったが、この愚か者の興味はそれでもキリストの教えに向かおうとはしなかった。そして、腸閉塞の原因となった癌病巣の摘出手術からカトリックの聖地ルルドとファティマを訪れる間、聖母マリアに幾度となく救われたにもかかわらず信者にすらなろうとしなかった。

そんな僕だったにもかかわらず、その年の夏に『合気開眼』の原稿と格闘していくうちに二日おきのペースで、書店のキリスト教や宗教哲学関連の棚の前に立っていた。冷房の効いた大型書店で片っ端から立ち読みしていくのだが、そうすることでキリスト教に関する知識だけは増えていくものの、肝心の「キリストの愛」については釈然としないものが残り続けていた。いっそのこと、「親子の愛」とか「男女の愛」などと同じものだというふうにあればまだ取りつきやすいのだが、どの本を紐解いてみても「人間愛」や「慈愛」などよりもさらに普遍的で崇高な「愛」だという解説に終始していた。

そんな夏の日の夕方のこと、いつものように市内中心部にある老舗書店の岡山支店に行ったのだが、運が悪いことにその日は全店棚卸しのため客は中には入れない状況だった。そのまま別の大型書店に回ればよかったのだが、数週間も続いた本屋巡りの努力がいっこうに報われないこともあって、とてもその気にはなれなかった。まあ、散歩にでもきたと考えればよいと自分を納得させた上で踵を返そうとしたとき、電車通りの向かいにある昭和初期の洋館が視界に飛び込む。これまで一度も入ったことのない「禁酒会館」と書かれた古い看板のある古びた建物には、確かキリスト教関係者がやっている小さな書店があると聞いていた。

試しに、覗いてみるか。

僕は軽い気持でドアを開け、狭い店内に四面しかない棚を順番に眺めていった。見れば、全国の教会の信者さん達が自費出版したものから、巷でも名前が知られている神父さんやシスターが大手の出版社から出している本までがずらりと並んでいる。ここなら、ひょっとして大手の書店では取り扱っていないような、キリストの愛についてきちんと説明してある珍しい本があるかもしれない。そう期待した僕は、全ての棚に並んだ関連書籍を片っ端から眺めていった。

禁酒会館

三番目の棚の中段あたりに差し掛かったとき、それまではソフトカバーの一般向けの本や如何にも自費出版されたという感じの簡素な本ばかりが並んでいたのだが、その中にたった一冊だけ重厚な箱入りの分厚い本が場違いな雰囲気で挟まっているのが目に入る。箱の背にはドイツ神秘主義叢書という、何やら極めて学術っぽいシリーズ名が刻まれていて、その本は叢書の第一巻となっていた。

宗教哲学を専門とする学者しか読まないようなものに用はないというわけで、僕は次の段に目を移そうとしたのだが、どういうわけか僕の気持ちとは裏腹に目がその重厚な箱に釘づけになってしまっていて動かない。しかたがないので、取りあえずその箱入り叢書の一冊を手にしてみると、題目には『神性の流れる光――マクデブルクのメヒティルト――』とある。これでは中身を見るまでもなく、僕自身の当面の課題である「キリストの愛」の真意を探るということに無関係なことは明らか。再び棚に戻して先を急ごうとしたのだが、僕の両手は意に反して表紙を開いていく。

するとどうだ。パラパラとめくったページにあったのは、男性に恋いこがれる女性が胸の内を切々としたためた恋文のような表現のみ。何だ、これは⁉ わけがわからなくなった僕は、最後のページに近いところから始まっていた訳者解説を読み進む。そこには、この本の著者であるメフィティルトにまつわる不思議な話が紹介されていた。

中世のドイツには、教会の修道院で暮らすシスター（修道女）の他に、街中の家に数人の女性が集まっているだけの準シスターのような女性信者も少なくなかった。教会の中での地位としては男性しかなれない神父が一番上で、その下に女性のシスターがいるのだが、修道院の外に暮らす準シスターは一番下の扱いとなっていたそうだ。ところが、ドイツの街マクデブルクの準シスターでしかなかった文盲の女性メフィティルトに神の啓示があっただけでなく、その内容を全て書きとめて出版するようにと告げられてしまったという。

ドイツ語の文字を知らなかった身分の低い女性が神の啓示をドイツ語で書き記すことなど不可能であるに加え、当時はまだグーテンベルクによる活版印刷技術が発明されていなかったために本を出版するということは手書きによる写本でしか実現していなかった。そのため、出版には膨大な費用がかかってしまい、グーテンベルク以前の中世で本を出せたのは大学教授か教会の司祭しかいなかったのだから、貧しい準シスターの女性が神のお告げを出版することなどできる相談ではなかった。

メフィティルトもこの点はよく理解していたようで、啓示を受けたときに神様に対して出版などという大それたことは自分にはできないと訴えたそうだ。ところが、神様は必ず出版できるようになるとお告げになった。その結果、本当に奇蹟としかいいようのないことが連なり、貧しい準シスターでありながらもメフィティルトは神様との約束をはたして、そのときに神から伝えられた内容を記した写本を何冊も出版することができたのだ。

そのドイツ語写本を日本語に翻訳したものが、僕が禁酒会館で手にした『神性の流れる光――マクデブルクのメヒティルト――』（創文社、ドイツ神秘主義叢書第一巻）だったのだ。現代に生きる僕にまでその内容が熱烈な恋文のように映ったわけだから、当時の教会関係者の驚きや怒りには凄まじいものがあったに違いない。実際のところ、メフィティルトが苦労の末に出版した写本は教会から禁書扱いを受けることとなり、ほとんどのものが焼かれてしまったようだ。

だが、幸いにも一冊だけ完全な形の写本が残っていたために、今でもこうして読むことができる。僕がどういうわけか手にしてしまった日本語版も、その無事に残った一冊の内容を翻訳したものだったのだが、それはスイスの田舎町アインジーデルンにある修道院の図書館に保存されていたものだと書かれていた。

アインジーデルン！

その字面に貼りついてしまった視線の根元では、僕の意識を混濁させるかのように魂の呼び声がこだまする。

アインジーデルン！

その二年前の夏休み、古巣のスイスに一ヶ月以上滞在していたときのことだ。もう充分に元を取ったはずの一ヶ月有効の鉄道フリーパスが切れる最後の一日、早朝にジュネーブを発って深夜ギリギリにジュネーブに戻る鉄道旅行を計画した。その行き先が、アインジーデルンの修道院だった。しかも、何本もの鉄道路線を乗り継いでアインジーデルンの駅に到着しても、一時間後に出発する折り返しの列車に乗らなければ深夜にジュネーブに辿り着くことができない。つまり、アインジーデルンの町には一時間しか滞在できないことになる。

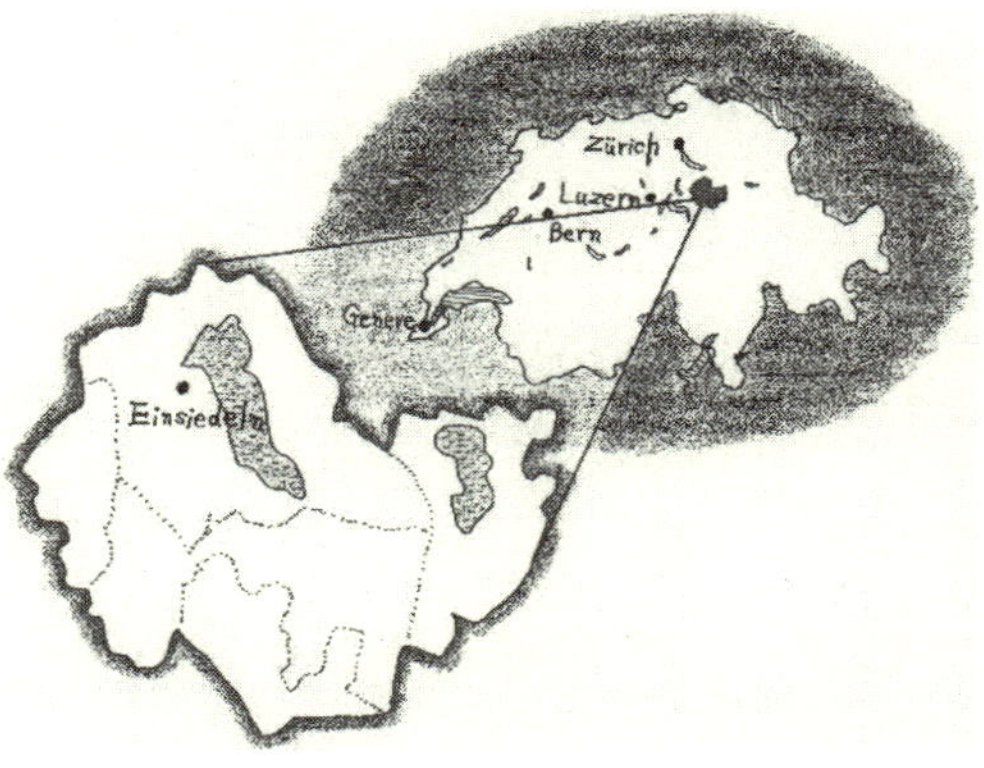

アインジーデルン

修道院が駅の近くならば問題はないが、もし駅から離れたところにあるのであれば訪問を諦めなければならない。そんな状況でわざわざ強行軍をする意味があるのか大いに迷ったのだが、それでも早朝のジュネーブ・コルナバン駅に立ったのはスイスの友人が強く勧めてくれたからだった。ルルドやファティマで聖母マリアにつながる奇蹟体験をはたした話を僕の拙いフランス語で聞いてくれた直後、その友人はスイス滞在中に是非にもアインジーデルンの修道院に行くべきだといってくれた。スイスにおけるルルドやファティマのようなカトリックの聖地なのだから、と。

片道八時間をかけてアインジーデルンの駅に到着した僕は、さっそく駅員をつかまえ有名なアインジーデルンの修道院までどのくらいかかるのか聞いてみた。「歩いて二十分」……ということは、往復に四十分もかかることになり、修道院で許される滞在時間は二十分以内！　小さな町の古い駅前にはタクシーなども見あたらず、教わった方向へと早足で進んでいく他はない。

こうして、何とか辿り着いたスイスカトリック教徒の聖地には、なるほどかなりの大きさの聖堂が建立されていたのだが、そこはやはり田舎故のことか無骨な印象が拭えない。時計を見ながら駆け足で聖堂の中を見物してみたのだが、ヨーロッパの他の土地にあるもっと古い寺院に比べればいささか見劣りがするのも事実。

うーん、こんなところに朝からずっと電車を乗り継いでまで、いったい何故やってきてしまったのだろうか⁉

アインジーデルン修道院

大聖堂の他には古い図書館しか見あたらないような修道院にさっさと見切りをつけた僕は、残り時間で入口近くにあった土産物屋の中を物色した。カトリック聖地ではお馴染みのマリア様の銀製メダイがずらりと並んでいたが、その端っこに信じられないような値段のものがある。日本円にすると、百円以下。他のメダイの、数十分の一の値段でしかない。

これまで訪れたことのあるカトリック聖地ではそんな無茶苦茶に安いメダイにお目にかかったことは

なかったし、見た感じ、他の高価なメダイと比べても美しさや輝きに遜色はないようだ。興味を持った僕は、ドイツ語地区であることを無視してフランス語で店主に問いかけた。何故、このメダイだけこんなに安いのかと。以後二年間、僕がわざわざ鉄道パスが切れる最後の日にアインジーデルンの修道院に行ったことを自己正当化するために利用したのが、そのときの店主の答だった。

いわく、この修道院に巡礼にくる信者は必ずしもお金にゆとりがある人達ばかりではなく、銀製のメダイなどとても買えない人もいる。普通ならば、そんな貧しい信者のことは無視されてしまうのだが、アインジーデルン修道院では他の信者同様に厚き信仰の証としてのメダイを無理なく手にして帰ってもらうため、銀ではなくアルミで作ったメダイまでも用意しているのだ。それが、百円以下で手に入る光り輝くメダイの素性だった。

なるほど、このアルミのメダイこそが聖母マリアの真の姿を表しているものに違いない！

そう合点した僕は、ルルドやファティマの土産物屋では絶対に手にしなかったマリア様のメダイを握り締め、再び早足で駅へと向かう。この安いアルミ製のメダイの存在が持つ意味を理解し、絶えず己を戒める必要があったからこそ、無理をしてでも今日はここにくるべきだったのだ。そう思い始めた足取りは軽く、強行軍の疲れも消えていった。

メダイ

だが、その二年後に禁酒会館の中で立ち尽くしていた僕が手にしていた訳本は、あのときの修道院の図書館に世界でたった一冊だけ完全な形で残されていたものだったという！

ここでもまた、神の予定調和がもたらした意味のある偶然の一致を前にして、己の意識はその存在理由を失ってしまう。その後に取り残された肉体は、解放された魂によって無意識のうちに操られ、これまた見事に本を買うに必要なだけの金銭が残っていた不浄の財布を開く。

こうして、買う必要も、動機も、必然性もないはずのドイツ神秘主義叢書第一巻を脇にかかえた僕は、まるで夢遊病者の如き形相のまま帰りを急ぐ。二年前のスイスでの布石がなければ絶対に読むはずもない、中世マクデブルクのメヒティルトが受けた神の啓示の全てを知るために。そうして確信できたのは、「愛」についての真の理解だったと思う。

親子の愛、兄弟愛、師弟愛、隣人愛、人類愛、人間愛、キリストの愛、神の愛、慈愛、等々、全ての「愛」は男女間の愛、つまり恋愛と区別されるものではなく、皆等しく同じ「愛」なのだ。だからこそ、キリストの愛だけを特別視してはならない。キリストの愛もそうであるように、男女の愛もまた相手を無条件に受け入れるという「愛」に違いはないのだから。

『神性の流れる光』を読み進んでいくうちにやっとこの重大な事実に気づくことができた瞬間、僕の脳裏にやはり二年前のスイス滞在中に見た光景が生々と蘇る。スイスの首都ベルンにある連邦議会の会議場テラス横の散歩道の上に、夕暮れとともに一人の若者がチョークでドイツ語の文字を丁寧に書き始めていた。路上にチョークでモナリザの絵を描く光景はよく目にしていたが、何やら文字を書きつけているのを見るのは初めてのこと。何気なく足を止めて眺めてみたのだったが、そこに記されていたのはまさに男女の愛、親子の愛、兄弟愛、師弟愛、隣人愛、人類愛、人間愛、キリストの愛、神の愛の羅列だった（口絵カラー写真26参照）。

そう、既に二年前から教えられていたのだ、この僕は。愛こそは単一であり、全ては愛であることを。

「人でなく、物でなく、力でなく、汝に愛を授けん……」

にもかかわらず、活字となったものを読むときにだけしゃしゃり出てくる意識のおかげで、愚か者は単に知識としてのみ「愛」について理解しただけだった。心の奥底にある魂に「愛」が満ちあふれることはなかったのだ。

四億五千万年前からの弟子

禁酒会館での不思議な成りゆきで手にした本に神の啓示が記されていたということから、一時は足が重くなり始めていた書店通いが再び活発になっていったのだが、今度は別の大規模書店の岡山店の中をうろついていたときのことだ。たまには数学や物理の棚にも目をとおしておこうと考えた僕は、エレベーターを降りるなり一直線に理系書籍の棚を目指した。エレベーターの位置からはかなり離れた場所にあるため、文字どおり一直線というわけにはいかず、途中の棚の間をジグザグに最短距離で進もうとしていた。

その途中、たまたま左側にある精神世界の棚を見やった僕の足は、そこでもまた急に動かなくなってしまう。精神世界というジャンル分けに入る書籍のほとんどはいわゆるスピリチュアル系のいいかげんな本が多く、いつもの僕ならばそんな棚の前で立ち止まるわけはなかった。だが、どういうわけかそのときの僕は、気がついたら既に精神世界の棚の中の一段に並べられた本に手を伸ばしていた。しかも、手元に引いたその本は装丁も素人じみていて、まるで自費出版のようにも映ってさえいたのだ。おまけに、随分とけばけばしい色とお世辞にも上手とはいえないイラストが散りばめられた表紙カバーに踊っていたタイトルを読むと、これまたいかがわしい雰囲気が漂っていた。

それが、『時を超える聖伝説――いま明かされる人類の魂の歴史／創世・レムリア・アトランティス――新しい次元へ』というぶっ飛んだ訳本との出会いだった。既に同様の不可思議な巡り合わせで中世ドイツの貧しい文盲の準シスターに下った神の啓示を記した『神性の流れる光』に出会ったばかりだった僕は、その表紙を見るまではひょっとしたら何か素晴らしいことを教えてもらえるのではないかと期待していたのだ。しかし、どう考えても嘘八百が書き立てられているとしか思えないような雰囲気が伝わってきたため、そのまま棚に戻そうとした。

そのとき、こんな自費出版のような本がどうしてこの大規模書店の棚に並ぶことができたのかが気になり始め、一応本の奥付を開いてみた。すると、どうだ。その本を出版したのは岡山市内にある無名の出版社で、しかも奥付の右側のページに僕が勤務している女子大の名前がチラリと見えてしまった。見れば、この本はボブ・フィックスというアメリカの「チャネラー」という種類の超能力者に大昔の魔術師の霊が憑依して書かせた英語の原著を、僕の大学の卒業生が翻訳したものとある。

うちの大学は田舎女子大の典型のようなもので、卒業生が執筆や翻訳という形で商業出版に関われることなど、まずはあり得ないことだった。だから内容はともあれ、ともかくこうして翻訳本が書店に並ぶ形で活躍している卒業生がいたことを、とてもうれしく思えたのだ。ここで手にしたのも何かの縁、僕が一冊買えばこのがんばっている卒業生にいくばくかの印税が入るはず。そう考えた僕は、こんなことでもなければ絶対に買わなかったであろう「トンでも本」を持ってレジに並んだ。

書店を出た頃には日が暮れていたのだが、もとより読むつもりなどない本を家に持って帰るのも無駄だと思った僕は、先に大学に寄って研究室の書架に放り込んでいくことにした。授業のときなどに、現役女子大生に向かって先輩が活躍していることを知らせるのに役立つかもしれないのだから。

大学キャンパスに向かう道すがら、大きな交差点を渡るために横断歩道の手前で信号待ちをしていた。横の流れが止まり、信号が青になったのを確認して横断歩道を歩き始めたとき、右前方から右折車が一台やってきた。歩行者優先のはずだから、車は必ず止まってくれる。そう信じて最初は気にもとめていなかったのだが、何気なく交差点の中央を見やりながら歩いていると、交差点の中を既に右折してきたその車は減速するどころか僕めがけて急加速で突進してくるではないか。

そのあまりにも異常なスピードにただならぬ気配を感じた僕が運転席を凝視すると、そこに座っていた中年の男の眼が『魂のかけら』に書いておいた深夜のルルドの洞穴で出会った女性と同じ赤黒い獣色の光を放っていた。これは尋常ではない状況に陥ってしまっていると直感した僕は、このまま前後に走って逃げたところでルシファーに操られている男が運転する暴走車から逃げることなど不可能と悟る。

直後、僕は足を止めた。

だが、あきらめたわけではない。僕自身、クリスマスイブの深夜にルルドの洞窟で対峙したときとは違っていた。あの頃の、まだ何もわかっていなかった人間ではなく、まがりなりにも愛魂というキリスト伝来の活人術に目覚めようとしていた人間だ。そのため、今この場を切り抜けるための唯一の方法が、赤黒く光る眼の運転手の魂をも愛とともに包んでしまう、つまり愛魂をかけることだと確信できた。

キキキーーッというブレーキ音を響かせて車が急停車したとき、僕の両足はバンパーから三十センチも離れてはいなかった。交差点付近にいた人達は驚いていたが、不思議に僕自身は何も恐くなかった。愛とともに運転手の魂を僕の魂で包んだ瞬間、その眼から赤黒い獣の光が消え去るのが見えたからだ。

善良な中年男に戻った運転手は、だいぶ混乱した顔をしながらもウィンドーガラスを下ろして詫びてくる。

「すみませんでした、いったいどうしたことか直前まで横断歩道の上には人影がないと思えてしまい、アクセルを踏んで走り抜けようとしたんですが……。それが、急に人が歩いている姿が目に入ってきて必死でブレーキを踏みました。申し訳ありません」

見れば、如何にも人の良さそうな男性で、わざと人に車をぶつけてくるような人間ではないことはすぐにわかった。

「これが子どもやお年寄りだったりしたら危険ですから、これからは気をつけて下さい」

そういい残して交差点を渡り始めた僕に何度も頭を下げながら、その運転手はゆっくりと車を出していった。しかし、あの赤黒く光った眼は、どう考えてもルルドの洞穴で僕の前に立ち塞がった女性と共通していた……などと考え込みながら大学に向かっていた僕に、突然ひとつの確信が湧いてくる。

あのときと同じだということは、今回もまたルシファーにとって不都合なことから僕を遠ざけようとしていたことになる。ルルドの洞穴では、僕は聖母マリアが現れた場所に設えられた鉄の十字架の前で感謝の祈りを捧げようとしていたのだが、今回は単に大学の研究室に戻るというだけのこと。悪魔と化したルシファーにとって、都合の悪いことなどどこにもないはず……だった。その頃の僕にとっての、ごくありきたりの日常の一部でしかなかったのだから。たったひとつを除けば……。

そう、そのときの僕は、あのトンでも本を手にしていた！

あのまま僕が本を研究室に置いていたりしたら、それこそ再び何らかの神の布石によって内容を読むことになるかもしれない。そうなっては困るルシファーだからこそ、何も知らない善良な運転手の眼を眩ませてでも、僕自身の存在を消そうとしたのだ。そう確信した瞬間、僕は大学に寄るのをやめた。家に持ち帰って、明け方まで読みふけるべき本だとわかったのだから。

こうして一気に読み進むことになった『時を超える聖伝説――いま明かされる人類の魂の歴史／創世・レムリア・アトランティス――新しい次元へ』（ボブ・フィックス著、下山恵理菜訳＝三雅）の内容は、既に読破していた『神性の流れる光』に展開されていた神の啓示と呼応し、不思議にも胸の奥にスッと収まっていく。

しかも、僕にとって他では目にすることがなかった、貴重な年数までもが登場してきていたのだ。

四億五千万年前という！

人類の魂がこの宇宙に最初に発生したのが、今から四億五千万年前だったという形で……。

僕にとって、この「四億五千万年前」という時期については、どうしても頭から離れない格別の響きがあったのだ。それはもう三十年近く前のことになるが、僕が大東流合気武術の佐川幸義宗範の門人となって半年ほど経った頃のこと。いつものように小平の佐川道場で稽古していたのだが、午後の部は相変わらず僕と木村さんの二人だけということが多かった。その日も例外ではなく、二人で淡々と稽古をこなしていっていた。

佐川道場に入門するとき、たとえ先輩といえども技が効いていないときには倒れる必要はないといい聞かされてはいた。だが、入門したての頃は、どんなに真剣に抵抗していても木村さんを含め先輩達には簡単に倒されてしまう状況だったため、これではいけないと思って四股を踏んだり腕立て伏せをやったりして一応は密かに鍛錬を積んでいったのだ。功を奏してか、その日の午後の稽古の途中、木村さんが技の途中で初めて僕を倒せなかったときがあった。

お、日頃の鍛錬の成果が初めて現れた！　僕がそうほくそ笑んだ刹那、急に表情が変わった木村さんの口から、激しい叱咤の声が飛び出す。

「ばかもん、ちょっと抵抗力がついたくらいで高慢になりおって、情けない奴だ。まだわからんのか、お前は四億五千万年前からの弟子なんだぞ！」

いったい何がどうなったのかわからないまま、初めて見せる木村さんの怒りの前に僕はひたすら頭を垂れて謝っていた……。そのうちに、木村さんの言葉の激しさとは裏腹に何故か優しさのようなものが胸の内に染み込んできたとき、僕はやっとその真意をつかむことができた。抵抗して倒れなくしたことに腹を立てていたのかと誤解していた僕は、己の愚かさがとことん嫌になってしまったのだが、木村さんはそんなことは微塵も気にかけてはいなかったのだ。僕がちゃんと鍛錬していたことを喜びこそすれ、その効果が現れただけのことを怒るわけもない。

木村さんが諭して下さったのは、大きくなった抵抗力の効果を目のあたりにした僕の心に湧き出てしまった高揚感のある自我意識のほうだったのだ。

ちょうどそのとき奥から佐川先生が出てこられ、我々二人は再び何ごともなかったかのように稽古を続けていくうちに、数名の先輩達も遅れて稽古に加わってきた。日が暮れた頃に稽古が終わり、夜の部の稽古までの間にいつものように木村さんと国分寺まで歩いて夕食に行く。その道すがら、僕はひとつの疑問を木村さんにぶつけてみた。確か、道場で四億五千万年前から僕は木村さんの弟子だったようなことをいわれてしまったが、あれはどういうことだったのかと。どうも、木村さん自身も頭に引っかかっていたらしく、間髪を入れず話し始めた。

「いやー、確かに自分の口から保江君が四億五千万年前からの弟子だという言葉が出たのははっきりと憶えているんだが、そのときは自分でもいったい何をいっているのかさっぱりわからなかったし、今でもよくわからないよなー。四億五千万年前というのは、あまり聞いたことのない年数だけれども……」

ま一、前著『合気開眼』にあるように、僕と木村さんの出会いやその後のかかわりを考えると、確かに前世から僕が木村さんの弟子だったのはうなずける。だが、それが四億五千万年前からというのは、どこをどうひねったら出てくるのだろうか？　木村さん自身もわからないのだから、この僕がわかるわけもないのだが、それ以来この「四億五千万年前」という年代は僕の頭から片時も離れることはなかった。いったい、何故「四億五千万年前」でなければならなかったのか⁉

その答が、三十年近く経ったその日、本当ならば読むことも手にすることさえもなかったはずの本の中に、初めて見出されたのだ。『時を超える聖伝説』の著者ボブ・フィックスに憑依した太古の魔術師が語っていた、人間の魂についてのはるかな歴史の中で。そう、人間の魂が初めて発生したのが四億五千万年前のことだった、と。

以来、人間の魂は集団で宇宙の中をさまよいながらそれぞれの魂の周りに物質を呼び込むことができる惑星環境を見つけては、知性を持った生命体として文明を築き上げてきたそうだ。ひとつの魂に集った物質が生命体として機能しなくなったとき、その物質は生命を失い死を迎える。だが、魂だけはいったん目に見えない姿に戻っただけで、しばらくすると再びその周りに物質を呼び込んで生命体となり、その惑星環境の中で新しい生命体験をしていく。

その惑星環境が劣化してそれ以上は魂の周りに物質を呼び込むことができず生命体としての人間が維持できなくなってしまったときには、魂は集団で次なる惑星環境を捜して宇宙の中を再びさまようことになる。そうやって、四億五千万年前に発生して以来、人間の魂は何回も惑星環境を渡り歩く旅をしてきたという。

一見荒唐無稽にしか思えない、さらにはトンでも本によくあるいい加減な思い込みや無責任なホラ話としか考えられないような内容だったのだが、唯心論物理学者の仲間入りをはたした直後の僕には大いにうなずけるものが多かった。量子モナド理論の中で

人間＝魂＋ヒト＝魂＋物質

と定められた人間の本質構造とうまく呼応していたのだ。

それだけでは、ない。人間の魂が四億五千万年前に生まれたのだとすれば、木村さんの魂も僕の魂もともに四億五千万年の時を経てきているわけで、あのとき佐川道場の中で木村さんの口を衝いて出てきた「四億五千万年前からの弟子だ」という言葉は魂の叫び声だったと理解すれば大いに腑に落ちる。

我々の魂が経てきたであろう壮大な時の流れを感じ始めた僕は、その素晴らしい真実に目を開かせてもらえた幸せに打ち震えながら、はるか遠い宇宙へと思いを馳せていた。心からの感謝とともに。

サナート・クマラー？

これまた不可思議な成りゆきで読み進むことになった『時を超える聖伝説』の文中、長年の謎だった

「四億五千万年前」という年代が持つ真の意味を見出したのはよかったのだが、その後に出てくる人間の魂の遍歴の中で馬鹿馬鹿しくて思わず笑ってしまうくだりがひとつあった。しかも、それによってこの本に書かれていたことは全て胡散臭く映ってしまうことになってしまい、一時は人間の魂が発生したのが四億五千万年前だという話も疑ってしまうことになる。

それは、人間の魂が初めて地球にやってきたときの物語の中にあった。地球の前に魂が存在した惑星環境は同じ太陽系の中の金星だったいうところや、その前は土星だったという点については大学で天文学を専攻したこの僕にも違和感はなかった。また、金星の環境劣化によって宇宙へとさまよい出た魂の集団が隣の地球にやってきたとき、その環境は未だ未発達で魂の周りに物質を引き寄せて知的生命体を形成するには何万年も待たなくてはならなかったのだが、プラトンが書き残したアトランティス大陸の文明や太平洋の島々に伝説として残るムー大陸の文明などは全てその時代に目に見えない姿のままで地球近傍の宇宙で待機していた魂の社会に生じたものだったということも納得できた。だからこそ、いくら物質的な世界の中で大西洋や太平洋を探索しても、アトランティスやムーの伝説のような高度な文明の遺跡は見つからないのだ。

そこまでは、どれもこれも大いにうなずけるものばかりだった。だが、たったひとつの話、いやたったの一行で僕の脳みそが生み出した意識は相転移をおこしてしまい、それまで腑に落ちていたことまでをも吐き出してしまう。考えてもみてくれ、地球の周囲に待機していた魂達の中で地球環境が整ってきたとき最初に地球に降りていった魂の名前がサナート・クマラーであり、その「クマラー」が降り立った場所がその後日本列島の山となり「鞍馬」と呼ばれることになったなどというのだから！　つまり、「クマラー」が「クラマー」と訛ってしまったというのだ。

冗談もほどほどにしてくれ。せっかく真剣な気持で大半を読み進んできたというのに、今さらこんなくだらないジョークで全ては嘘でしたなどと白状するなどとは言語道断！

あきれかえった僕は、本を閉じもせずに放り出してしまった。

ところが、ここにもまた神の予定調和による布石が置かれていて、まっとうな唯物論物理学者へと引き戻されかかっていた僕は救われることになる。ルシファーによる唯物論への誘惑を断ち切って下さったのは、やはり『魂のかけら』にもたびたび登場する宝塚のカトリック伝道師。

全てを白紙に戻してボンヤリとしていたその日の夜、久し振りにその伝道師から電話を頂戴したのだ。時候の挨拶に続いて先方の用件がすんだとき、あの本のトンでもない内容にあきれかえっていた僕は、その電話をお借りして金星からやってきた人間の魂で最初に地上に降り立ったのがクマラーだったので、その場所が鞍馬と呼ばれるようになったなどという戯言を本にしているイカれたアメリカ人がいると笑いながら告げた。当然ながら、伝道師の方も僕といっしょに大笑いして下さると信じながら……。

だが、受話器の向こうから聞こえたのは、ごく落ち着いた透明な声で「そのとおりですよ」というまったく予期せぬ応答だった。一瞬我が耳を疑ったのだったが、そこはかねてより絶大な信頼を寄せていた伝道師のこと故、僕は神妙な面持ちでその福音に耳を傾ける。

何でも、伝道師のお父さんは仕事の合間に鞍馬山と鞍馬寺の歴史や伝承について研究する郷土史家だったそうで、子どもの頃は連れられてよく鞍馬寺にお参りに行ったとか。そのため、父親の研究の中にも出てくるし、また鞍馬寺にはきちんとそう記してあるというのだが、鞍馬山の天狗というのは実は金星人で、地球に落ちてくるときにぶつかって割れた岩が鞍馬山に祀られているということもよく知っているというのだ。

エ、エーッ！

金星人が鞍馬山に落ちてきたのが鞍馬の天狗伝説になったのだと、よりによってこの僕を三原の隠遁者様始めカトリックの様々な秘儀や聖地へと導いて下さった宝塚の伝道師の口から聞くことになろうとは！　その瞬間、大きく揺さぶられた魂が再び解放され、この僕は救われたのだ。そう、『時を超える聖伝説』の中にあったサナート・クマラーの話は、トンでもない虚偽の作り話などではなく、やはり真実を語っていたのだ。

まさに、事実は小説より奇なり……、などというつもながらの上辺の納得ですませてしまおうとしていた僕の興味は、既に己の中では未だに解明されていなかったキリストの愛へと向かっていた。そんなわけだから、数ヶ月後にサナート・クマラーの洗礼を受けることになってしまい、本当に心の奥底から人間の本性である魂の存在の前に平伏してしまうという結末を迎えてしまうなどとは、思いもよらなかった。

げに恐ろしきは、知識でのみ理解できたと誤解する自我意識の存在なのだ。

キリストの愛と合気開眼

「汝の敵を愛せよ」

魂の救世主イエスの教えの中でも、最も難解なものの代表とされる。ましてや、キリスト教の信者ではない僕のような人間にとって、この言葉の理解の妨げとなる壁は二重になっている。第一の壁は、自分を殺そうとして襲いかかってくる他者である敵を愛することなど本当にできるのだろうかという、誰もが抱く素朴な疑問だ。そして、第二の壁は、そもそも愛するということはどういうことなのだろうかという、非常に深い哲学的な疑問に他ならない。

現代に到る二千年の間に世界中に広まったイエスの教えがキリスト教の基本だが、そこには「愛」が溢れている。同じように有名な言葉に

「汝の隣人を愛せよ」

というものがある。より具体的な表現では

「汝の子と同じように、汝の隣人を愛せよ」

とも記されるのだが、これを見ると愛するという意味は自分の子どもに対する親の気持ちにある「生き

ていけるように支え導く」ことだと考えられるかもしれない。

だが、イエスが人々に示したものは親が子に対して抱く愛をはるかに超えた神の愛そのものだったというのが、カトリックとプロテスタントに分かれても変わらないキリスト教の考えだ。魂の救世主、即ちキリストとしてイエスの姿でこの世に神自らが現れたことと、大天使ガブリエルがイエスの母となるマリアに聖霊によって神の子を宿したと告げることにより、神の子イエス・キリストは神、そして聖霊と互いに分かち得ない一体のものとしてキリスト教の中心に位置する。

大天使ガブリエル

全ての人間の罪を背負って十字架にかけられたこと自体が神の愛のあかしであり、そのイエスの行いを心にとめておきさえすれば誰でも神の愛とともに生きることができる……。
このキリスト教の教えは、しかしながら信者以外には難解極まりない。神も神の子イエス・キリストも同一なのだから、神の愛とはキリストの愛でもあり、従って「汝の敵を愛せよ」あるいは「汝の隣人を愛せよ」とイエスが諭したときの「愛」でもあるはず。
僕自身キリスト教の信者ではないが、縁あって何人かのカトリックの神父様や伝道師の方々のご指導を受ける機会に恵まれたため、イエス・キリストの教えについては平均的な日本人よりはよく知っているつもりだ。だが、それでもやはり先に掲げたキリストの教えそのものについては、どうもしっくりとこないものがあり続けてきた。そういうわけだから、夏休みを使って武術の極意とキリスト伝来の活人術との密接なつながりを明らかにしようとしていたとき、はたしてこの僕にキリストの愛やキリスト教の中心教義（セントラルドグマ）について正しく論じることができるか、大いに不安だったことも事実だ。

結局、夏休みが終わって一ヶ月以上も経ってからようやく前著『合気開眼』の荒原稿を書き上げたとき、僕は次のようにあとがきを結んだ。

——＊——

願わくば、この本を読んで下さった皆さんだけは、「汝の隣人を愛せよ」というキリストの教えに立ち戻った上で、ねじ曲げられ貶められそうになっている精神の側にひっそりと寄り添うかのようにしてともに祈り、感謝し、そして敵をも愛する道を歩んでいただきたい。

それが、そしてそれだけがこの世に生を受けた理由であり、合気を身につける唯一の方法なのだから……。

——＊——

合気と記したものは日本武術の極意とも呼ぶべき精妙な術理のことだから、その時点での僕は武術の極意がイエスの教え「汝の隣人を愛せよ」にあると理解していたことになる。縁あって野山道場に集ってくれた数人の人達とともに毎週一回この教えに従った稽古を細々としていただけの僕が、『合気開眼』

などという大それた題名の本を世に出すことの反響のすごさは容易に想像できたため、最悪の事態を描いていた何人かは声に出してまで心配してくれてもいた。むろん僕自身とて、もしこの原稿が何ヶ月後かに出版されたならば、いったいどんな人達が野山道場に押しかけてくることになるのかと、戦々恐々としながら自問する毎日だった。

「敵を愛する」こと以外に自分に襲いかかってくる敵を倒す術はないのだなどと説明して、はたしていったい何人の人が納得して帰ってくれるだろうか？

あるいは様々な武術や格闘技を修行してきた人達に実際にやってみせるとき、はたして「敵を愛する」という内面になるだけで本当に相手を倒すことができるのだろうか？

イエスの説く「愛」の真意さえまったくわかってはいなかったときだったのだから、もしそのままで出版を迎えていたならば、おそらくキリストだけでなく三原の隠遁者様のお名前を汚す結果にしかなっていなかったはず。それ見たことか、「汝の敵を愛せよ」などといくらきれいごとを並べてきても、お前を殴り倒すことなど赤子の手をひねるよりも簡単ではないかと、あざけり笑いながら帰っていく人達の列を見送るだけの自分しかいなかったかもしれない。

実際、そうなったとしても、仕方がなかったのだ。イエス・キリストの愛、神の愛についてまったくわかりもせず、ましてやその愛を微塵たりとも行ってはいなかった僕が武術の極意は敵を愛することであり、キリストの活人術そのものだなどと公言することは愚かの極みであり、天罰としての悲惨な結末だけが待っていたはず……。

だが、ここでもまた慈悲深き聖母マリアの御心によって救われた僕は、神によって許されることになる。

不都合な出会い？

「汝の敵を愛せよ」というイエス・キリストの教えの真意を汲み取ろうとしてあがいていた僕の中で、その年の夏から始まった己の頭脳を働かせて知識のみを求めようとする動きが秋になっても収まることはなかった。このままではいつまでたっても本当の理解に到達できないだけでなく、むしろ真実からはどんどんと離れていってしまう。それに対する哀れみ故のことかもしれないが、冬になった頃にマリア様が手を差しのべて下さったとしか思えない、不思議な出会いがあった。しかもその背後には、人間の魂の中で初めて地球上に降り立ったサナート・クマラーの魂までもが噛んでいたのだ。

十一月末の木曜日のこと、朝のうちに電話をしてきた旧知の仏教家が昼過ぎに岡山にくることになった。何でも、弟子筋の方から岡山の山奥に神様に通じる八十歳過ぎのお婆さんがいると聞いたので、是非にも会いたいと思ったそうだ。場所は広島県境に近い山で、近くには国立天文台がある遙照山もあるとのことで、それなら土地勘があるので僕が車を出しましょうということになった。

岡山駅で仏教家を乗せた車は、一路西へと向かう。高速道路を使っても一時間以上はかかる道中のはずだったので僕は何気なく先方との約束の時間を尋ねた。すると、どうだ。アポイントなど取っていなかっただけでなく、まったく連絡さえ入れていないとのこと。それでは訪ねる相手がいないかもしれないということになり、急に心配げな顔になった運転席の僕に向かって仏教家は呑気なことをいって困らせる。何せ、この僕がいっしょに行きさえすれば『魂のかけら』や『合気開眼』で読んだ三原の隠遁者様のように、既にそのお婆さんは我々が行くのを知っていて待ってくれているはず……というのだから。

いや、それはないでしょうと応える僕を納得させようと、仏教家はカバンから一冊の本を取り出す。それはこれから訪ねようとするお婆さんが書いた自叙伝であり、高速道路を飛ばす車中でその内容をかいつまんで話してくれた。

そのお婆さんは生まれる前からの記憶もある不思議な子ども時代をすごしたのだが、大きくなって嫁いだ先で様々な障害に打ちのめされた結果、もう死ぬしかないと考えて生まれたばかりの赤ん坊を抱いたまま京都の鞍馬山の中をさまよい続けたことがあったそうだ。飲まず食わずで首をつるための枝振りのよい木を捜していたのだが、ついに深夜に意を決したとき急にその場が明るくなったかと思うと光り輝く神様が姿を現した。死ぬのをやめて家に戻るように諭されたのだが、若き日のお婆さんは再び帰ったところで事態は何も改善しないのでどうにもならないのだから、どうぞここで死なせてくれと神様に懇願したという。

ところが、神様は不思議なことをいい始めた。これからお前に伝えることをできるだけ多くの人達に知らしめるということを引き受けてくれるなら、全てがうまくいくようになるのだから心配せずに家に戻ればよいというのだ。自分の意識の中では半信半疑だったのだが、心の奥底で魂が揺さぶられたかのようにうなずいたその女性は神の声に従った。そして岡山に戻ってみると、あれほどまでに目の前に立ち塞がっていたはずの障害のほとんどが消え失せていて、穏やかな生活を取り戻すことができたのだ。

鞍馬山での神様との約束も忘れかけていた頃、田舎の山奥にもかかわらずどういうわけか有名な神社の神主や仏教寺院の住職が突然に訪ねてくるようになった。聞けば、皆朝のお勤めをしていたところ、神様や仏様に岡山の山奥に住むその女性のところに行くようにとのお告げがあったとか。いや、自分は単なる主婦でそれは人違いだというと、全員が「いや、確かにあなたに違いない。お目にかかれてよかった」といい残して帰っていくのだという。

そうこうするうちにそれぞれの神社の氏子や寺院の檀家の人達までもがついてくるようになり、中には重い病をかかえてまでやってくる人もいたそうだ。そんな人を迎えたとき、その若き日のお婆さんは病気が快方に向かうように願うしか他に何もできないことを心苦しく思っていたのだが、不思議にも彼女にそう思われた人達の病気はすぐに失せてしまった。

まあ、ざっとそういう不思議な神様体験を持つお婆さんだと説明してくれた仏教家が、最後にそのお婆さんを鞍馬山で救った神様の名前を読み上げたとき、高速道路を疾走していた車内に突然の完全な静寂が訪れた。まるで時間が停止したかのような静けさの中に、神様の名前だけが消えることなく響き渡るうちに僕は全てを魂に委ねることができた。

その神様の名前は、サナート・クマラー！

なるほど、人間の魂として初めて地上に降り立ったサナート・クマラーは、神となって確かに鞍馬山を拠点として人々を導いていたのだ。霧が晴れると同時に一望の下に全てを見渡せるようになったかの如く、そのときの僕は重大な真実を理解できていたと思う。

だが、実際に本に書かれてあった山の上の住所に辿り着いたときに再び己の意識に操られていた僕は、不便な山の上にかくも立派なお社を建立するにはさぞやたくさんの信者達から金品を集めたのだろうという不遜な考えを巡らす始末。おまけに、案の定そのお婆さんは我々を待つこともなく、九州に講演旅行に出かけていたのだ。応対してくれた世話役の信者らしき人にせっかくだからと勧められて入ってみた大きなお社の中を見たとき、僕の脳みそはかなりの拒否反応を示してしまった。それもそのはずで、正面にある立派な神棚は他の神社と同じだが、その左右には大きな仁王像や天狗までもが祀られ、手前には観音様だけでなく何と聖母マリアとイエス・キリストのお姿までもがあるのだ！

これは、どう見てもトンでもない新興宗教としか思えない。僕は、旧知の仏教家を半ば強引に引っ張り出して岡山へと向かった。その車中、仏教家もまたしきりに首をひねる。

「イヤー、本で拝見する限りご立派なお婆さんだと思えましたし、私の弟子も直接に何回もお会いして素晴らしい方だという印象を強く持っていたのですが……。何故に待っていて下さらなかったのでしょうね？」

三原の隠遁者様のような人が他にそう簡単に見つかるわけもないとほくそ笑む醜い自我意識に満たされていた愚かな僕は、その日の夕方には落ち込んだ宗教家を慰めるという名目で酒席を設けながら、ズルズルとルシファーの手中に落ちていった。やはり、サナート・クマラーなどの戯れ言を信じてはならない……。

しかしながら、例外にもれることなく、ここでもまたマリア様の御心によってこの僕の魂は救われることになる。まさに神の予定調和による布石としかいいようのない、通常ではあり得ないような出会いによって。

翌日の金曜日。朝のうちに研究室の電話が鳴り、出てみると五年ぶりに耳にする声だった。その頃、大手の自動車会社からの委託研究を二年ほど続けていたのだが、声の主はそのときにお世話になった担当者の方。ちょうど広島に出張できていたのだが、これから名古屋に向かって帰るだけなので、もし僕の時間が空いていれば岡山で途中下車して会いたいとのこと。むろん、僕に異存があるわけもなく、お昼前には岡山駅に向かった。

久し振りにお目にかかった姿は、以前よりもちょっと疲れ気味のように映ったのだが、ともかく岡山で二時間程度の時間が取れるとのことで、二人して駅ビルに隣接するホテルのコーヒーハウスに向かうことにした。店に入ると、昼時のためかほぼ満席の状態。それでもすぐに案内された席に落ち着いてみたのだが、何故かわからないがそのテーブルは無性に落ち着かない。日頃の僕は、そんなことでわざわざ店の人を呼びつけたりはしないのだが、そのときは違った。ボーイさんを呼び、この席は居心地が悪いから他のテーブルに変えてくれと依頼する。

よりによってお昼の混雑時に勝手なことをいう客だと思われたかもしれないが、不思議なことにその日の僕は無理を承知で強気に出ていた。その結果、ボーイさんはちょうど店の反対側で空いたばかりの壁際のテーブルに案内し直してくれ、我々二人は何ごともなかったかのようにその席で旧交を温め始めたのだ。注文した料理を、食べ終わる頃までは。ところが、それまで笑顔で話していた自動車会社の担当者の方の表情が、コーヒーが運ばれてくる頃から急に固くなっていった。何かが胸に詰まっているように感じた僕は、そういえば少し元気がない様子だが……と水を向ける。

それでホッとしたのか、彼は一気に語り始めた。中学の娘さんが登校拒否になってしまい、今では自分の部屋に引き籠もってしまっているのだ、と。担任の先生に相談したところ、そういう問題は臨床心理士や学校心理士に診てもらうしかないといわれたそうだが、東大の工学部を出ている理科系の彼には薄っぺらいとしか映らないそういう類の職業の人に大事な娘を託す気にはなれなかったそうだ。それならば、むしろ本当に神様につながっている宗教家に娘を会わせるほうが、自分としてははるかに納得できる。そう考えたとき、真っ先に頭に浮かんだのが一年前に僕から送られてきた『魂のかけら』の一節だ。そう、僕もまた道を外しかねなかった多感な中学生の娘を救おうと、三原の隠遁者様のところに連れていっていたのだ。その話を読んでくれていたため、自動車会社の担当者だった人は自分も是非娘を三原の隠遁者様に会わせてやりたいと願っていた……。

大変残念なことなのだが、隠遁者様は数年前に他界されてしまったと告げたとき、彼はこう口にする。

「では、どなたか隠遁者様のようなお力を秘めたお方はいらっしゃらないでしょうか？」

懇願するかのような表情を前にして、できればそのような人の存在を教えてあげたいと願いつつも、大脳皮質で生み出された自我意識の虜となっていた僕は、娘を愛する父親の心を踏みにじるかのように諭していく。

「いや、もうどこにも三原の隠遁者様のような存在はないと思いますよ。ここは学校の先生方の意見に従って、一度その心理士にでも診てもらったら如何ですか。むろん、お父さんのお気持ちは痛いほどわかりますが、世間で噂されるようなすごい宗教家の人といえども、結局はお金儲けに走ってしまうのがオチなのですから。いえ、実は昨日もこんなことがあったのです……」

こう切り出した僕はそれから三十分以上もの間、前日にあった出来事を車の中で聞いたそのお婆さんと神様の出会いの話までも含め、延々と語っていった。そのあげく、最後にはいっぱしの評論家気取りで、こうつけ加えたのだ。

「そりゃー、確かに鞍馬山でそのサナート・クマラーとかいう神様と出会った直後は素晴らしい宗教家だったのかもしれませんがね、どの新興宗教でも同じこと。教祖様に祀り上げられてしまったら最後、いい気になって信者からお金を巻き上げていくうちにそのお婆さんもダメになってしまったのでしょう。何せ、昨日お社の中を見たとき、壁の上の方にはたくさんの信者さん達から寄進されたお金の金額を書いたお札がズラリと貼られていましたからね。結局、どこをどう捜しても、隠遁者様のような人はいないのですよ」

真剣に僕の話を聞いていた目の前の表情が明らかに曇っていくのを眺めながら、愚かな僕の自我意識はこれで一人の男が血迷うのを救ってやったなどと思い込み、その高慢極まりない胸を誇らしげに張っていく。もうこれ以上続けたならば、確実にルシファーにかしずくことになってしまうというまさにギリギリのところで、聖母マリアの御手が温かく差し延べられる。

「あのー、私どもはどなたからも一切頂戴してはおりませんのよ」

いったい何が起こったのかわからず、座ったままでうろたえていた僕が左上に目をやったとき、そこには澄んだ目をした一人の女性の顔があった。見る限り六十歳程度にしか思えないのだが、今の話からするとひょっとしてこれが昨日会うはずだったお婆さんかもしれない！

そう直感した瞬間、僕の顔は極度に紅潮し、それまで本人のすぐ隣のテーブルで延々と悪口をいい続けていたバツの悪さで、本当に穴があったら入りたい気持になった。激しく打ち始めた心臓の鼓動だけが響き渡る中、生まれて初めて体験する情けない状況を前にして自分の人格を破綻させないためにはふたつしかないとまで考えながら。ひとつは、無責任にも全てを忘れてすぐさまその場を走り去るという方法。もうひとつは、「今の話はあなたとは何の関係もないことです」といい張って、相手を完全に拒絶する方法。

脳みそをフル回転させてまでも己の面子や立場を守ろうと必死だったそのとき、見上げていたお婆さんの顔の背後に何やら白いひび割れのような線が細かく入っていくのに気づいた。何だ、これは⁉

驚いた僕は、できるだけ冷静を保つように自分自身にいい聞かせながら、これはパニックで血圧が極度に上がってしまったために網膜の毛細血管が見えるようになってしまったのかもしれないなどと考え、速やかに状況を改善しなければと焦りをつのらせていく。

だが、背後の空間に入っていったひび割れはどんどんと激しくなり、ついにはまるでドーム状の天井に張ってあったガラスが割れてパラパラと落ちてくるかのように、何か透明なかけらが舞い降りてきたように見えた。どう考えても異常な光景を目のあたりにしているわけで、本来ならば恐怖感に怯えるような場面だったのだが、何故かガラスのようなものが割れ落ちてくるように見えた瞬間、それまで感じていた切羽詰まった状況に追い込まれた苦しみからスッと解放されていった。それと同時に、視野の中心にあったお婆さんの顔を見ていた僕は、もし母親というものがいるのならきっとこんな顔をしているに違いないと確信するようになっていた。

しかも、しかもだ。僕の口からは、自分の意識では思いもよらなかった言葉が素直に発せられていく。

「どうも僕が間違って理解していたようですね、お許し下さい」

するとその澄んだ目のお婆さんは母親のように温かい口調で、深々と頭を下げながら応えてくれた。

「いえいえ、ここでお目にかかれたのもサナート・クマラーの思し召しです。心より、御礼申し上げます」

肩の荷を下ろしてホッとした感のあった僕は、ともかくも簡単に自己紹介をして再度先程の非礼を詫びたのだが、それに対してお婆さんは笑いながら「私には超能力なんかありませんから、今度お出でのときには前もってこの番号にお電話下さいね」といって名刺を手渡して下さった。

子どものように許されたことを喜んでいた僕は苦笑いしながら名刺をいただき、テーブルに座ったままあっけに取られていた自動車会社の方を促してコーヒーハウスを出ることにした。いつもの落ち着きを取り戻したとたん、他の客や店員からも好奇の眼で見られていたことに気づいたために、ここは取りあえず消え去るのが得策と考えたのだ。それに、岡山での途中下車の時間もそろそろ限度に差し掛かりつつあった。

新幹線の改札口でお見送りしたとき、彼はいささか興奮気味に挨拶してくれた。

「いやー、こういう神憑り的な出会いというのが、本当にあるものなのですね。感動しました。今日は、このすごい場面を目撃させていただいただけで、岡山に途中下車した意味があったと思います。ありがとうございました」

以前いっしょに研究をしていた頃の目の輝きを取り戻して岡山を離れてくれることを確認しながら、暫し放心したかのような僕は片手を頭上で大きく振り続けていた。駅からの帰り、とても我が身の軽さを実感するゆとりは生まれていなかったため、僕自身に起きていた大きな変化に気がついたのは翌日の稽古の最中、しかも藤井さんに指摘されてからのことだった。

我の殻を取り去る

翌日の土曜日の午後、いつものように車で野山道場に到着する頃には前日の恥ずかしい失敗についてもほとんど忘れかけていた。いや、忘れたというよりも、忘れたかったというのが正直なところだったのだが……。そんな僕が呑気に道場に入っていったとき、僕の顔を見るなり藤井さんが唸るように声を上げる。

「いやー、まただいまた変わられましたね！」

先回の稽古の後の一週間、僕自身は鍛錬も何もしてはいなかった。そこで、「えー、それはないよ。この一週間何もしてないし、先週のままだよ。何か気のせいでそう見えただけじゃないの？」と答えたのだが、それでも藤井さんは食い下がってくる。

「僕には、ものすごく変わったようにしか見えないのですが……。多分、実際に稽古してみるとはっきりすると思いますよ」

やけに自信たっぷりだったのが不思議だったが、僕自身は未だ何もわかってはいなかったため能天気に「それはない、それはない」と笑いながら稽古着に着替えていく。だが、いつものように全体での挨拶の後で藤井さんを相手に愛魂上げの稽古を始めた瞬間、僕は驚愕の声を上げてしまった。

「こ、こ、これは何だ！」

もしこれが本当の愛魂上げであるならば、先週まで僕が愛魂上げだと信じてやっていたものは単なる力技にすぎないとまで確信できるほど、そのときの愛魂上げでは力強く押さえ込んでくる相手の両腕を持ち上げるのにまったく力はいらなかったのだ。まるで、相手の身体が風船のようになって勝手に浮かんでいくかのようにしか思えなかった。

そうやって爪先立ちで高々と上がってしまった藤井さんは、「ほら、やっぱり変わってしまってますよ」と笑顔で喜んでくれている。しかし、まだ半信半疑だった僕は藤井さんに頼んで何回も試させてもらったのだが、とことん押さえ込んできている藤井さんが身体ごとフワリと爪先立ちになってしまうことに変わりはなかった。おまけに、僕の腕は相手が押さえ込んでくる力や身体の重みなどをまったく感じることなく、まるで自由に腕だけを上げているような感覚に陥っていた。

うーん、いったいどうしたというのだろう。先週の稽古からの一週間、別に鍛錬らしいことをやったわけでもなく、また密かに稽古を積んだわけでもなかった。にもかかわらず、少なくとも愛魂上げについては、その効果がガラリと変わってしまったのだ。

しかし、いつまでも訝しがっていただけでは稽古にならないと思い、その後は他の座り技や立ち技の稽古に進んでいったのだが、僕自身の疑問はますます大きくなってしまった。何故なら、他のどの技の効果も、先週までとは比べものにならないほど絶大なものになってしまったのだから。そんな激変した稽古の様子に驚きながら眺めていた佐川さんなどの女子大生達は、しきりに「いったい、どうなっちゃったんだろう?」と互いに顔を見合わせているようだ。これは、何かきちんと説明しておかなければ……。だが、この僕がさっぱりわかっていないのに、いったい何といえばよいのか!

またもや追い込まれた僕の意識は白濁し、その状況から敵前逃亡を謀る。もはや何も考えられない状態の中で、それまで自我意識によって心の奥底に幽閉されていた魂が震えると同時に喉の奥からこんな言葉が出てきた。

「あ、そういえば昨日不思議なお婆さんと出会ったときに視野の中を覆っていた透明なドームのようなものにひびが入って割れ落ちてしまったように見えたのだが、あれは僕の分厚い我の殻だったんだ!」

一人だけで合点している様子がよけいに奇異に映ったのか、藤井さんも含めて他の人達は首を傾げている。むろん、まだ誰にも前日のお婆さんの話はしていなかったわけだから、それも無理はないのだが。しかし、そんな雰囲気を読むこともできないまま、僕は自分勝手にまくし立てていく。

「なるほど、そうか。昨日あのお婆さんの目の前で悪口を連発していたバツの悪さがピークに達したとき、自分の精神が破綻してしまうのを防ぐ意味で子どもの頃から分厚くまとってしまっていた我の殻が割れて取れてしまったんだ!　それで、今日は我の殻がないまま稽古をしているので、何か本質的なところで変わってしまったと見られたわけか……。しかし、我の殻が取れたことで愛魂技法の効果がこれほどまでに激変してしまうのは、いったい何故なんだろう?」

長い独り言の末に考え込んでしまった僕を野山道場の全員が見守ってくれる中、曇りっぱなしだった頭の中に一条の光が射し込んできた。その瞬間、僕は閃いたばかりのコジツケとしか思えないような屁理屈をまことしやかに展開し始める。

「説明してあげよう。わかってしまえば簡単なことなんだが、要するにこういうこと。人間は生まれてから様々な体験を経ることによって、段々と自我ができあがり徐々に我の殻をまとってしまう。大人になればなるほど我の殻を積み重ねて一段と分厚くしていくし、自分本位の生き方をするようになるとますます分厚くなる。

さて、二足直立する人間が二人で互いに腕を伸ばして相手を倒そうとしても、なかなか倒すことができないのは道場でしょっちゅう経験しているはず。ところが、相手が人間ではなくてマネキン人形や等身大の銅像のような物体ならば、何もしなければ立ってはいても、その胸の辺りや頭の辺りを指一本で軽く押しただけで簡単に倒れてしまう。床に接する部分の面積の小さい縦長の物体は、このように水平方向のわずかの力が加わっただけで倒れるという特徴があるのだ。

しかし、わざと足運びを封じて銅像のように足位置を固定して立っている人間の場合、軽く押してみても銅像のようには簡単に倒れない。もちろん、足は動かさないわけだから、自在に足を送っているために倒れないのとは意味が違う。両足の立ち位置を固定して足運びを封じていても、さらに姿勢を保ったままにしていても人間の場合には何故か倒しにくい。これは身体各部の筋肉組織が働いているからだとする人も多いが、物理学の力学で考えれば如何なる内力も外力には抵抗できないため正しくはない。

では、人間が人間を押すときにだけ何故倒しにくいのかというと、両方の身体の周囲に目には見えないけれども我の殻があって、その我の殻と我の殻がぶつかってしまっているために物体としての人間の身体同士が力学的にぶつかるところまでいっていない。そのため、相手の身体に力を作用させることができていないのだ。昔から、『我と我をぶつけ合う』という表現があるくらいだから、西欧文明に染まっていなかった頃の人達はこの事実に気づいていたのかもしれない。

ともかく、二足直立する二人の人間が互いに相手を押し合ったとしても、そこでは分厚い我の殻がぶつかり合って拮抗しているため肝心の物体としての身体を押すことにはなっていないので倒しにくいというわけ。ということは、自分の我の殻を取り去ってしまえば自分の我の殻が相手の我の殻にぶつかることもないことになり、相手の我の殻が分厚く残っていたとしてももはや我の殻同士が衝突して拮抗することにはならないから相手の身体に単なる物体として物理的な力を作用させることができる。

その結果、相手は銅像やマネキン人形と同じで、簡単に倒れてしまう。これが、今日の愛魂技法でやってみせたことだよ」

真剣に耳を傾けていた女子大生達は一様にポカンとして、よくは理解できなかったようだ。話の途中、藤井さんや横山君までもが目立たないように首を傾げていたのだから、まあ無理もないところではあるのだが……。そんな雰囲気を感じ取った僕は、屁理屈で体裁を整えることを断念し、いつものようにだらしない本音をぶちまけることにした。前々日に仏教家とともに訪ねたがそのときには会えず、翌日にサナート・クマラーの魂に導かれたかのような不思議な出会いをはたしたお婆さんの話を。

「ははは、やっぱり納得してもらえないよなあ。何を隠そう、あんなことをいい始めたのにはわけがあるんだ……」

全員が野山道場の畳に座り、僕の口から放たれる福音の響きに呼応するかのように震え始めた魂が拡がっていく中、僕はさも自分自身が体験したかのように深夜の鞍馬山でのサナート・クマラーの出現から始め、前日の昼に本人のすぐそばで延々と悪口を叩き続けた直後にそれと気づいたパニック状態において僕自身の分厚い我の殻にひびが入りパラパラと割れ落ちてきたところまでを熱く語っていった。

「というわけで、昨日のその変なお婆さんとの穴があったら入りたいほどの恥ずかしい出会いがあったために、運良く僕自身の人一倍分厚い我の殻でさえも粉々に砕け散ってなくなってしまった。そのおかげで、こうして我の殻をなくした上での愛魂の技が使えるようになったんだから、ものすごくラッキーだったわけだ。まー、もう二度とお目にかかることもないあのお婆さんには、そういう意味で感謝しているよ」

愚かにも全てが単なる偶然だと考えていた僕は、せっかく差し延べられた聖母マリアの御手をここでもまたつかむことを拒否してしまう。本当はちゃんとした理由があったがために、子どもの頃から分厚くしてきてしまった我の殻を取り去ってもらえたというのに。

そんなこととはつゆ知らず、能天気な僕はこうして我の殻が取れた状態ならば相手の身体は単なる物体に等しくなってしまうわけだから、まもなく出版される『合気開眼』を読んでたくさんの武道マニアが押しかけてきても何とか倒してみせることができるに違いないと安堵する始末。まあ、確かにその予感は見事に的中してしまい、それから半年以上もの間は「我の殻を取り去る」ことを目指した稽古に明け暮れることになるのではあるが。

そして、己の愚かさに再び気づかせてくれたのも、三度、四度、あるいは五度自ら離れていった魂をそれでも救って下さろうとする聖母マリアの慈悲深い御心だったのだが、これについては先で改めて触れることになるだろう。

野山道場三銃士

野山道場での二度目の正月を迎え、大学でも入試の準備で慌ただしくなっていた頃、前著『合気開眼』が書店に出回った。さて、如何なる反応があるだろうかと気にしながらも、女子大生を中心とするそれまでの冠光寺流の稽古を淡々と続けていった。そして、真っ先に飛び込んできたのは大学の住所に宛てた手紙で、加古川で父親共々合気道の道場をやっているという若者だった。本来ならば、『合気開眼』を読んだ中でその人が一番早く野山道場を訪れたはずなのだが、家業の治療院を継ぐために柔道整復師の国家試験を受けるまでは時間が取れないとのことで五月まで待ってから岡山にくることになった。

そのため、一般の方の中で最初の野山道場入門者となったのは、わざわざ九州の佐賀県から訪ねてきて下さった鳩山泰彦さんという皮膚科の医師だった。大学の頃から試合がある富木流の合気道を続けてきたという、僕よりも若いのにずっと落ち着きのある思慮深そうな人だ。一月最後の週のことだったが、それ以来隔週に岡山まで通って下さっている。数ヶ月後には勤務先が兵庫県の加古川になったため、土曜日に稽古にくるのが楽になったのもあるのだが、ともかくご自身が求めてきたものを何とか見つけたいという一心の真剣な姿勢には教えられるところが多かった。

二月になると、五月の国家試験の後でと決めていたはずの加古川の若者が野山道場にやってきた。聞けば、どうしても三原の隠遁者様から僕が受け継いだというキリストの活人術を体験したいという思いを拭うことができず、試験前に一回だけ岡山にやってこようと決意したそうだ。しかも、その西山守隆さんという若者は何と大東流合気武術の佐川幸義宗範がまだご存命中に入門を許されており、その意味で佐川道場の僕のずっと後輩になるという。

三月には、六十手前の年齢のように見える眼光鋭い男性が稽古の途中に野山道場に現れ、是非見学したいとのこと。むろん、我々に異存があるわけもなく、用意した折りたたみ椅子に座ってもらった。稽古に参加するのではなく、そうやってじっくりと見学する人が現れたのは初めてだったため、女子大生達は幾分やりにくそうだった。僕自身もやはり無意識に気にかけていたのだろうか、その日は稽古の合間にチラッと見学者を見やることが多かった。

すると、自分の目の前で両手を開いて何やらコネコネと動かしながら、鋭い目つきのままで道場の中を見渡しているようだ。かれこれ一時間以上もそうやっていた男は、突然に席を立ったかと思うと、かなりドスの効いた声でまた来週やってくると告げて出ていった。野山道場の玄関ドアが閉まったことを確認したとたん、女子大生達が興味津々で集まってくる。全員が、あの得体の知れない両手の動きに感づいていたようでもっぱらそのことに話題が集中したのだが、皆の関心は次の週も見学にやってくるかどうかということにあった。

というわけで、翌週の土曜日には全員が道場の入口を気にしながらの稽古になってしまったのだが、大方の予想に反して眼光の鋭い男は最後まで現れなかった。少しホッとしながら更衣室で稽古着を脱いで普通の服装に戻って出てみると、何と道場の外で先週の見学者が頭を下げている。聞けば、仕事が入ったために稽古時間中には間に合わなかったとのこと。それを伝えるだけのために、わざわざ稽古が終わった時間にもかかわらず野山道場まで足を運んでくれたことからもわかるように、目のきつさや声の図太さとは裏腹で随分と丁寧な人のように感じた。

次の土曜日も稽古途中に姿を現したその男は、やはり胸の前辺りで両手を開いてゆったりと動かしている。隣の剣道場でやっている太極拳の動きの中にも似たようなものがあるようだから、ひょっとして見学しながら横の太極拳のまねごとをしているのかもしれない。そのときはそんな穿った印象を持ってしまったのだが、やはり一時間ほど見学してから道場を出る段になって、男は来週から稽古に参加させてもらってもよいかと尋ねてくる。

こうして、三人目の一般入門者である片岡肇さんが野山道場に毎週熱心に通ってくれることになったのだが、稽古のときの身のこなしや目の動きを見る限りただ者ではないことがわかる。それに二ヶ月近く経って徐々に気心が知れたのか、女子大生達とも気さくに話をするようになってからというもの、こちらが驚くようなことをどんどんと教えてくれるのだ。しかも、僕がいい加減にしか知らない「気」の話にいたっては、まるで生き字引のようだった。

そういうわけだから、すぐに女子大生だけでなく野山道場の全員の信頼を集めることができ、毎週本当に楽しい稽古を続けることができた。そんなある日のこと、稽古帰りに聞かせていただいた片岡さん自身の話を前にして、僕は驚愕とともに深々と頭を下げることになった。聞けば、こうなのだから。

裁判所の書記官をしているという片岡さんは、神経を使う大変な仕事に忙殺される状況にあっても、長年様々な武術を修行してきたそうだ。高専柔道から始まり、フルコンタクト空手や中国拳法を経て、試合形式の合気道あるいは北海道まで通って大東流の本家である大東館で合気柔術までをも修めていた。しかも、どの武術も自分で道場を開けるレベルまで修得したのだ。実際、御自宅の道場で教えているそうだ。

それだけでは、ない。気功や中国武術でもてはやされている「気」というものを使うのは武術では基本中の基本であって、より高度な技に進むときには「気」では何の役にも立たないということに気づいた片岡さんは、わざわざ毎週末に神戸まで通い呪術や占術、さらには仙人となるための業である仙術までもその道の第一人者から個人指導をしてもらったのだ。

仙術!!

そんなものがあるなどつゆ知らなかった僕は、いったいどんなものかと聞いてみた。すると、雨を呼び、雲を消す、さらには魚を呼び地震を予知するなど、まさに子ども向けの時代劇や漫画に出てくる仙人がやっていること、そのものズバリ。

とても信じられないといった表情だった僕にもかかわらず、片岡さんはあくまでどこまでも真剣に答えてくれた。つい最近、出張で上京していたときのこと。早朝に東京駅八重洲の地下街で朝食を取るため、既に営業していた店に入った。客である片岡さんが入ってきても何も応対せずにカウンターの中で雑談していた二人の店員を懲らしめてやろうと思った彼は、つい仙術を使ってしまったそうだ。

手で九字《くじ》を切りつつカウンターの中に向かって「おはようございます」と声をかけたのだが、そのとたん店員が唸りながらお腹を抱え込むようにしてうずくまってしまったとか。これはお灸が効きすぎたと思った片岡さんは朝食を断念して店を出ていったそうだが、離れたところにいる相手を忍者のような技で倒したという話を聞いたとき、不思議な感覚だったがそれが真実であることは僕にも伝わってきていた。

うーん、やはり可能なのか！

昔からのいい伝えに残る仙人や天狗が操ったという仙術、そんなものが現実に存在する……。現に目の前には、その術をマスターしてしまった男がにこやかに笑っているのだ。ここでもまた、唯心論物理学者へと向かう正道《まさみち》への入口が示されてはいたのだが、様々な武術の修行に明け暮れたはてに辿り着いたということにしか興味が及ばず、結局は触らずに人を倒すなどという究極の武術技法という印象だけが僕の頭にこびりついてしまった。

それはともかく、片岡さんは野山道場の知恵袋として毎週欠かさず稽古に参加してくれ、ときには不遜な態度で稽古しようとする新しい門人を叱りつけるという嫌な役を自ら引き受けて下さっている。まるで、野山道場の仁王尊のようだ。実際のところ、この時期には鳩山泰彦さんと片岡肇さんの他にもう一人入門して下さったのだが、その三人はその後も熱心に稽古を続け全員が黒帯を締めて後輩の指導にあたる姿は野山道場の三銃士そのもの。

その三銃士の最後の一人だが、広島県で建設会社を営んでいる恒藤和哉さんというとりわけ立派な体格の持ち主だ。まあ、職業柄そうでないとやっていけないのだろうが、高校の頃からは少林寺拳法もやって鍛えた腕っ節で、これまで人に投げられたことはないとのこと。そういうわけだから、道場に初めて現れたときも見学の間中しきりに首をひねっていた。それもそのはずで、盤石の体勢で構えて立っている相手を軽く押しただけでその身体が吹っ飛ぶように倒れていく場面が続くのだから、どうにも納得がいかないのもうなずける。

この段階で、どうせヤラセに決まっていると考えて道場を離れていく見学者も多いのだが、腕に憶えのある恒藤さんの場合は違った。四時間の稽古を最後まで熱心に、しかし半信半疑の様子で見学した後、道場の隅で着替えようとしていた僕に近づいてきたあげく、ちょっと腕を取ってもよいかというのだ。要するに、見ただけでは本物かそうでないかがわからないので、自分が腕を押さえても門人と同じように倒されるかどうかを見極めたかったようだ。その上で、本物だったら入門するという考えであることは明らかだったが、僕はその場で一瞬だけ思いを巡らせてからお断りすることにした。

その理由はこうだ。

そこで実際に恒藤さんを投げてしまったら、これこそ長年求め続けていた武術だと無条件に判断し必ず入門してくるに違いない。しかし、それではご本人が魂に委ねる形で野山道場に通う道を選んだことにはならないのだ。たとえ己の眼で見たものを明晰な意識によってまがい物と結論づける状況にあっても、そのときの本人にキリストの活人術が必要となっているのであれば心の奥底にある魂が必ず叫び声を上げるはず。そうして求めるようにならなければ、愛魂の技法はまったく無意味となり、単に目先の武術的な強さのみを目指す亡者を生んでしまうことになる。

前著『合気開眼』や『魂のかけら』に記したが、その昔三原の隠遁者様が僕に対してなさったことと同じで、活人術を求めるのはあくまで本人の魂でなければならない。自我意識で望んでいるうちは、全て断られる運命にあるのだから……。

予期せぬ応えに驚きの表情を隠せなかったようだったが、その場で少し考えた上で「入門しなければ相手してもらえないのですね。わかりました、是非入門させて下さい」といい残し、きちんと礼をしてから道場を去っていった。

結局、翌週から毎週土曜の午後に広島から車を飛ばして熱心に通うことになり、野山道場きっての実力者の一人にまでなって下さった。ひたすら寡黙を守って汗を流す姿に、女子大生はじめ多くの門人達が感心し、ご本人も徐々に力を使わないやり方を身につけていく。と同時に、活人術の効果も現れ始めたようだ。半年ほど稽古を続けて下さった頃に無事愛魂の入口に辿り着いたと見えたため冠光寺流柔術の黒帯を絞めていただくことにしたのだが、それ以降恒藤さんの仕事周囲には不思議な動きが生まれるようになったそうだ。

むろん、僕自身が恒藤さんからその話を聞くのはずっと後になってからのことだが、遠くから稽古に参加して下さった方の歓迎会を稽古後に開いた席上初めて耳にすることができた物語は、僕の目から見た野山道場で毎週汗を流す恒藤さんの真摯な後ろ姿とダブって、大いにうなずける内容だった。いわく、恒藤さんの会社は受注率で県内上位を狙えるほどでは決してなく、ほとんどの仕事は県内トップの会社が落札した下請けや孫請けとして回ってくるのが常だった。

ある日のこと、下請けした工事の不具合を大手の落札業者に代わって謝るため役所に出向いたそうだ。当然ながら、担当の役人は延々と怒り続け、恒藤さんはひたすら平身低頭で頭を下げていた。それでも相手の鬱憤は晴れないようだったため、頭を垂れていた恒藤さんはふと道場での稽古を思い出し、その役人に愛魂をかけてしまったという。即ち、小言をいい続けている役人の魂を愛とともに自分の魂で包んでしまうのだが、最初は一方的に怒られる時間を少しでも有意義に使おうと考えその場で密かに愛魂の稽古を始めたのだ。

ところが、相手の魂を自分の魂で包んでいくうちに、それまで怒っていたはずの固い雰囲気が段々と解れていき、最後にはその役人から元気づけの言葉までもが出てくるようになった。それだけでは、ない。今度かなりの規模の公共事業がらみの入札があるから、長年にわたって培ってきた会社の実力を試すという意味で、是非応募してみろとまで勧めてくれたのだ。予算規模からして、やはり県内トップ企業が受注することは明白だったらしいが、強く勧めてくれた役人の顔を立てて形だけ入札に参加することにした恒藤さんは、採算の合うきちんとした試算で出した数字で入札したらしい。もとより、受注できるなどとは微塵も想定していなかったのだから、できるだけ安い金額を提示するなどという考えはなかったのだ。

だが、その入札で県内トップ企業を押さえて仕事を受けることができたのは、どういうわけか恒藤さんの会社だった。業界に激震が走り、いったい何が起こったのかさっぱりわからなかったのは他社の関係者だけではなく、自社の社員ですら落札の経緯が飲み込めず社長である恒藤さんに聞きにくる始末。

「社長、いったいどんな切り札を使って、九回裏二死満塁逆転アーチを放ったのですか?」

笑い顔のまま無言に終始する恒藤さんだが、彼の中では答は明らかだった。全ては、キリストの活人術のなせる業にすぎないのだから。

ダルタニアン登場⁉

三銃士とくれば、彼等とともに王を守る銃士隊隊長ダルタニアンもほしいところ。というわけではないのだが、広島の恒藤和哉さんに遅れること一ヶ月、日本人離れした人なつこさがある風来坊が野山道場にフラリと現れた。最後まで稽古に参加して下さった帰り際、深夜バスで名古屋まで帰る予定と聞いたので、バスの出発時間まで岡山駅近辺でお話を伺うことにした。六〇歳とは思えない目の輝きと、何か共通の故郷のようなものを秘めているような気配が気になったからだ。

夕食後にコーヒーを飲みながら大いに納得したのだが、それもそのはずで加藤一夫さんというその方は何とフランスのパリから真の武道を求めて日本に里帰りされていたのだ。三十五年前に身体ひとつで日本を離れ、ナホトカからロシア経由でヨーロッパに渡った若き日の加藤さんは、各地を転々としながら現地に溶け込む努力の末にフランスのパリに定住し、現地で築いた家庭では四人のお子さんを育て上げたという。ロシアやスウェーデンからスタートした流浪の生活の中で、行きがかり上やむを得ない形で幾度となく現地のゴロツキ連中と衝突したらしいが、喧嘩では一度も負けなかったという猛者でもある。

といって、日本で何か武道や格闘技を身につけていたわけではなく、根っからの負けん気と運動能力で日本男児の心意気を示し続けることができていたらしい。しかし、パリで観光ガイドの仕事をしながら家庭を持った頃から、それまであまり顧みることのなかった日本の文化に興味を持ち始め、その延長としてパリにあった少林寺拳法の道院に通い始めて二十五年になるという。既に喧嘩には自信のあった加藤さんのこと、少林寺拳法の上達も早く頼もしい日本人ガイドとしてパリを訪れた著名な日本人から指名されることも少なくなかったようだ。

そんな加藤さんも、六〇歳に近づいた頃から体力や気力の衰えを感じ始め、特に少林寺拳法の稽古で若いフランス人の門人に力負けする場面に初めて出くわしてからというもの、きっと日本には筋力や体力に関係なく歳を取っても若い連中を簡単に投げ倒すことができる武術が残っているに違いないと考え始めた……。その結果、長年営んでいた観光ガイドの会社を家族に託して半年ほど前に単身パリを離れた加藤一夫さんは、名古屋で警備の仕事をしながら週末には日本各地の著名な武術道場を訪ね歩き、衰えた年寄りでも血気盛んな若者を制することができる武術流派を求め続けるという日々を送っていた。

その土曜日も、東京のとある有名道場の稽古を体験に行く予定で名古屋駅まで出向き、まだ時間が早かったために駅近くの書店に寄ってみたそうだ。そこで、たまたま目にしたのが出版されたばかりだった前著『合気開眼』だったのだが、それを立ち読みした加藤さんはこれこそ自分が追い求めていた武術だと直感した。そして『合気開眼』を買い求めた勢いで向かった名古屋駅の新幹線券売機の前に立ったときには、東京行きではなく岡山行きのボタンを押していたという。立ち読みをしたとき奥付に記されていた「毎週土曜日午後に岡山市野山武道館で稽古」という内容が無意識に目に止まっていたとしか考えられない無鉄砲な行動だが、ともかくこうして野山道場のダルタニアンとなるべき人物が岡山駅に降り立つことになったのだ。

加藤一夫さんはそれから毎週夜行バスを使って名古屋から岡山に通うという強行軍で野山道場の稽古に参加して下さっていたのだが、二ヶ月ほど経った頃に突然「道場の近くにアパートを見つけました」といって岡山に定住することになった。これには道場の皆も驚いてしまったのだが、もとより名古屋は日本各地の武術道場を回るための拠点とするために日本の地理的中心で仕事が見つけやすい場所というだけで住んでいたにすぎないのだから、自分が求めてきた武術に出会えたときには引き払う予定だったとのこと。

そこまで熱心に稽古して下さる加藤さんの姿を毎週野山道場で拝見しているうち、徐々に彼の中から勝ち気さや辺りを威圧するような存在感が消えていき、最初は敬遠していた女子大生達も急に「加藤さん、加藤さん」といっていっしょに稽古する場面が増えてきたことに気づいた。長年の苦労を跳ね飛ばすようにしてがんばってきた我の殻が野山道場の中で段々と取れていったのかもしれないが、十ヶ月目に入ったときには涼しげな目と飄々とした表情の自然体で全ての力みを捨て去った動きを見せてくれるようになり、まるで達人の趣だ。そして今では、鳩山泰彦さん、片岡肇さん、恒藤和哉さんの三銃士と並び称されるダルタニアンとして、野山道場での稽古には加藤一夫さんの存在を欠かすことはできない。

僕自身もまた、加藤さんとの稽古で多くのことを学んできた。ここで、ひとつだけ披露しておこう。それは、まだ加藤さんが名古屋から通ってきて下さっていた頃の話だ。四方投げという技を稽古するとき、ちょうど恒藤さんと加藤さんが組んでいた。若くて体格のよい恒藤さんでも、まだまだ負けん気も腕っ節も強かった加藤さん相手では、振りかぶった腕を折り曲げて崩そうとしてもなかなかうまくいかない様子だった。そこで、恒藤さんに四方投げのコツを学んでいただくために、僕自身が加藤さんの腕を手首のところでつかんだまま振りかぶりざまに折り曲げたところから、ここで力まないで軽くつかんだまま続けるなどと説明しながらゆっくりと後に崩そうとした。むろん、わかりやすく説明するために技を途中で止めたり、わざとゆっくり動かしたりする必要があったので、最初から愛魂の技法は使ってはいなかった。つまり、加藤さんの魂を愛とともに僕の魂で包んではいなかったのだ。

当然ながら、それでは本当には加藤さんを倒すことはできないことは明らかだったのだが、場面は恒藤さんに四方投げの要領を伝えるというものなのだからあくまで形だけの説明のつもりでやっていた。そういうわけだから、加藤さんもそれを理解して僕が崩そうとする動作を始めたときに形だけ崩れて見せてくれるだろうと思っていた。ところが、そんな状況を理解していなかった加藤さんは、恒藤さんに続いて僕が四方投げをかけようとしてもやはり全然効きませんよとばかりに、ニヤリとしながら逆に突っ張り返してきてしまった。

本当ならば、ここで「やはり愛魂を使わないと本当は倒すことはできないですね」と素直に説明し、最初から加藤さんに愛魂をかけてから四方投げをやってみせるべきだった。だが、そのときの僕は愚かにも、ニヤリとした加藤さんの眼の奥にあった何故倒されないのだろうという素朴な疑問の影を、自分の技の到らなさを非難する目つきだと誤解してしまった。その瞬間、少なくとも癌の手術をしてからの四年間は一度たりとも表出することのなかった生来の負けん気と、いざとなったら見境もなく噴出する怒りとが一気に頭の中を埋め尽くしてしまう。と同時に、途中からでも愛魂をかけることでそのまま倒してしまおうという考えも生まれていた。

こうして、僕は最悪の事態を招いてしまうとともに、愛魂技法を用いるときには真に愛とともに相手の魂を自分の魂で包んでいかなければならないということを心に焼きつけることができた。何故なら、怒りの意識が生まれたと同時に加藤さんの魂を自分の魂で包むということをしてしまった瞬間、ニヤリとした不敵な顔つきに見えた顔から生気が失われるとともに、加藤さんが白目をむいて立ったまま意識を失ってしまったのだ。

「危ない！」

そう判断できた次の瞬間には、僕自身の身体は加藤さんの身体を四方投げで後頭部から床に倒しかけていた。ちゃんと意識のある相手でも真後ろに投げ落とされたのでは後頭部を痛打することが多い技を、気を失って棒立ちとなっていた相手に施したことになってしまったのだ。そう気づいたときには後の祭りで、大慌てで技を止めに入ったのだがとても間に合わない。全てがゆっくりと動く僕の視界の中で、失神して白目をむき口を開けたままの加藤さんの棒立ちの身体が後頭部から床に激突していき、頭が二度跳ね返る様子までもが網膜に焼きつく。

ドカンという激しい衝撃音が野山道場に響き渡り、稽古していた全員の目が横たわったままの加藤さんの身体に注がれる。真っ先に駆けつけてくれた片岡肇さんが得意の気功で処置して下さったおかげで、加藤さんは二十分ほどで意識を取り戻すことができた。その後、僕の癌手術をしてもらった総合病院の救急病棟に行って頭部の精密検査をしてもらったのだが、幸いなことに脳の断層写真には何も異常は写らなかったし感覚麻痺もなかったので、床で後頭部を打ったことによる脳しんとうと診断された。

道場の人達も加藤さん自身が受け身を取り損ねたために後頭部を痛打して脳しんとうを起こしたと理解したようだったが、全てを目のあたりにしていた僕は己の責任を痛感するとともに、相手の魂を愛とともにではなく怒りとともに自分の魂で包んでしまうことがもたらす恐ろしい効果に愕然としていた。ジョージ・ルーカス監督のハリウッド映画ヒット作『スターウォーズ』シリーズの中で描かれるジェダイの騎士が操る「フォース」という不思議な技法と同じで、そこに怒りを込めてしまうとより強力なものになるのだが、その効果は破壊的で邪悪なものになってしまう。まさに、「フォースの暗黒面」を垣間見たと感じた僕は、生涯それを封じ込めると亡き隠遁者様に誓った。

野山道場のダルタニアンとの稽古では、このように愛魂の本質にかかわるような貴重な体験をいくつも授かることができた。三銃士とともに、もはや野山道場には欠かすことのできない存在だ。しばらく経ってから、僕は加藤一夫さんに後頭部を床に打ちつけるような投げ方をしたことを再度謝った。他の皆にも聞こえるように、いや自分の受け身が下手だったのだから気にしないで下さいと応えてくれた加藤さんは、しかし直後に僕の耳元でこんなことを告げた。

「あのときは、自分が倒されないのでハハーン失敗したなとニタリとした瞬間、それまで笑顔で優しかった先生の形相が一変して激しい武道家の顔になったと思ったら自分の意識がなくなってしまい、気がつくと畳の上に寝かされていて片岡さんがしきりに介抱してくれていました。やはり、冠光寺流はすごい武術なのですね。いつも楽しげに稽古していたので、そんな激しい面を見ることはありませんでしたから、とても貴重な経験ができました。やはり、武道ですから、あのくらいのことがあって当然ではないでしょうか。気になさらないで下さい」

確かに、僕を元気づけようとしてくれていることはわかるのだが、愛魂ではなく「怒魂《どき》」とも呼ぶべきフォースの暗黒面の誘惑の強さを示唆するかのようなダルタニアンの何気ない言葉にハッとした僕は、事の重大さに打ちひしがれてしまった。武道だからといって、相手の身体を壊してしまっては意味がない。だからこそ、三原の隠遁者様から授かったキリストの活人術を前面に出していかなくてはならないし、それまでもその方向でやってきたつもりだった。だが、相手の魂を愛で包むという活人術技法としての「愛魂」を稽古してきていても、一度その暗黒面ともいうべき「怒魂」、つまり相手の魂を怒りで包む技法の激しい効果に気づいた時点で無条件に魅入られてしまうのだ。

加藤さんご自身も気づいていなかったこの何気ない一言は、終生野山道場に愛を満たしていかなければならないという僕の決意をさらに奮い立たせてくれ、そのおかげで自分のものだけでなく相手の「怒魂」をも完全に静めてしまうまでに「愛魂」を変容させることができた。そこでもまた、聖母マリアによる目に見えない世界からの御導きがあったのだが、それに気づくにはまだ半年ほどの月日が流れる必要があった。

キリストに合気を教わる!?

三月二十六日の夜、御影の弓弦羽《ゆづるは》神社の枝垂れ桜は満開だった。だが、呑気に夜桜見物をやる気分ではなかった。何せ、これから初対面の空手家と稽古をするための場所が、弓弦羽神社宮内にあった集会所だったのだから。夜風に桜の花びらが舞い上がる中を無言で歩く僕は、まるで銀幕を小雪が舞う中を空手家との一騎打ちへと向かう姿三四郎のように凛とした姿ではなかった。どちらかといえば正反対で、軽犯罪の現行犯で捕まったあげく刑事さんの後を警察署までショボショボとついていくさえない男という感じではなかったろうか。

それもそのはず、胸を張って前を歩く空手家は背格好こそは東京で日本空手道佐藤道場を主催されている佐藤昭師範より二回り小さいが、同じフルコンタクト空手の指導員をしているというだけあって拳や腕の太さは負けてはいない上に、相手を威圧する眼光の鋭さはある意味人間離れしていた。そのため、阪急梅田駅下の書店で初めて会ったときから僕は完全に呑まれてしまい、阪急電車を乗り継いでどこかに連れていかれるのにおとなしく従っていたくらいだ。はたしてこれからどうなるのだろうか……。そんな弱音にも似たため息の向こうに見えたのが、散り始めの枝垂れ桜だった。

そんな状況に追い込まれることになってしまったのは、そもそも二ヶ月ほど前に頂戴した長い手紙が発端だ。しかも、その内容はにわかには信じられないようなものだった……。関西で長年フルコンタクト空手を修行してきたという手紙の主は、一月十八日の朝目覚めたとき前夜の夢をはっきりと憶えていたという。ご本人はキリスト教徒ではなく、ただ子どもの頃に教会の日曜学校に通ったことがあるだけというにもかかわらず、そしてまた連日激しい稽古を積んで鍛え上げているのは合気道や合気柔術ではなくフルコンタクト空手であるというのにもかかわらず、夢の中にイエス・キリストが現れて合気を教えてくれたという夢。その夢の中でキリストが説明してくれた合気のからくりを聞いてそうだったのかとうなずいていている自分の姿まではっきりと憶えているのだが、残念なことにその肝心のキリストによる合気の説明自体はまったく思い出せないそうだ。

しかし、不可思議な夢を見たものだと思いながらその日の仕事で阪急電車を利用したらしいが、時間に余裕があったので途中時間つぶしに阪急梅田駅下の大型書店に立ち寄った。むろん、いつものように武道・格闘技関連の書籍棚にまっしぐらだが、数日おきには目にしている馴染みの棚の前に見慣れない本が平積みされていたため、自ずと目につく。まず本のタイトル「合気開眼」という白抜きのデカ文字が飛び込んできたとき、あーまた合気道関係の奴がどうでもいい絵空事を書いたのかという程度の薄い印象しかなかったらしいが、ふと見やった帯の言葉に釘づけになってしまった。何故なら、そこには「キリストの活人術を今に伝える」とか「合気は愛魂」などと書かれていたのだ。

前夜見たキリストが合気を教えてくれるという不思議な夢の印象が冷めやらぬうち、自分の目の前に「キリスト」と「合気」が書かれた新しい本が並んでいる場面に出くわす！

これを、単なる偶然と思い込むほど、その空手家・炭粉《すみこ》良三さんは純粋さを失ってはいなかった。その場で買い求めた『合気開眼』を電車の中で読み終えて帰宅した勢いで筆を取り、著者である僕宛にキリストの夢の内容も含めた長い手紙を一気にしたためたのだ。毎週土曜日はフルコンタクト空手の指導日にあたっているので、岡山の野山道場での稽古に参加できないのが残念だが、もし関西方面にお出でのことがあれば是非ご連絡いただきたいという形で締めくくられていたため、いつもの僕ならば簡単にお返事してすますことになっていたはず。

ところが、炭粉さんの熱意に溢れていた手紙自体ももちろんだが、夢に現れたキリストが合気を教えてくれたという点に不思議な縁を感じた僕は、機会を見つけて是非にも会いたいと考えていた。幸いにも、二ヶ月ほど先にはなるが東大阪で学会が開催される予定だったので、その帰りに大阪か神戸でお目にかかることはできる。そういう趣旨のお返事を差し上げたところ、ならば自分がいつも指導している板張りの空手道場ではなく他の畳敷きの場所を借りておくので、是非にも稽古をつけてほしいという返事がきた。その結果、初対面の当日に弓弦羽神社内の集会所へと連れられていく羽目になってしまったのだ。

稽古をつけていただきたいという字面の背後には、まやかしの武術などフルコンタクト空手で鍛え上げた身体には通用しないぞという、明らかな挑戦者としての意気込みが見え隠れしていた。だからこそ、わざわざノコノコと出かけていくことなどせず、僕の存在などそのうち忘れてもらうようにするべきだったのだ。それが、何をトチ狂ったか、こうして自分自身を追い込んでいる始末……。その結果は？

これについては、炭粉良三さんご自身の目から見た事の顛末を活き活きとした文章で書き留めて下さったものがあり、今回本書の巻末付録としての掲載を快諾して下さったので是非にも読んでいただきたい。その後は親しく交流を続けさせていただくようになったのだが、炭粉さんとの親交がなかったならこのひ弱な僕が喜々としてフルコンタクト空手のルールでスパーリングをするなど、とうてい考えられなかったのも事実だ。その意味で、キリストの活人術である愛魂技法の真のすごさを理解することができたのも、炭粉さんの夢に現れたイエス・キリストの御導きによるものだったに違いない。

三月二十六日夜のことや炭粉さんご自身のことについては巻末付録に詳しいので、ここでは同じように前著『合気開眼』との書店での不思議な出会いをはたした群馬の後藤武史さんのことに少しだけ触れておこう。小学校の教師をしている後藤さんは伝統空手を習ってはいたが、武道や武術に興味があるというわけではないし、自分が強くなりたいと願っていたわけでもない。むしろ、一人でも多くの生徒が自発的に何でも学んでいってくれるように、ご自分の家までも生徒達に解放している根っからの教育者だ。当然ながら、多くの生徒にも慕われてきたのだが、それでも満足はしていなかった。全ての生徒に素晴らしい人生を送ってほしいと願っていたからこそ、一人残らず前を向いて歩み始めてくれるように必死で背中を押し続けていたのだが、ときにはその熱意も空回りすることがあった。

ある休日のこと、初めての駅で待ち合わせをしていたのだが、時間が三十分以上空いていたので駅前の書店に入って時間を潰すことにしたという。狭いながらも宗教やスピリチュアル系の書棚もあったため、その前で目新しい本を物色していた。そして、前から気にしていた著者の面白そうな本を見つけた後藤さんはすぐに棚からそれを取り出したのだが、その勢いで隣にあった本までもが棚から出てきて落ちそうになった。空いていたもう一方の手でキャッチした本を見ると、見慣れない著者名の右に「合気開眼」という文字が白く輝いていた。しかも、帯には「キリストの活人術」とある……。

これこそが、全ての生徒に受け入れてもらうために自分が必要とするものに違いない！

何故かそう直感した後藤さんは、レジに並ぶのももどかしげに代金を支払い店員の手から奪い取るようにした前著『合気開眼』をしっかりと小脇にはさんで家に向かい、最初から最後まで一気に読んでしまった。そして、炭粉良三さんの場合と同じで、後藤武史さんもまた読了の勢いで心のこもった丁寧な手紙を著者であるこの僕宛に書いてくれたのだ。

拙著『魂のかけら』で佐川邦夫というペンネームに隠れて独白した、目に見えない世界からの働きかけとしか考えられない意味のある偶然の系譜。それが、前著『合気開眼』を手にする場面においても日本のあちこちで見られたようなのだ。こうして、まるで神様やマリア様による御導きがあったかのようにして、全国から岡山の野山道場に集まって下さったおかげで、僕自身の興味は着実に唯心論武道へと向いていった。

再び合気道部の旧友を迎えて

大学合気道部のときの旧友が三十年以上ぶりに神戸から自転車で訪ねてきてくれてから一年近くが経っていたが、五月の連休前には別の同期の友から連絡があった。会社の出張で連休明けの朝から水島コンビナートの工場で打ち合わせがあり、それなら連休期間に岡山に宿を取って四国にも足を伸ばそうと考えたらしい。生まれも大学を出てからの勤務先も茨城なので、中国・四国地方には疎かった。一人でのんびりと観光すればよいと思っていたとき、一年ほど前に同期の仲間から岡山で保江が元気にしていて道場までやっているという知らせがあったのが頭に浮かぶ。

こうして、やはり三十年以上もの年月を隔てた懐かしい再会をはたすことができたのだが、橋本重信君というその旧友は当然ながら大学卒業後も合気道を続けていたはずだと確信していた僕は、気軽に問いかけてしまった。稽古はずっとお兄さんといっしょなのか、と。橋本君の兄貴は大学合気道部の大先輩であり、当時から眼光鋭い雰囲気でフラリと道場に現れるや部員がピリピリとしてしまうほどの実力者だったし、同じ茨城で会社に合気道部を作り上げたほど熱心に稽古を続けていると聞いたことがあったからだ。
大学生の頃も童顔だったが、未だにその面影を強く残している優しい笑顔がわずかだけ曇ったように映ったかと思うと、遠くを見つめながら答えてくれた。確かに兄貴はずっと合気道を続けていて、自分も社会人になってからも同じように続けていたのだが、稽古で膝を痛めてしまってからは完全にやめてしまったのだと。兄貴よりもずっとおとなしく優しい心根の持ち主だった橋本君の合気道ならばその後独自の発展をみせ、僕自身が三原の隠遁者様から授かったキリストの活人術にも似た技法にまでも変容していたのではないかとさえ考えていた僕にとって、膝の故障で断念したという話を聞くのには辛いものがあった。ましてや、本人がそれを受け入れるまでにはかなりの時間を要したに違いないのだが、涼しい目に戻った橋本君は笑いながら語ってくれる。

それまで自分の人生の一部であるかのように打ち込んでいた合気道を突然に奪われた形になったとき、心にポッカリと空いてしまった穴を塞ぐことができたのは以前から合気道修行の助けにと考えて並行して少しはやっていた座禅に打ち込むようになってからだそうだ。むろん、自分だけでポツンとやっているだけではなく休みを見つけては全国の著名な禅寺を訪れて禅定に入り、さらには修行を積んだ高僧達と問答を重ねていく。その過程で自分自身を見つめ直すことができただけでなく、会社や地域社会の中における日々の言動の中に活かしていくことができるようになった。

ただ、そうやって現実の社会で禅の教えに従って生きている橋本君の目に映った全国の禅寺の修行は、最初の頃こそ崇高なものとして輝いていたのだが、段々と色あせて魅力のないものになってきてしまったという。いつしか、禅寺巡りから足も遠のき、休みの日には一人静かに座っている姿が多くなっていた。唯一人で己の心に向かうということが、実は他の人々だけでなく宇宙全体、あるいはそれを超えたところにある神ともつながるということに気づくことができたのは、最近になってからのことだ……。

まるで三原の隠遁者様に教え導いていただいているときのように、僕の魂は遠くに故郷を望みながら震え始めていた。大学合気道部の同期の中で一番穏やかで控えめだったにもかかわらず、どんなに厳しい稽古も決して先頭に立つことはしないけれど終始無言できちんとこなしていた橋本重信君の芯の強さの由来が彼の内面にあったと理解した僕は、ここでもまた唯心論物理学者の顔つきになっていったのかもしれない。本当は武田君のときのように野山道場でいっしょに稽古してもらいたかったのだが、膝を傷めてしまった橋本君にはせめて見学しながらでもキリストの活人術に触れてもらおう。そう考えた僕は、翌日の土曜日午後に橋本君とともに野山道場に入っていった。

その日は前著『合気開眼』を読んだという人が何人か予告なしに野山道場で稽古の始まりを待っていて下さったので、見学の橋本君と併せて初めての方々のために冠光寺流柔術の技法をできるだけ詳しく説明することにした。特に、橋本君が禅の修行で見出した自分自身の内面と向き合うことが相手や宇宙とつながることになるという事実を、自分の我の殻を取り去ることが相手の我の殻を取り去ることになり、その結果互いに我をぶつけあうことなく両者が調和し融合した状態が生まれることで相手の身体を意のままに倒すことができるというキリストの活人術の武術的な側面と同じことだと理解してもらいたかったのだ。

そのため、自分の我の殻を取り去ることで我と我がぶつかることはなくなり相手の我の殻の中にもスッと入っていけるので、相手の我の殻をもいっしょになって取り去るように努力するのが活人術の技法であり、そうすることで相手は安定に二足直立することができなくなって倒れてしまう……と熱弁しながら一列に並んでいる門人の皆さんの前で何回もやってみせる。その後門人同士で同じ技を稽古するのだが、野山道場と他の道場の違いは動きや身体の使い方にあるわけではなく、ひたすら自分の我の殻を薄くしてなくしていく努力をした上で自分を攻撃してくる相手の我の殻の中に入っていくといった、かなりぶっ飛んだ技法を要求するところにある。

当然ながら、初めてそれに接する人は完全な色眼鏡で見てしまうか、あるいはあくまで精神論をいっているだけで実際にはそういう気持で身体を動かしていくなどと誤解するだけに終わる。また、スピリチュアル系のことに入れ込んでいる人は、自分の脳組織という物質が生み出した作用に他ならない自分の意識を用いればよいという間違った捉え方にはまり込んでしまい、頭の中に意識でイメージを描くことに終始する結果真の活人術技法からはどんどんと遠ざかってしまう。ところが、質が悪いことにフォースの暗黒面と同様、意識でイメージすることである程度簡単に相手を倒すこともできるし、武道や格闘技の修行を積んで気を流したり操ったりできるようになった人達にはむしろそのほうがやりやすい。だが、それは魂と愛の技法であるキリストの活人術とは無縁のものであり、単に敵を倒す武術としての効果が大きいというだけの殺伐とした暗い技法にすぎない、愛魂を身につける上での入口近くにある大きな落とし穴なのだ。

野山道場の稽古では僕自身がその点についてとことん注意して稽古を見ているだけでなく、マリア様や天使長ミカエルの御導きがあるため、たとえそのような方向に走りかけたとしても必ず引き戻されてしまい落とし穴に落ち込む心配はない。もちろん、これは僕自身にもあてはまる。実際のところ、橋本君が見学している目の前で、僕はその悪魔の落とし穴にはまりかけていたのだ。

その日は、野山道場で初めて稽古する人が数名いたのだが、その中の一人は愛知県からきて下さっていた。始まって三時間ほどした頃、早めに稽古を終えて道場を去る門人がいたため、それまでちょうど門人どおしで組になって稽古できていたのが一人だけ余ることになってしまった。全員の稽古の様子を見回りながらふと道場の隅に目をやると、ちょうどその愛知県からこられていた方が橋本君の側に立って見学していたので、わざわざ遠くからきて下さったのに申し訳ないと思い僕と組んで稽古するように声をかけた。

ということで、僕は片手を両手で強くつかまれるという諸手捕りをされたときに投げる技を、その初めての方と稽古することになった。相手がその日初めてやってきた人だということで、僕は自分の我の殻を取り去って相手の我の殻の中に入っていくのだと説明しているうちに、その内容を自分でもそのまま文字どおりに受け取ってしまい本当に相手の我の殻の中に入ろうとしてしまった。むろん、「自分の我の殻を取り去って相手の我の殻の中に入っていく」という表現も愛魂の技法をわかってもらうためにはある程度は有効なのだが、それが本当に真実を完全に物語っているかというとそうではない。これは、「全人類だけでなく、全ての天使や神様までも幸せにすごしていくことができるように世界平和を祈る」という愛魂のいい表し方についても同じで、その表現を言葉どおりに理解したのではだめだ。愛魂の真実を最も的確に表しているのは「相手の魂を愛とともに自分の魂で包む」というものであり、この表現であれば文字どおりに理解してそうしようと務めたとしてもずれていく心配はない。

そうわかっていたはずなのだが、今でも稽古中に時々失敗してしまうように、そのときも自分が相手に丁寧に説明している言葉「自分の我の殻を取り去って相手の我の殻の中に入っていく」を愚かにも文字どおりに受け取り、実際にその初めての人の我の殻の中に入り込もうとしたのだ。過去にもたまたま何回かはそうしたこともあり、それはそれで相手の魂と自分の魂が融合することになってちゃんと相手を倒すことができていた。ところが、その愛知県からきて下さった方の場合は、まったく歯が立たなかったのだ。つまり、相手の我の殻の中にわずかでも入り込んだ瞬間に、これまで苦労知らずに安易な人生を生きてきた僕などが気安く触れることなどかなうわけもないほどの過酷な境遇を経験してきた魂の存在を理屈抜きで直感してしまい、それ以上に踏み込むことに僕自身の魂がえもいわれぬ悲しさを受け止めてしまった。そのため、とうてい相手の魂と融合することなど不可能で、諸手捕りされたまま倒すことができずにもがき続ける。

他の人達もどうなることやらと注目している雰囲気を背中に感じていたため、このまま倒せないのでは面目が立たないなどという愚かな考えが出始めたかと思った瞬間、緊急に総動員された脳組織が生み出した必死の意識による凄まじいイメージがどす黒く浮かんでくる。それは、とても僕などが触れることもできない禁断の我の殻をそのままにしておき、その殻の上から自分の我をボタボタと垂らしていくことで相手の我の殻の上を覆い尽くすように自分自身の我の殻を作り上げるという、とてもおぞましいものだった。だが、そうすれば相手を倒すことだけはできるという確信までもが湧いてきていたため、そのときの僕には他の選択肢はないようにしか思えなかったのだ。

結局数十秒の時間を要したのだが、そのおぞましいイメージが明瞭になったとたん、それまであれほどまでにビクともしなかった相手が一瞬で膝から総崩れとなって野山道場の畳を打ち鳴らすかのように倒れてしまった。そうか、相手の我の殻を自分の我でくるんでしまえば、たとえ苦しみの連続によって自ずと鍛えられてきた内面の強さや抵抗力を持つ相手であっても簡単に倒すことができるのだ！　そう気づいた僕は、この素晴らしい技法を身につけなければいけないと思い、続けて何度も稽古させてもらおうとする。

まさに、落とし穴にはまりかけていたのだったが、ここで野山道場の空気が一変してしまう。それまでの珍しく暗く淀んだ雰囲気が消え去り、いつもの明るさと清々しさが蘇ったのだ。そして、倒れていた床から立ち上がってきた直後には、いったい自分が何故倒されてしまったのか納得がいかない様子でしきりに頭をひねっていたにもかかわらず、急に爽やかな表情を見せたかと思うと穏やかな調子でポツポツと語ってくれた。驚きの、しかし大いに納得できることを……。

その日の午後に橋本君と野山道場に入ったとき、愛知県から訪ねてきたというその人が話しかけてくれたので、僕はごく普通に応対したのだった。その間わずか数分ではあったが、ちゃんと会話が成り立っていた。それに、稽古の中で僕が前で愛魂の技を解説しながら実際に技をやってみせていたときにも、その人は真剣な面持ちで聞きながら時々は大きくうなずいてもいたのだ。ところが、その人自身が語るには、昔からの聴覚障害で音も話し声もまったく聞こえないという。

そ、そんな馬鹿な！　ちゃんと普通に会話していたのだし、技の説明にもうなずいていたではないか！　驚いた表情の僕に、どこまでも真剣な答が降り注ぐ。もちろん、苦労に苦労を重ねて読唇術、つまり会話相手の唇の動きを読み取って話の内容を理解する技術を習得したのだが、それでも唇の動きだけではなかなか本当に完全には読み取ることができない。だが、それができない限り社会の中で孤立してしまい、人間としては不完全なままの生活を強いられてしまう。聴覚に何の問題もない健常な人達の間でまったく気づかれることなく普通に生活をしていくことを願った愛知の方は、それこそ血の滲むような努力を重ねた結果ある特殊な方法を見出したのだ。それは、相手の意識から生まれる言葉を読唇術によって唇の動きから読み取ろうとするとき、並行して相手の心の奥に入っていってその真意を探るというもの。

なるほど、野山道場で初めて対面したときから、僕の心の中に侵入されていたのか! だからこそ、逆に僕自身は相手の我の殻の中に入っていくことができないと感じてしまったのだ。そう納得できた僕の内面をやはり見事に読み取ったその人は、うなずきながら話を続けた。これまで合気道などの道場で稽古するとき、相手の心の中に入っていって読み取ろうとさえしておけば、絶対に投げ倒されることはなかった。今回も同じで、そうしている自分が倒されるということは案の定絶対に起こってはいなかったのだが、先程それが初めて覆されてしまい完全に倒されてしまったという。

それを聞いたとたん、ついさっきまでは興味津々だった意識から溢れ出るイメージの力で相手を倒すというやり方について、急にどうでもよく思え始めた。そんなおどろおどろしいイメージの助けを借りてまで相手を無理やり倒そうとした自分自身の愚かさに恥じ入ることができたし、さらにはその技法を身につけようとして稽古をもっと続けるつもりになった己の危うさに肝を冷やすこともできたからだ。まさに、キリストの活人術としての愛魂を身につける上での大きな落とし穴に落ち込んでしまう直前で、落とし穴にはまってまでも倒そうとしたその相手に助けてもらったといえる。ちょうど四時間の稽古も終わりに近づいていたため、僕は深々と頭を下げることで、愛知県からわざわざ野山道場にまできて下さったその方に礼を伝えると同時に、目に見えない世界からの庇護に対しても改めて感謝していた。あたかも、野山道場の上から天使長ミカエルが見守って下さっていたのが見えたかのように……。

稽古が終わってから、僕は橋本重信君と行きつけの寿司屋のカウンターで酒を酌み交わしながら、愛魂について僕の全ての体験を語っていった。その内容は、橋本君自身の禅の修行体験に合致するものであり、静と動に分かれてはいても本質的にはどちらも同じ魂についての深い探求の道を進んでいるのではないかという感想が少し酒に酔った僕の頭に木霊し、このときもまた一歩唯心論武道へと進むことができたのではないだろうか。少年の頃の輝きを失っていなかった瞳で橋本君が最後に伝えてくれた、「頂上への道はいくつもある」という言葉を胸にしまいながら。

心の科学

五月の連休時期には、不思議な方が何人も野山道場を訪れて下さった。中でも、東京で伝統的な丹田強化法の道場を運営し、自らも毎月全国を回って実技指導している柿木青雲という方は傑出していた。まずは大阪の教室で毎月その指導を受けているという大学の物理の先生が先触れとして野山道場に現れ、数週間遅れでおもむろに柿木先生のご登場となったのだが、先触れ役の物理学者の方は既に毎週稽古に通ってくるほどにキリストの活人術を気に入って下さっていた。そのため、僕自身もその方が熱心にご指導を仰いでいるという丹田強化法の師範の先生については、何らかの縁があるのではないかという予感があったのも事実。

だが、実際に柿木師範が野山道場での稽古に参加して下さった日には、別段何か驚くようなことが起きたわけでもない。強いていえば、腹の奥底から発せられる力強い声で笑いながら「いやー、拝見した愛魂の技法には圧倒されましたが、同時にこれは私が入門してコツコツと努力してみてもとうていできるようになるとは思えない技であり、むしろ超能力だと理解するのが正解です」と断言されたのには、僕自身少なからずビックリしたのではあるが……。

超能力！

確かに、ユリ・ゲラーのスプーン曲げがマスコミをにぎわせた頃から、様々な超能力者達の驚くべき能力について人一倍の興味を持ってはいたが、それはあくまで超能力の背後に潜んでいるはずの物理的なメカニズムを明らかにしたいという気持からのものだった。従って、自分自身が超能力を身につけることなど微塵も考えてはいなかったし、実際に透視や念力などをやってもそれらしいことは一度も起きなかったのが事実。しかし、古今東西における様々な超能力者についての信頼に足る研究については目をとおしてきたし、学界からの非難中傷をもろともせずに超能力についての理論的研究をしていた欧米の著名な物理学者とも議論したことがあるだけでなく、現役で活躍しているアメリカ人超能力者にも会ったこともある。そのため、超能力と聞いただけで拒絶してしまうか、感情的になって攻撃的態度を取ったりする標準的な物理学者のイメージからはほど遠いはずと自負していたのだが、いざ自分が超能力者だといわれてしまったときには思考が停止してしまった。

その頃はまだまだ唯心論物理学者にはなりきれておらず、何とかしてこの不可思議な愛魂の技法を物理学や生理学によって科学的に解明したいと考え、何人かの心理学者や物理学者とも議論を重ねていた。そんなとき、ものすごい自信と気迫のこもった声で突然「愛魂は超能力だ」と、実にアッケラカンと決めつけられてしまったのだから、思考停止もやむを得ない。笑ってすませる隙すら与えなかった柿木青雲先生の丹田力の前に、稽古後の会食の席から途中退場せざるを得なかった僕は後のことを藤井聡さんにまかせ、固まってしまった脳みそをかかえながらねぐらに戻っていった。

「超能力、か……」

少しくすんだ春の夜空には数個の星しか見ることができなかったが、それでも星空を眺めながら歩く道すがら、頭の中には「超能力」という言葉が木霊し続けた。

「そういえば、少し前に稽古にきた広島の心理学者が、超能力を研究していたアメリカの女性精神科医の本をお土産代わりにくれていたっけ……」

独り言のように口を衝いて出た声に驚いた僕は、まるで別の自分が教えてくれたことであるかのように、うなずきながらその本『心の科学――戻ってきたハープ――』（エリザベス・メイヤー著＝講談社）のことを思い出していた。ねぐらに戻るやいなや机の上に溜まっていた積ん読本の山の中からお目当てのものを探し出した僕は、はやる気持ちを抑えるかのようにゆっくりとページをめくっていった。

この本は、その二ヶ月ほど前に広島から野山道場に稽古にきてくれた、というより前著『合気開眼』を読んですぐに大学の研究室を訪ねてくれた大学で心理学の教授をしている小野田貴樹さんが置いていって下さったものだ。これまでは超心理学を主に研究していたのだが、父親が北海道で大東流合気柔術を習っていたこともあり、また大東流の中興の祖と目される武田惣角についての伝説の中にまるで超能力者のような記述が多いこともあって、超能力についての研究手法を用いて合気についても科学的に解明していきたいと考えての上だ。その手始めとして、まずは『合気開眼』で知ったこの僕の愛魂技法が如何なるものか見極めたいとのこと。

もともと超能力の科学的研究にも興味があった僕は、もちろんふたつ返事で実験のモルモットになることを引き受けたのだが、まずは野山道場での土曜日の稽古に参加していただくことにした。キリスト伝来の活人術というものがどのようにして教え伝えられているのか、その現場の様子を間近に見ることで愛魂を解明する糸口がつかめるのではないかと思ったからだ。さらには、小野田さんご自身も活人術によって魂に委ねられた本来の生き様を取り戻すことで、研究活動も含めて活き活きとした日常を得ることができるようになればと願ってもいた。

高校正課の柔道以来武道などとは無縁の学究生活を送ってきたとのことでジャージー姿で野山道場に現れた小野田さんは、如何にも心理学者といった雰囲気で稽古の詳細を観察し、また自分でも真剣に稽古に打ち込んでいた。四時間という長丁場を乗り切ってホッとしたかのような彼の表情に安心した僕は、広島方面の最終新幹線までの時間で今後の研究のためのいくつかの質問を受けることになった。ここでもまた、あくまで心理学者の観察眼を前面に出す形の淡々とした無機的な問いかけが計算されたかのようなタイミングで発せられ、つられたかのように僕自身もゆっくりと整然とした形の返答を口にする。そのおかげで、この僕も気づいていなかったようなことを再確認することができたのだが、新幹線の時間が迫ってきたために挨拶を交わす段になったとき、小野田さんは一冊の本を差し出しながら少しだけ人間くさい調子で語った。

いわく、その本は午前中に研究室を出るときに、往復の新幹線の中で読もうと思って机の上にあった見計らい書籍の中から選んでカバンに入れていたものだとのこと。従って、まだほんの少ししか読んではいなかったのだが、今日の愛魂技法の稽古を体験した身からはどう考えてもこの本は僕自身のためにあるとしか思えないという。自分は明日また書店に追加で注文するので、この一冊は是非にも手元に置いて目をとおしてほしい……。そういい残して足早に新幹線改札口に向かった心理学者の背中に一礼した直後、手にした新しい本の表紙を開いた僕の目に因縁の物理学者の名前が飛び込んでくる。

フリーマン・ダイソン！

まだ、生きていたのか！　そして、案の定こんなところに顔を出しているのか！

せっかく小野田さんが僕のために置いていって下さった『心の科学』だったのだが、表紙を開いたところにある推薦文の著者名「フリーマン・ダイソン」の活字を目にした瞬間、この男が誉めたたえている内容であるなら読む価値はないと決めつけた僕はそのまま本を閉じて持ち帰り、机の上に放置してある他の本に重ねてしまった。

フリーマン・ダイソンはアメリカの大物理論物理学者の一人で、ひょっとしたら朝永振一郎博士の代わりにノーベル物理学賞を受賞していたかもしれない男なのだが、正統の中の正統を自負するだけあって正統派以外の考えを完全に排除するまで理論攻撃の手を緩めないことで有名だった。僕が昔から興味を抱いていた超能力や宇宙人について研究し公にも発言している科学者の多くは、必ずダイソンの格好の餌食となってしまい、最後には科学者失格のラベルを貼られてしまう羽目になる。そういうわけだから、ダイソンが推薦文を書いている超能力に関する本とくれば、当然ながら超能力についての否定的で攻撃的な内容に終始しているとしか思えなかった。だから、一度は開いた表紙を完全に閉じてしまったのだ。

それから二ヶ月も経たないうちに、東京から丹田強化法の柿木青雲師範が野山道場の稽古に参加し、「愛魂は超能力だ」と喝破して下さったおかげで、ともかく再び『心の科学』の表紙を開くことになったというわけ。僕自身はダイソンの考えには疑問を持ち続けていたのだが、相手はアメリカ物理学界の超大物故、僕などが何をいっても負け犬の遠吠えにしか聞こえない。まあ、一応はどういう趣旨でこの本を推薦しているのか読んでみようと観念してページをめくっていったのだが、その語調は途中から大きく変わっていた。自分は超能力などは絶対に信じていないし、それを研究しているという連中についてもまったく信用していないという、いつもながらの鼻息の荒さで始まるのだが、最後には自分はこの本の著者自身とその研究態度について絶大な信頼を寄せていると書いてある。しかも、著者が展開している内容が、超能力の存在や超能力についての科学的な研究成果についてのものだと明言した上で……。

それまで超能力研究を攻撃する科学者陣営の先鋒に担ぎ上げられていたダイソン博士だったため、『心の科学』の推薦文によって逆に自分までもがその陣営から白い目で見られる羽目になったことは容易に想像できるのだが、僕自身はダイソンのことを大いに見直すことができた。それに元気づけられたかのように本文も一気に読み進んでいったのだが、そのおかげで僕の魂はまたまた一歩唯心論武道へと足を進めることになる。ところが、己の意識の中ではどうしても物理学者根性が抜けきれないとみえ、頭は逆に唯物論的な解明という蜃気楼を追い求め愛魂技法を使うときの脳の活性部位を探りたいとまで欲していくのだ。

その発端となった箇所は、『心の科学』の著者が探しあてた最近の研究内容の紹介のところで、放射性同位元素を利用したSPECTという脳活性部位断層映像化装置を用いて、他人の心を読むという超能力者の脳の活性分布を測定した実験に言及した部分だ。そこで判明したことは、他人の心が読める状態にある超能力者の脳においては、自分と他者の区別を生み出している脳神経部位が不活性化されていたということ。つまり、その超能力者にとっては心を読み取ろうとする相手と自分の区別がなく、自他同一となった特殊な精神状態を生み出すことで、相手の考えをそのまま知ることができるというのだ。しかも、その研究事例に続いて言及されていたのは、一九六〇年代にアメリカで出版された柔道の手引き書の中に書き表されているように日本やアジアにおける伝統武道の極意も自他同一の状態になることだから、この超能力者の如く自分と他者を区別する脳神経が抑制される現象を利用しているかもしれないということだった。

キリストの活人術である愛魂の技法の中核は、「汝の敵を愛せよ」というイエス・キリストの教えだった。敵を愛するということを敵と自分との区別をなくすことだと理解するなら、『心の科学』に書かれていたことがそのまま愛魂の原理としても成り立つことになる。敵を愛することで敵と自分の区別のない自他同一の精神状態が生まれ、そうなってしまうと敵と競っているはずの試合の場面が静寂な調和に満たされるようになり、そこにはもはや己の意識も敵の意識も存在しない。ただただ神の予定調和の光の帳の中で魂が躍動するかのような静かな祝福を感じ取ったときに、敵は既に畳の上に投げ倒されている……。

まさに唯心論武道の真髄を探しあてたその瞬間、僕の自我意識の中ではまったく正反対の印象が鎌首をもたげてしまう。

「なるほど、愛魂は脳の作用だったのか！　それならば、最新の計測装置で脳の活性部位を探っていけば科学的に究明できるはずだ！」

こうして、せっかく手にしていた真理を悪魔の囁きによって手放してしまったのだが、僕自身はこれで愛魂のからくりが判明すると誤解し、どこに行けばSPECTという最新式の脳活性計測装置を使わせてもらえるのかを探っていくことになる。小野田貴樹さんが心理学を教えている広島の大学にも医学系の研究施設がありそこにもSPECTがあるということだったが、被験者に放射性同位元素を含んだ薬剤を静脈注射しておく必要があるという。そのため、僕のような癌患者の場合は治療目的以外での利用では大学の倫理委員会の許可が下りないとのこと。

それを聞いた僕の落胆ぶりがあまりに大きかったのか、小野田さんはその後も根気強く網を拡げて下さり、その結果広島市にある病院に入ったばかりの最新式ファンクショナルMRI（磁気共鳴機能断層写真撮影装置、fMRIと略す）で愛魂の技をかけているときの僕の脳の活性分布を測定してもらえることになった。こうしてわかったことは、相手の魂を愛とともに自分の魂で包むということをしているとき、僕の脳は特に右脳と呼ばれる右半球の奥深いところにある脳幹部が広く活性化しているということ（口絵カラー写真1参照）。脳幹は小脳とともに爬虫類にもある古い脳組織であり、意識や抽象的記憶などの高度な精神機能を生み出す大脳皮質よりもずっと深いところにある。

ということは、キリストの活人術の根幹をなす愛魂技法を可能にしているのは人間に固有の自我意識を生み出している大脳皮質ではなく、無意識のうちに人間の動きを操っていると考えられる右半球の脳幹だということになる。だが、大脳皮質、しかも左半球の大脳皮質のごく一部にもかなり活性化している部位が見出された。ちょうど額の中心から少しだけ左に寄った前頭葉の狭い範囲だけが活性化していたのだが、活性の度合いはむしろ右半球の脳幹部よりも大きかった。小野田さんの話では、その部分は大脳皮質前頭前野の第四十六番野と呼ばれる脳神経部位であり、単なる身体運動を司るだけでなくそこが活性化するのは神憑り的な行動を誘発する憑依現象の場合が多いとのことだった。

fMRI

超能力を発揮する場合にはやはりある程度神憑り的になっていたり、正常な精神活動とは無縁の原初的な無意識の精神活動が誘発されていたりするということは、既にスイスの精神分析学者カール・グスタフ・ユングによって二十世紀初頭には知られていたことだ。そうすると、やはり柿木青雲師範のご指摘のとおり、冠光寺眞法の愛魂は超能力だということになるのだろう。むろん、脳という物質としてのヒトの身体組織の働きをとおして見るなど、あくまで唯物論的な科学的観点に基づいているわけだから超能力に対する科学的研究と同じ運命をたどるしかないのも事実。即ち、それ以上に踏み込んだ仮説も理論的モデルも全て非科学的というレッテルを貼られてしまい、結局は「超能力」という範疇に収めるしか収拾がつかなくなるのだ。

その意味で、唯物論的観点に立っている限り、「愛魂は超能力」と断言する以外に終着駅は見えてこない。

こう悟った僕は、唯心論物理学者による唯心論的観点に立脚した唯心論武道としての位置づけでしか、キリストの活人術である愛魂技法を正しく理解することはできないということに気づくためのスタートラインに、ようやく立てたことになる。そして、そのスタートラインから走り始め、この原稿を書き殴っていったあげく神の予定調和により唯心論物理学者中込照明君の量子モナド理論を基礎とする唯心論物理学の理論的枠組の中で、愛魂の全てを理解することができたのだった。

そう、愛こそは単一（モナド）であり、全ては愛であると……。

汝の敵を愛せよというイエス・キリストの教えに従って、自分に襲いかかってくる敵の魂を愛とともに自分の魂で包むことで全てを愛に還元することができ、全てが調和とともに融合した世界が表出することになる。これが愛魂であり、キリストの活人術である冠光寺眞法の根本となるのだ。それに基づく活人護身術技法としての冠光寺流柔術こそは、まさに唯心論武道と呼ぶに相応しいのではないだろうか。

だが、ようやくスタートラインに立ったばかりの僕は、未だに「愛」というものにこだわり続け、魂に「愛」が満ちあふれる状況からはほど遠かった。既に全ての答が用意されていたにもかかわらず、「愛」というものを己の意識から溢れ出る探求心を満たすための興味の対象としてしか捉えようとしていなかったため、自分自身だけでなく全てのものが「愛」でできているという絶対真理に気づくことができていなかったのだ。

むろん、そのことに気づくことができたのは直接的にはこの本の原稿を書き殴っていて、唯心論物理学者の中込照明君が野山道場を訪ねてくれたときのことに差し掛かったときだったのだが、スタートラインからそのゴールまでの間にはやはり幾度ともなく聖母マリアからの救いの手が差しのべられていた。それがなければ、僕自身この原稿を書いてみようとは思いもしなかったはずだから、やはり目に見えない世界からの助けによってゴールへと導かれていたに違いない。

僕（しもべ）となる

梅雨明けからの岡山は猛暑の日が続き、体育館のような造りの野山道場の床には汗の水たまりができる。そんな過酷な季節になってからも、北は北海道から南は沖縄まで全国各地から稽古にきて下さる状況だった。あれほど広く感じていた道場も急に手狭となり、このまま冠光寺流の門人が増え続けていくと稽古も窮屈になってしまうと思えたので、七月以降新しい入門希望者には見学のみで我慢していただくことにした。北村君と藤井さんと僕のたった三人だけで始めた野山道場だったが、わずか二年ほどで十倍以上に増えてしまったことになる。

あの日も真夏の日差しが痛いほどだったが、野山道場には午後四時前にしか着けなかった。事前に遅れる可能性があることを藤井さんに伝えてあったので、二時からの稽古は藤井さんが指導してくれていた。そのため、まずは藤井さんに大幅に遅れたことを詫びたのだが、以前に不思議な出会いをはたしていたお婆さんのときと同じで今回もまた僕が変わってしまったという。指摘されるまではわからなかったのだが、いわれてから改めて自分の内面を探ってみたところ確かにいつも道場で藤井さん達と接しているときのようではない。だからといって、どこがどのように変わったのかは自分でもさっぱりわからないし、あのお婆さんのときのように何か普通ではあり得ないような劇的なことがあったわけでもない。

いったい、自分自身の中に何が起きたのだろうか？

頭をひねりながら柔道着に着替えて更衣室から出たとき、ふと道場の片隅にいた女子大生の姿が目に入った。僕に気づいた相手もはにかんだ顔でニヤッとしながらペコリと頭を下げてくれたのは、四年生になってから就職活動や実習授業が忙しくて最近はなかなか道場に顔を出していなかったためだ。

「おー、久し振り」

軽く声をかけた次の瞬間、僕の口からは自分の意識にある考えとは正反対の台詞が飛び出てしまう。

「ちょっと、愛魂上げの相手でもしてもらうかー」

田淵有紀さんというその女子大生も驚きの表情を見せたが、僕自身は内心もっと驚いていた。何故なら、その田淵さんは腕も細く優しくておとなしい人だったのだが、どういうわけか例外的に愛魂がきかなかったのだ。いや、愛魂がきかなかったのではなく何故か愛魂をかけることができない、つまりどうしてもその魂を愛とともに僕自身の魂で包むことができなかったといったほうが正確だろう。これは、野山道場を始めた頃のやり方、つまり世界中の人々だけでなく、天使や神様の幸せまでも祈るという方法を使っていたときだけでなく、不思議なお婆さんと出会ってからの我の殻を取り去るということをするようになってからも同じだった。その他の人には何の苦もなく愛魂がかけられるにもかかわらず、この女子大生だけにはいつもだめだったのだ。

そういうわけだから、僕としてはできるだけ田淵さんとは稽古しないようにしてきたつもりだ。田淵さんは田淵さんのほうで、自分だけがうまく愛魂がかからないのは自分が何か他の人と違う欠陥があるのではないかと考え、それが目立たないようにするためよけいに僕との稽古を避けるようにしていたらしい。ところが、その日は僕も田淵さんもそれまで同様に互いにけん制しあっていたはずなのだが、僕の口からは正反対の言葉が出てしまったのだ。

いったい何故こうなってしまったのか?!

頭の中はかなり混乱していたが、いったん口を衝いて出た言葉を覆すわけにもいかず、顔で平静を装った僕は田淵さんの前に正座して時間稼ぎのようにゆっくりと頭を下げた。僕が超苦手な相手と愛魂上げの稽古を始めるということで、他の門人達は我々二人を遠巻きにしながら注視していたようだ。そんな雰囲気を背中に感じていた僕の本音は、すぐにでも道場から逃げ出したいというものだったのだが、野山道場を主宰する人間に許されるはずもない。その日の僕は既にかなり情けない存在だったのだが、こうして野山道場に顔を出してからも追い討ちをかけるかのように情けない状況に追い込まれてしまった。

その結果、目の前の女子大生の存在はどんどんと大きくなるかのように感じられ、僕自身は逆にちっぽけな惨めったらしいものになってしまう。これでは、いつもよりもさらにダメで、愛魂上げなどできるわけもない。頭の中ではしきりにそんな諦めの言葉が木霊し、主体性や人間社会での立場までもがどんどんと崩れていく。まさに主客逆転と呼べる状況で、もはや僕自身は女子大生を指導する教授ではなく、逆に全てについて指示を仰がなければ生きてすらいけない存在となってしまったとまで思えるようになった……。まさに、その瞬間のことだ。意識の中ではますます自分というものの存在感が薄まっていったのだが、その意識の奥底に何の根拠もない奇妙な確信が湧いて出てくるようになったのは。

「絶対に愛魂上げができる！」

理性を伴う明確な意識の延長では、これまでと同じで田淵さんを愛魂上げすることなど不可能とあきらめていたにもかかわらず、言語化できない壁の向こうには百パーセントの確信があった。この状態でならば、その女子大生といえども愛魂がかかるのだという。

魂に従った僕がそのままで両方の腕を軽く上げたとき、目の前の光景に驚愕する僕自身だけでなく、当然のことであるかのように平然としている僕自身が混在していた。初めて爪先立ちになって高々と愛魂上げされた田淵さんは、しかしながらホッとしたかのような笑顔で笑っている。自分が異常な人間ではなかったことが証明されたかのように。そして、小さな声で聞いてきた。いったい、どうやったのかと。

当然ながら、自分の頭で考えたのでは答えようもなかったのだが、魂に委ねていたそのときの僕は突拍子もないことを語り始めた。

「今日は野山道場にくる前から何となく僕《しもべ》になっていたような気がする。それで、田淵さんを見つけたときにも田淵さんの僕《しもべ》になって、何でもいいつけどおりにしますっていう雰囲気になってたんだ。つまり、主《あるじ》である田淵さんが僕《しもべ》である僕《ぼく》に、例えば今ここですぐに死ねといいつけたら、僕《ぼく》は自分であれこれ考えたりしないで無条件にそのいいつけに従って息を止めてしまえるというほどにね。まあ、もっと現実的な話でいえば、ここで田淵さんが高いブランドバッグや外車を買ってほしいといったとすると、僕《ぼく》は明日から生活できなくなるとか周囲の目があるとか後先のことを一切考えずに、ホイホイと買ってあげる。そんなように、主が指示することに何の疑問もはさまず絶対服従するのが僕《しもべ》であり、今日の僕《ぼく》は僕《しもべ》になりきっているんだ。

そうすると、稽古相手をしてくれている田淵さんは主、即ち神様になってしまう。結局、自分自身が僕《しもべ》になることで相手を主である神様にしてしまうことができ、それは相手の魂を愛とともに自分の魂で包むという愛魂を実現するための技法にもなっているが、キリストの教えではこの『僕《しもべ》となれ』というのが最も重要なものじゃないかな。ある意味、『キリストの愛』は『僕《しもべ》となる』ということと同義かもしれない……」

僕《しもべ》となる！

何回も聖母マリアに救われたにもかかわらず、この僕は洗礼を受けてキリスト教徒になったわけでもなく、また新約聖書を読んだわけでもない。従って、この「僕《しもべ》となる」ということが本当にイエス・キリストの教えだったということなど、知るよしもなかった。だが、己の口から蕩々と流れ出た説明に妙に納得してしまった僕が後で調べてみたところ、「僕《しもべ》となる」ことこそは「キリストの愛」を実践するための奥義と目されているではないか。さらには、ローマ法王は全ての書簡に法王名をサインするのではなく、「僕《しもべ》の僕《しもべ》」とサインすることもわかった。最初の僕《しもべ》は神の僕《しもべ》としての全ての人間のことであり、自分はその神の僕《しもべ》である人々に仕えるさらなる僕《しもべ》というわけだ。

神を愛する全ての人々を愛するのがローマ法王と解釈されるこの事実からは、確かに「愛する」ということと「僕《しもべ》となる」ことは同じだと考えられる。「汝の敵を愛せよ」や「汝の隣人を愛せよ」というキリストの教えを拠り所とするキリスト伝来の活人術としての愛魂技法を最も効果的に実現する方法が「僕《しもべ》となる」ことだと判明したことも、その考えの正しさを裏づけているのではないだろうか。

翌週で八月に突入した野山道場での稽古から、それまでの「我の殻をなくす」という稽古指針の代わりに新しく「僕《しもべ》となる」というものが登場したのはいうまでもない。以前の「世界平和」や「敵を愛する」というのは女子大生達には受け入れやすかったのだが、実は『合気開眼』を読んで入門して下さった男性門人達には照れくささもあってかなかなか効果は現れなかった。だが、「我の殻をなくす」は男性にも好評だったし、「僕《しもべ》となる」という今度の指針もある程度は納得してもらえたと思う。確かにキリスト教徒でもない普通の日本男児にとって、「愛する」とか「世界平和」というのはなかなか口に出したり実行に移したりできるものではないのかもしれない。ただ、「僕《しもべ》となる」よりは「我の殻をなくす」ほうがやりやすいという男性門人も多かったことも事実。「僕《しもべ》となる」というのが、どうしても相手に服従してしまう弱い姿勢としか思えないようなのだ。

だが、そんなことはおかまいなし。全員が大汗をかく真夏の野山道場には、少しだけ

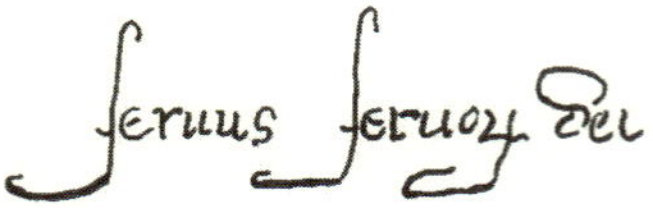

「僕の僕」サイン

甲高い僕の声が容赦なく響き渡る。

「僕《しもべ》となれー」

夏休みの電話

八月から九月前半にかけて、僕が世話になっているカトリック系女子大学でも夏休みとなる。授業がある学期途中でも研究室にはいないことのほうが多いのだから、それが夏休みに入ったらほぼ無人状態といってよい。従って、この時期大学に電話して僕を捕まえることは不可能に近い……、いや本当に無理なのだ。それが、その年の八月と九月には、このあり得ないはずのことが三回も立て続けに起こってしまう。むろん、それも偶然が重なっただけと決めつける向きも多いかもしれないが、それぞれの電話で僕を待ち受けていた意味深いつながりを考えれば考えるほど、やはり目に見えない世界からの温かい救いの手を感じずにはいられない。

一回目は年配の男性の声だった。研究室に置いてあったはずの本を急に読みたくなった僕は、昼下がりの夏の日差しに焼かれながら大学に行き研究室の書架の中を探し始める。ものの二、三分で目的の本を見つけた僕は、その一冊を小脇に抱えるようにして研究室を出ようとした。そして、ドアに鍵をかけようとしたまさにその瞬間、研究室内の電話機が鳴り始める。
よほどそのまま無視して立ち去ろうとしてはみたが、外の暑さを考えるともう少しだけ冷房の効いた室内にとどまるのもよいかと思い、再びドアを開けて中に入る。鳴りやまない電話の受話器を取り上げ、いつものように「もしもし」とだけぶっきらぼうに応えたのだが、やはり幾分戸惑った感じで問いかけてきたのは明らかに年配の男性だった。外線からかかってくる電話の半分以上がマンションなどの購入勧誘などの迷惑電話だったこともあり、僕はできるだけ素っ気ない雰囲気で名前も名乗らずに電話に出ることにしていた。

それでもきちんとご自分の名前を告げて突然の電話をわびて下さった頃には、電話口にいる男性はかなり品のよい紳士であることが伝わってきたため、僕は逆に大変失礼な応対をしたことを謝った上でその理由も告げた。むろんそんなことは気にもとめない雰囲気の相手は、少し長くなってしまうがかまわないかと断った上で、ご自身の素性と拙著『合気開眼』との出会いを心地よいリズムで語った後に電話の目的を話してくれた。

何でも、著名な宗教団体の岡山支部長をなさっているというその紳士は、一年前までは大阪支部を預かってきたとのこと。ちょうど六十歳を機に岡山に移ってきた形となったのだが、前任地の大阪には月に一度のペースで出向いてもいた。実質的には両方の支部で活動することが多く、このままで身体にストレスが蓄積されてはいけないと考えた末、ちょうど六十の手習いで何か始めようと思っていたこともあって大阪の健康スポーツジムに通い始めていたそうだ。そのジムからの帰り、大阪の書店で目にしたのが前著『合気開眼』だった。特に、帯に「キリストの活人術」とあるのが気になって手にしたとたん、これまで宗教に深く関わってきた自分にとっての六十の手習いはこれでなくてはならないと直感したという。幸いにも、自分の新しい本拠地である岡山市で稽古できそうだとわかり、さっそく大学に電話して下さったというわけ。

むろん、その宗教団体の名前や創始者のことについても知ってはいたが、関係者と実際に話すのは初めてのことだった。だが、耳にあてた受話器からその団体名が出てきたとき、やはりこの電話は一連の不思議な流れの中でかかってきたのだと思い始めていた。というのは、一ヶ月ほど前からその宗教団体と創始者のお名前が舞い込み始めていたのだが、それは大東流合気武術の木村達雄師範の電話に端を発したものだ。ご自分も読んで大変有益に感じたという『神道の心』（葉室頼昭＝春秋社）を是非にも読むようにとわざわざ声をかけて下さったのだが、これは医学者から神道の神主に転じた春日大社の葉室頼昭宮司の自伝的な本だった。

木村さんが強く勧めて下さったのでその日のうちに書店で手に入れた僕は、葉室宮司が大学生となって大阪で下宿生活を始めてすぐの出来事に自分の体験を重ねていった。当時では致命的な肺結核患者となったため、学業を断念して東京の自宅で療養という名目の死ぬ準備に入ることになったのだが、戸板に寝かされたままで大阪の下宿を出るとき下宿先のおばさんが一冊の小さな本を託してくれたという。機関車が牽引する夜行列車で十三時間もかかる長旅を戸板に寝かされたままで耐えなければならないわけだから、既に弱り果てていた葉室さんにとってそれこそ命がけの旅になるはずだった。少しでも道中が楽になるようにと案じて託された本は、当時の岡山大学医学部産婦人科の教授が書いたものだ。だが、その内容は医学ではなく、電話口で僕に話しかけて下さっていた紳士が支部長を務めるという宗教団体の創始者についてのものだった。

夜行列車が動き始め、戸板を四人がけのボックスにはめ込んだ形で揺られていた若き日の葉室宮司は、気を紛らわせるためにその本を読み始めたのだが読んでいくうちにわけもなく涙が溢れ、不思議なことに段々と身体が楽になっていった。そして、翌日に列車が東京駅に到着したときには一人で立ち上がりスタスタと歩いて降りたそうだ。迎えにきていた家族や使用人が心配するので、自分にはもう治ったという感覚があったのだが、そのまま東大病院に行って診察を受けることになった。その結果は、そう、肺のどこにも病巣が見あたらず極めて健康だと診断された。すぐに大阪に戻った葉室さんは、医学者となってからも片時といえどもこの事実を忘れたことはなく、命を守って下さる神様の存在をさらに身近に感じるために神主の勉強を始めたのだ。どの宗教でも、神様につながっているのは同じだから。

その半生を葉室宮司自らが語った本を読み終えたとき、僕自身の頭からもこの宗教団体の創始者のお名前が消えることはなかった。そして余韻冷めやらぬその週の土曜日のこと、野山道場に新しい入門希望者が現れた。神奈川県の大学で体育やスポーツ科学を教えているという三十代のたくましい身体に恵まれた青年で、フルコンタクト空手や養神館合気道をやっていたという。むろん、前著『合気開眼』を読んで、野山道場での稽古に参加したくなったそうだ。厳つい体つきには似合わない優しい顔が物語る内面が気に入った僕は、八頭芳夫さんというその人にできるだけ愛魂の本質についてわかってもらいたいと思い、諸手取りなど普通に筋力や技術でやっていたらできそうもない技のときに彼と稽古していた。僕のような非力な人間でも、愛魂技法を使えば鍛え上げた身体を持つ若い人を倒すことができるという事実を知ってもらいたかったからだ。

頭をひねりながら不思議がっていた八頭さんだったが、何回か投げられるのを経験してから真剣な顔で聞いてきた。「木村先生の合気も、やられてこんなに穏やかでゆったりとした気持のいいものなんですか」と。「いやいや、僕のは木村さんの千分の一にも達していない未熟な技だから、そもそも比べること自体とんでもない間違いだ」と答えたのを皮切りに、矢継ぎ早に木村達雄さんについての質問が飛んでくる。なるほど、本当は木村さんのところに弟子入りしたかったのか！　そうわかった僕は、つい数日前の木村さんからの電話を思い出し、八頭さんに木村さんはこういう神に仕えている人のことまでも理解できるのだと伝えた。

そのとたん、一瞬まさに信じられないという表情になったと思ったら、次の瞬間には満面の笑みを浮かべながら八頭さんは本当にうれしそうに驚いてくれた。

「えー、ここで葉室宮司のことを語って下さるなんて、ホントにあり得ませんよ。うれしいナー」

僕自身にとってはむしろ目の前の若い体育の先生が医学者から神主に転じた葉室宮司のことを知っているということのほうが驚きだったのだが、ご本人が葉室宮司のことをいうときには何か内輪の人のことのような口調が感じられたのも不思議だった。それもそのはずで、八頭さんはれっきとした神主でもあったのだ。これを聞いたときには僕も思わずいい意味で天を仰いだのだが、何でも葉室宮司のことは尊敬すべき大先輩としてご自分の目標にしていたとか。しかも、ここ野山道場で葉室宮司の話が出たというのがきっと意味があるのだということで、かねてより一度は訪ねたいと思っていた春日大社に岡山からの帰りに寄ってみるとまでいう。

稽古の後、岡山駅前でうれしそうにそう語っていた八頭さんは、翌日本当に春日大社に葉室頼昭宮司を訪ねた。ところが、一ヶ月前に宮司の職を辞したとのことで、既に春日大社にはいらっしゃらなかったそうだ。結局直接にはお目にかかることができなかったわけだが、しばらく経ってから葉室宮司の悲報を新聞で見つけた僕は、せめてまだご存命の間に宮司のお近くまで行けたことで八頭さんの人生がより深いものになっていくことを祈っていた。その後も月に一度のペースで野山道場に通ってくれる若き神官の希望もあり、僕は木村達雄さんにお願いして八頭さんが小平の佐川道場の稽古にも出られるようにしてもらった。

木村さんが繰り出す佐川幸義先生ゆずりの素晴らしい合気の技に触れるたびに、子どものように純粋にはしゃぎながら僕に電話をしてくれる神主さんもまた、キリストの活人術を伝え広めていってくれるような気がしてならない。

話がかなり脱線してしまったが、そういうわけで葉室宮司を神様へと向かわせることになった宗教団体の岡山支部長をしている山本忠司さんから突然の電話をいただいたとき、何か目に見えないところでの不思議な流れを感じ始めていた。その電話の目的は、自分に相応しい六十の手習いは冠光寺流に伝わるキリストの活人術しかないと信じるので、どうか門弟の一人に加えてほしいというものだった。電話口の紳士とのつながりもきっとマリア様の御導きに違いないと既に確信していた僕に異存があるわけもなく、土曜日の午後にちょっとでも時間が取れるときには是非にも野山道場にお出で下さいと応える。

ならばさっそく今度の土曜日にということになり、野山道場の場所を聞かれた僕は何気なくどの人にも伝えている大まかな道筋と近くにある目印をいくつか上げておいた。するとどうだ、山本さんの御自宅は野山道場のすぐ近くだということがわかった。まさにお誂え向きのところにお住まいだったのだが、これについても神様のおかげだと大いに納得されたご様子。というのも、一年前に岡山に赴任するにあたり、事前に何回か岡山市内を動き回って同居する予定の長寿の母親にとっても他の家族にとっても一番住みやすい場所を探していたところ、教団支部からは市内中心部をはさんで反対側になるため通勤には不便となる場所に差し掛かったとき、そこに神様のお恵みを感じられたそうだ。そうして今のご自宅を決めたのだったが、それがまさに野山道場のそば。

電話口の向こう側とこちら側で神の予定調和の前に同時に深く頭を垂れる二人は、その数日後に野山道場で初めて対面する。こうして入門して下さった山本忠司さんは毎週土曜日の午後は教団支部での仕事があるにもかかわらず、支部長がいると皆さんがやりにくいことも多いですからこうやって留守にしたほうがよいのですと冗談を飛ばしながら、ほぼ毎週稽古に通ってくれている。最初の数ヶ月こそは初めの二時間の稽古で引き上げていたが、そのうち四時間ぶっ続けで稽古するようになった。どうぞ、ゆっくりと休みながらやってくださいと声をかけると、いや最初の頃は二時間こちらで稽古させていただき自宅に帰るとそのまま倒れ込んで食事もせずに寝ていました。ですが、冠光寺流の活人術のおかげで段々と元気にしていただいたようで、そのうち二時間の稽古では帰ってから倒れることもなくなり食事も美味しく取れるようになり、今では四時間の稽古をみっちりやった後でも我が家で余裕で晩酌ができるくらいです……。

ご自身が支部長として取り纏める宗教団体の信者さん達に常日頃から神の愛や人の愛を説いている山本さんが熱心に稽古している野山道場が、それだけでいつも以上に輝いて見えるのは僕だけではないと思う。こうして、愛の使者が着実に増えているのだ。

右脳が見る世界

翌週のこと、再び緊急に目をとおしたい本を取りに夏休みの研究室に入ろうとしたとき、電話の呼び出し音が聞こえてきた。急いでドアの鍵を開けて受話器を拾ったのが、二回目のあり得ない電話だ。迷惑電話を警戒してぶっきらぼうに応答したのだが、返答は極めて上品で丁寧な女性の声だった。しかも、長年にわたって僕が共同研究してきたアメリカの著名な大脳生理学者も知っているという脳科学者で、研究拠点だったアメリカから日本に帰ってきたばかりだという。

なるほど、同じ脳科学の分野で活躍している日本人なら、何か研究上のことで知りたいことがあって電話をしてきたに違いない。まあ、久し振りにアメリカでの最新の研究動向を教えてもらうのもいいかと思った僕は、受話器を持ったままで椅子に座った。ところが、アメリカで研究していたことに関しての電話ではなかったらしく、簡潔な自己紹介の後に出てきたのはアメリカの学会で知り合った日本人の禅僧についての話だ。森本慶子さんというその女性脳科学者が学会で出会ったというわけだから、座禅中の脳活性を測定するための被験者だった禅僧かと思えたのだが、実は知り合った頃には前途ある新進の心理学者としてアメリカの大学で研究をしていたとか。

それが、あるとき学界の人間関係の煩わしさが嫌になってしまい、きっぱりと学者人生を捨て去ったと思うと、アメリカにあった禅寺に修行僧として入門したそうだ。以来ずっと禅僧としての道を歩み続け、その後帰国してからは関東にある禅寺を預かって修行の傍ら禅や仏教の教えを一般の人達に説いているという。

そんな変わった経歴の禅僧が、僕の前著『合気開眼』を読んで是非にも稽古に参加したいと願っていると聞いたとき、僕は随分と人見知りする坊さんもいるものだと内心いささかあきれてしまった。いくら何でも大の大人が、どうして直接電話をかけてこないで知り合いの女性脳科学者に頼んだりするのかと。そんな情けない男に稽古にこられてもしかたがないと早合点した僕が返事に躊躇しているのを敏感に感じたのか、電話口からはさらなる説明が続いた。

最初は本人が僕に直接電話しようと考えていたらしいのだが、まったく見ず知らずの一読者からの電話では失礼にあたるのではと思い直し、アメリカ以来親交のあった森本さんが以前アメリカの大脳生理学者から僕について詳しく聞いていたことを思い出したので仲介を頼まれたそうだ。さらには、その禅僧は学生の頃には東大の合気道部の主将も務めたことがあるため、野山道場での僕の稽古に大変興味を持っているとのこと。そして、今週はアメリカの大学生のグループを引率して京都の禅寺に合宿しているため、今度の土曜日の午後ならば京都から岡山まで抜けていくことができるという。

これはまたお膳立てのいい話だとは思ったが、電話交渉を買って出た森本さんの落ち着き払った品のよい応対の前には無条件降伏しかない。そんな坊さんなら大歓迎しますので、是非きてもらって下さいと応えた結果、土曜日には頭を丸めて作務衣に身を包んだ中堅の禅僧を野山道場に迎えることになった。如何にも禅の修行僧といった涼しげな表情の坊さんは、本名かどうかは疑わしいが不死身一笑と名のり、作務衣姿のままで道場に並ぶ。柔道着をお持ちでないなら僕の予備の稽古着があるのでお貸しすると伝えたのだが、ご本人は坊主はいつ何時もこの格好ですからと笑うのみ。

こうして、ケラケラという坊さんの笑い声が響き渡る中、野山道場の稽古はいつにも増して楽しげに進んでいった。自分の我の殻を取り去る、敵の魂を愛とともに自分の魂で包む、世界中の全ての人々だけでなく天使や神様の幸せまでも祈る、僕《しもべ》となる、そんなぶっ飛んだ標語が飛び交う稽古を体験しても、さすがは立派な禅僧だけあって極めて素直に受け入れて下さる。だが、結構鍛えた身体を活かして全力で抵抗しても簡単に力が抜けて倒されるような場面では、若い頃に合気道をやっていた自信がそうさせてしまうのか、しきりに頭をひねって納得がいかない様子だった。キリストの活人術である愛魂技法というのが、身体的な側面ではなく人間の内面に深く関わっている唯心論的な技術だという点については、毎日の修行で心に対面している禅僧であってもなかなかすぐに百パーセントの理解にはつながっていかないのかもしれない。

唯心論武道というものの難しさは、それが身体的な訓練や運動能力向上につながる鍛錬などではなく、身体から離れてしまった人間の本質的な要素としての魂の存在を理屈ではなく絶対真理として受け入れることによってのみ修得できるという点にある。そして、そのような絶対真理を百パーセントの確信とともに受け入れるためには、僕自身のときがそうであったようにまさに生きるか死ぬかの瀬戸際に立たされる体験を経る必要があるのではないだろうか。

禅僧を紹介する大学への電話が奇跡的に僕につながった森本慶子さんもアメリカで合気道をやっていたため、ご自分でも是非岡山に稽古に行きたいとのことだった。ご多忙な研究生活の節目を見つけて初めて野山道場にきて下さったのは、電話から半年後のことだ。四時間の長丁場に身体がついていくはずもないので途中から見学にする予定だったようだが、女子大生達に混ざって笑い転げながら稽古しているうちに屈強な男の門人相手でも見事な動きを見せるようになり、気がつけば最後まで休まずに稽古していた。

その日の参加者の中で新幹線で大阪方面に帰る人が他にも一人いたのだが、稽古後に岡山駅まで女子大生達とお送りしたときには少し疲れたご様子で休息が必要に思えた。そこで、皆で近くの店に寄ってアルコール入りの水分と栄養を補給してもらうことにしたため、森本さんからお話をうかがうことができた。そのとき、僕が以前と同じように脳神経組織における巨視的量子電磁効果の研究を続けていると思った森本さんは、知り合いの女性脳科学者に起きたアメリカでは有名な出来事について語ってくれた。その話を聞いたとき、僕の頭はとてつもない衝撃に貫かれたかのように思考を停止してしまったのだが、魂の奥底では何かものすごく大切な真実を教えてもらったのだと確信していた。

そう、愛こそは単一であり、全ては愛であるという……。

自分自身だけでなく全てのものが「愛」でできているという絶対真理に導いて下さるために差し出された聖母マリアの御手は、全てが愛でできているからこそ全ては同じものであり自分と他者を分け隔てるものは何もないという事実を体感した、アメリカの女性脳科学者ジル・ボルト・テイラーの物語だったのだ。森本慶子さんが同じ脳科学者の目線で代弁して下さったため、非常にリアルに受け止めることができた内容を要約すると、以下のようになる。

ジル・ボルト・テイラーは大学院で脳神経科学を専攻した医師であり、脳科学の進歩に必要不可欠な研究対象としての患者組織に働きかける行動派の脳科学者でもあった。そのテイラー博士が、あろうことかある日の朝突然に脳梗塞に襲われた。冷たいアイスクリームや氷を口に入れたときのように鼻の上の眉間の中央に頭痛があり、自分の身体の動きがどんどんと遅くなっていくことで脳梗塞が始まったと判断したとき、身体は既に横たわってしまいこのまま誰も気づかず助けもこない状況が続いたなら死を迎えるしかないと直感したそうだ。

後に手術前の検査で判明したのだが、このときテイラー博士の左脳、つまり脳の左半球に広範囲の脳梗塞が発症していた。従って、左脳の機能はどんどんと低下していき、その結果正常な思考や発声、さらには文字や声の内容理解や記憶想起といったことができなくなっていく。このまま悪化していけば、もはや何もできないまま家で孤独な死を迎えることは必至。しばらく時間を置くとフッと思考力が戻る瞬間があったため、忍耐強くその瞬間を待ちながら博士は壊れつつあった左脳を使って同僚に電話をかけて助けを求めようとする。しかし、左脳のごく一部分しか動かない状況では、自分の勤務先の電話を見つけることも難しい。おまけに、電話機のプッシュボタンに描かれている記号の意味を理解することもできず、電話口の相手に話そうとする音声が犬のような唸り声にしかならないため英語が話せない上に、受話器から聞こえてくる同僚の声が雑音にしか聞こえないのだ。

我々人間の正常な社会生活は、このように全て左脳の様々な精神機能が正しく組み合わされて初めて達成される長年培ってきた精神的能力に完全に依存している。その能力が、ある朝突然に消滅したのだから、そのときのテイラー博士の窮地は想像を絶するものだったに違いない。だが、そんな突然に崖から突き落とされたかのように感じるはずの絶望的な状況にあって、さらには途絶えることのない激しい頭痛に苛まれながらも、博士は得体の知れない不安どころかむしろ何か途方もなく大きく温かい無条件の幸福感に満たされていた。それはまさに神様に抱かれたかのような至福の時であり、このまま全てのものと一体となった至福の感覚が大きくなって神の下に召されることになるのだろうとわかっただけでなく、自らもそれを強く望んでいたのだ。

だが、脳神経科学を専門とする医師が自分自身で脳梗塞を体験しただけでなく、そこに生まれた不可思議なまでの絶対的な幸福感や安心感の存在を今後の脳梗塞治療に活かしていかなければという医師根性が、神に抱かれるように愛としての存在に戻るという究極の幸福を退けてまで助けを呼んで過酷な現実世界に生き延びるという道を選ばせた……。その前後の詳細については、テイラー博士自らが著した『奇跡の脳』（竹内薫訳＝新潮社）に詳しいので、是非読んでいただければと思う。

こうして、突然に左脳を襲った脳梗塞から生還したテイラー博士の実体験により、我々が普通に目や耳をとおして認識している世界像は全てが誕生してからの体験や教育によって長い間に左脳が作り上げた精神作用が生み出しているだけのものであり、脳機能障害によって左脳が正常に機能しなくなった場合に初めて右脳の精神作用が生み出している世界像が表出することがわかった。その右脳が見た世界というのは、ベルグソン哲学でいう左脳が勝手に作り上げたイマージュだらけの世界像とは完全に切り離されたありのままの世界そのものであり、中込照明君の量子モナド理論における世界像を彷彿とさせるものだ。

テイラー博士の表現を借りるならば、左脳の機能が停止したときに見たテーブルを押さえている自分の手は、どこまでが自分の手でどこからがテーブルなのかまったく判別できない映像でしかなく、むしろ自分というものがどこまでも外界の中につながっていき宇宙全体とひとつになっている愛に満ちた存在と感じられる……。

このとても重要なことを教えて下さる使命があったからこそ、夏休みで僕が捕まるはずもない大学の研究室に電話していただいたとき、単なる偶然ではすまされない状況がこの世界に表出したに違いない。

自他融合の世界へ

夏休みで主不在となっていた研究室にかかってきたはずにもかかわらず、うまい具合にちょうど僕が本や資料を探しに出てきたわずか数分間に引っかかったために出ることができた三番目の電話があったのは九月中頃だった。宗教団体の支部長さん、禅僧や脳科学者に次いで僕を唯心論へと誘う呼び水となったのだが、今度は哲学者、しかも中込照明君の唯心論物理学を基本に据えた新しい科学哲学を作り上げようとしている逢坂砂雄さんだ。東海地方の大学で哲学を教えているが、大学と大学院は京大工学部という、これまた変わり種。

やはり前著『合気開眼』を読んで電話を下さったし、養神館合気道を修め大学の合気道部でも教えているとのことだったので、てっきり稽古に参加したいというのだと早合点してしまったのだが、電話では今度の金曜日なら日帰りで岡山に出ていけるという雰囲気。いや、土曜日の午後にしか野山道場を使うことができないので、金曜日にきていただいても稽古はできないとお伝えするのだが、ご本人は一日も早い期日を望んでいるとのことで次の金曜日にお願いしたいとの一点張り。念を押してみても、「別に稽古したいわけではなくそれよりもできるだけ早い時期に会って話がしたい」と返してくる。

まあ、そこまでいわれるのなら金曜日にお会いするしかないかと思ったのだが、ちょうどその週の金曜日には炭粉良三さんの案内で鞍馬山に登る予定だった。むろん、かねてよりサナート・クマラーゆかりの地を訪ねてみたいと考えていたところに、大学の頃から鞍馬山には何度も登っているという炭粉さんがその日ならば時間が空いているということで決まったことだから、僕の都合だけでキャンセルすることはできない。

今週の金曜日は所用で岡山を離れているとお伝えすると、それなら土曜日の午前中はどうかとのこと。実は、稽古前に他の人達と話すという状況があると、それで自分の脳組織、特に左脳の言語野が活性化されてしまい、キリストの活人術である愛魂の技法を実現することが難しくなってしまう。そのため、野山道場の稽古前には誰にも会わないでよいようにしていたのだが、金曜日という先方の希望を断った上でのことだからやむを得ないと思い、土曜日の九時から十四時までの五時間という長時間の面会を受け入れてしまった。そんなに長い時間になるなら、できれば翌週の金曜日にでもしてもらいたいと伝えてはみたのだが、それでは遅くなりすぎるということで却下。

夏休み中に僕につながったそれまでの二回の電話では、受話器を置いたときに不思議な意味のある偶然を感じながら今後の成りゆきを楽しんでいる自分があったのだが、今回だけはむしろ消化不良の感が残っただけ。それに、せっかく土曜日に岡山に出向いてくるというのなら午後の稽古に参加すればよいのに、「話だけで充分」というのはいささか拍子抜けでもある。しかし、もう決めたことだし、意に添わぬことではあってもここは流れに任せるしかない。そう観念してしまったら気が楽になったので、僕の頭はその前日に予定していた鞍馬山参りに向いていた。夢枕に立ったイエス・キリストが合気を教えてくれるといった炭粉さんの案内で登るのだから、きっとサナート・クマラーの御導きで久し振りに何か神秘的な体験があるに違いないという、冷静に考えれば随分と都合のよいことを勝手に思いめぐらせていただけなのだが。

そういうわけだからかもしれないが、結局次の金曜日に鞍馬山に登ることはかなわなかった。前夜に九州から瀬戸内海に出た大型の台風が、その日に近畿地方に向かって瀬戸内海本州沿いを縦断するという予報が出たためだ。これでは山登りなどできるわけもなく、炭粉さんの提案で鞍馬山参りは次の機会まで延期することになった。台風被害とは無縁のはずの岡山にも大雨強風警報が発令され、自動的に大学も休校となったため金曜日の予定がポッカリと空いてしまう結果に直面した僕の頭に、これで稽古直前に脳みそを使ってしまうという愚かな予定を解消することができるというアイデアが閃いた。

すぐに電話の哲学者に連絡し、明日金曜日の予定が変わり終日自由になったので岡山には明日お出で願えないかと伝えた。むろん、もとよりそう願っていた先方に異論のあるわけもなく、話はトントン拍子で決まり、朝九時三分前に岡山に着く新幹線を利用するとのことで僕は岡山駅の新幹線改札口で迎えることになった。九時には僕が改札口の外に立っていることにし、ホームから改札口に向かって出てくる逢坂さんが僕を見つけるというわけ。僕の顔は以前に出版していた新書などに載っていた著者の顔写真でわかるとのことだ。

ともかく、これで土曜日の稽古前に誰かと会って話をするという最悪の状況を回避することができたと思い込んだ僕は、迫りくる台風などものともせずにホッと胸をなで下ろした。

翌朝、台風が岡山を直撃する寸前の岡山駅に八時半に着いてしまい新幹線の運行状況を見たところ、東からの下り線はまだ通常どおりの運行だった。これなら予定どおりに岡山に到着することを確認した僕は、二十分ほどを駅ビルの小さな書店でつぶしてから新幹線改札口に向かって歩いていった。一分もかからず新幹線改札口が見えるところまでやってきたが、時計を見るとちょうど九時で、そろそろ下り線ホームから降りてくる人影がチラホラし始めていた。哲学者がやってくるまでボンヤリと改札口の外に立っていれば、向こうから見つけてくれるはず。

自分の頭ではそう考えながら目と鼻の先の改札口へと歩いていったのだが、改札口まで五メートルくらいのところから身体が勝手に右斜め前に進み始めてしまった。どんどんと目的の場所から外れていってしまっているのだが、身体はそれが当然とばかりに何の躊躇もなく進み続けるだけでなく、どうもその延長に位置する壁際に立っている人物に向かって顔の筋肉までをも動かそうとしているようだ。明らかに微笑むような自分の顔の動きを感じる視界の中でどんどんと大きくなってくるその男の表情もまた、ビックリしたような不審な顔つきから徐々に驚きの色を濃くしていったかと思うと最終的には優しい目つきの笑顔になっていく。同時に、僕の右手が意志とは無関係に上がり、喉からは「初めまして」

という明るい声までもが出てしまう。

目を丸くしている哲学者は、挨拶もそこそこに口早に問いかけてくる。

「いやー、まだ九時には時間があったのでボンヤリと通る人達を眺めていたら、何故か確信を持って私の方に歩み寄ってくる人がいることに気づき、いやまさか私がここにいるのがわかるはずはないと思いながらも段々と近づいてきてお顔がはっきりとしたときには驚きました。写真で拝見していたとおりだったのですから。予定していた新幹線が台風で遅れてはご迷惑をおかけすると思い三十分早い新幹線に乗ってきたので、先に改札口を出てからここに立っていて九時になったら私も改札口に近づこうと思っていたのです。保江さんはそんなことをご存じないわけだから、どこかからまっすぐに改札口に近づいて打ち合わせどおりに立ち止まるはずだと考え、改札口に向かう人々を眺めていました。すると、最初からはっきりと私を目指して歩き寄ってくる人がいて、しかも途中から笑顔を示してくれ手まで上げて挨拶して下さったのですから……。で、よく顔を見ると保江さんだった……。いったい、どうして初対面の私が改札口から出てくるのではなく少し離れたこの横のところにいるとわかったのですか？」

むろん、僕が何か本当の理由を知っているわけもなく、ただただ正直に答えるしかなかった。身体の筋肉が勝手に動作して歩む方向が変わり、顔の表情も腕の動作も声帯を震わせることまでもが逢坂さんを歓迎するかのようになってしまっただけだ、と。僕が自分自身の不可解な行動の意味を理解したのは、目の前の人物がちゃんと逢坂さんであるような反応と挨拶をしてくれたからだ、とも。

最初の出会いからがこんな不思議議色に染まっていたのだから、それに続く哲学者との三十六時間に及ぶやり取りの濃密さは容易に想像できるだろう。三十六時間⁉　そう、最初は四、五時間程度の面会と考えていたのだが、我々二人の意志をはるかに超えたところからの働きかけによって、実際は翌日の夜の八時まで続いていくことになる。もちろん、台風の影響などではない。急速に小型化してしまった台風だったため、新幹線も終日正常ダイヤに近い形で運行していたのだから。

では、何故そうなってしまったのか？

朝九時に改札口近くで出会いを果たした二人は、小型になったとはいえ台風直撃前の風雨を避けるために、岡山駅ビルから屋根続きで往来が可能な範囲の喫茶店をハシゴしながら長年会ってなかった旧来の友という雰囲気で語り合っていった。まずは僕からということで、拙著『合気開眼』やペンネームで出した『魂のかけら』の内容に関するより詳細な体験談を順を追って語っていく。単に哲学者だと聞いただけの見ず知らずの男にそれまで誰にも話したことのなかったより深いレベルでの魂の経験までも躊躇なく話していく自分自身に驚きつつも、真剣にどこまでも真剣に受け止めようとする誠実さの前では全ての壁が砕け落ちていくかのように感じられる心地よさがあった。

その心地よさは逢坂さんも同じだったようで、店を変え場所を変えて互いに語っていくうちふと時計を見やったら名古屋行きの最終の新幹線が出てしまったことに気づく。苦笑いしながら、ともかく岡山に泊まることになったので安心したのか、岡山駅の近くの宿に部屋を確保してから話の続きに入っていく。どうせ岡山に一泊するのなら、明日の午後には野山道場の稽古に参加してから帰りたいという哲学者のご希望で、翌朝も九時から稽古直前までの五時間を延々と語り合ったのだが、不思議なことにその語らいは愛魂の邪魔になってはいなかった。

それどころか、僕自身まったく意図していなかったにもかかわらず、目の前の哲学者の魂を愛とともに包み込んでいる自分の魂があった。全ての人々だけでなく天使や神様の平穏までも祈り、我の殻を取り去り、僕《しもべ》となる……、そんな内面のままで己の神秘体験を物語っているのだ。当然ながら相手の哲学者が気づくわけもなく、ただその魂だけは高みへとつながっていく。キリスト伝来の活人術というものは、それを施す側の魂がその魂を宿した身体が物質的存在としての機能によって生み出した意識とは無関係に「勝手に」施してしまうものらしい。相手の魂を救うなどと意識して活人術を行ってみたところで、それはまがいものでしかないということ。真の愛魂とは、魂のみがなし得る至高の技なのだから。

台風を突いてまで訪ねてくれた哲学者のおかげで、ここでもまた愛魂の真理へと近づくことができたことを実感した僕は、やはり今回もまた目に見えない世界からの助けを知らせるあり得ない電話だったのだと考えるようになっていった。それが百パーセントの確信に変わったのは、午前中をフルに費やして語り続けた僕の話の後、昼食を取りながら今度は哲学者の物語を聞いていたときだ。目の前で熱く語り始めた哲学者が専門とするのは世界認識における自己と他者の関連についてなのだが、フッサールやヴィトゲンシュタインなどに始まる古い哲学ではなく何とあの中込照明君が提唱した量子モナド理論を科学的基礎づけとする唯心論的世界認識の枠組の中で自己と他者について論じるという、まったく新しい唯心論的科学哲学を目指しているという!

なるほど、だからこそ野山道場での稽古自体には興味なく、むしろこの僕と様々なことについて話し合いたかったのだ。逢坂さんの真意をやっと汲み取ることができた僕は、その時点までで理解していた範囲で中込君の理論の素晴らしさと今後の展望について語り初め、逆に哲学者は僕の知らなかった「世界認識における自己と他者の確立の裏に潜む形而上学的諸問題」を具体的にわかりやすく論じてくれた。そして、その議論の中で徐々に僕の頭の中に実体化してきたひとつの考え、いやホンのちょっとしたアイデアらしき存在でしかなかった段階から絶対真理の様相を呈する確信が生まれた。

それは、愛魂の原理ともいえるものだが、端的にいい表すと次のようになる。

ここに二人の人間がいて、一方が他方に立ち向かっていこうとしている状況を考えよう。一人の人間が認識している世界はその人間にしか見えないもの、つまりその人間の脳神経組織が生み出した意識の中でその人間の感覚器官が受容した外的刺激の総体を精神機能によって認識しているにすぎないというのが広く普及する唯物論的な世界観となっている。この考えによれば、こちらが認識する世界と相手が認識する世界は、実際にこちらと相手が共通の場に存在して何らかの交流をするという場合においても、本質的にそれぞれが個別単独に存在する場合と何も変わりはないように重ね合わされただけのものにすぎない。

ところが、自分が一人でなく他の人間とともに真に存在する場合に自分が認識する世界は、自分だけが一人で存在するときに認識する世界や相手だけが一人で存在するときに相手が認識する世界とは違ったものに変容していると捉えるのが唯心論的世界観に他ならない。ここで、世界が変容するということは、世界の現れだけでなくその世界における様々な現象や法則性までもが変容することを意味する。つまり、それぞれの世界が単につじつま合わせ的に重ね合わされたものになるのではなく、自分と他者が融合してまったく別の世界になるのだ。まさに、自他融合の世界が発現することになる。

そして、ここからが愛魂の原理に相当すると考えられるのだが、この唯心論的世界観においては自分を倒そうとして襲いかかってくる敵を愛するということで、それまではそれぞれ自分の世界と敵の世界であったものが自他融合の世界へと変容してしまい、そこではそれぞれの世界では不可能だったような現象や効果が具現するのだ。

敵を愛することをしなければ、いくら敵と自分の二人が存在していてもそれは真に存在するということにはならず、結果としてそれぞれの世界が自他融合の世界へと変容することはない。そうなると、体力や技量に勝る敵を力のない自分が倒すなどといった現象が起きるはずもなく、殺伐とした弱肉強食の荒涼とした無機的な世界が広がっていくのみ。この殺伐とした世界の中で互いに自他の区別を前面に押し出して生きている人間は地獄にあるも同然。

我々人間が目指すものは、全ての人々が互いに誰一人欠けることなく愛することで単一最大の自他融合の世界への変容を促すことだが、その世界こそはあらゆる人間が活きている天国に等しいのではないだろうか。

隠遁者様の稽古風景——あとがきにかえて

この原稿は、五月の連休前には仕上げるという出版社との約束だった。製本されて出回るときには巻末にＤＶＤビデオ『冠光寺眞法——キリスト伝来の活人護身術——』（オリジナル版、海鳴社）のダイジェスト版ＤＶＤをつける予定だったのだが、結局オリジナル版が先に完成して発売されてしまうという体たらく。そのため、原稿の完成が急務だったのだが、僕も著者に加えていただいた新著『ボディーバランス・コミュニケーション——身体を動かすことから始める自分磨き——』（宗由貴監修、山﨑博通、治部眞里、保江邦夫著＝海鳴社）の担当部分の原稿書きに追われたため、三月に入るまで手つかずの状態。何とか二ヶ月で形にしようと努力はしたのだが、それでも残り五分の一程度を残して連休に突入してしまう。

ちょうど新型インフルエンザの猛威を避けるためにねぐらに籠もって原稿を仕上げればよかったのかもしれないが、生まれつきへそ曲がりの僕は正反対の行動に出る。五年半前にこの命を救って下さったマリア様への御礼参りとして、地上で最も高い階段を登って天上へと近づいてみたかったこともあり、連休に降って湧いたチャンスを捉えて実行に移したのだ。そんなわけだから、連休が終わってもなお原稿はストップしたまま、こうして「あとがき」に漕ぎつけるのが六月の頭になってしまった。

結果として出版社には甚大な被害をかけてしまったのだが、むしろ出版が遅れたために本書をより意味深いものにできたことを考えると、やはり聖母マリアの御加護があったとしか思えない。そう、以下にお伝えする驚愕の事実は、残り五分の一の原稿を仕上げようと必死でパソコンに向かっていた五月二十六日の午後、炭粉良三さんからのメールの形でまさに青天の霹靂の如く降ってきたのだから。

まずは、そのメールの文面の該当部分をそのまま載せておく。

――＊――

ところで先生、これはまだ先生にも申し上げたことはないと思いますが、実は私は今から数十年前（確か……浪人中の頃だったと思います）テレビでチラッとカトリックの僧侶の苦行を見たことがあるのです。その中に、険しい山（かなりの急斜面だった。草木はなく、土山っぽい感じだったと思います）の中で同じく土色になったボロボロの法衣を着た二人の僧侶が相撲か柔道のような、どう見ても格闘技のような修行をしていた場面があったのを微かに覚えています。

技云々というよりは「へえ、カトリックの坊様もあんなことをするのか」という印象で、珍しい光景だったので記憶の端っこに引っ掛かっております。今思えばあれこそが……感慨無量です。

――＊――

このメールを読んだときの僕の極端な驚きようは、凡才の表現力ではとうていお伝えすることもできない。ここは、直後に返信した炭粉さん宛てのメールをありのままご披露することで、足らぬ才能を補わせていただこうと思う。

——＊＊——

えええええええええええええええーーーーーーーーー
炭粉さあんーーーーーーーーー、何故それをもっと早くーーー
ーーー！！！！　炭粉さんとは、本当に深いつながりがあるのですね。その二人の修道士の一人こそは三原の隠遁者様、エスタニスラウ神父様です。もう一人は、隠遁者様と二人だけがモンセラート修道院で荒行を修行していた、確かリカルト神父様という修道士です。

モンセラートはスペイン語で「のこぎり山」で、テレビのとおりに荒れた草もない岩山です。

いやー、炭粉さんのこのテレビの話、今回の本の最後の締めくくりに使わせていただけますか？

いやー、炭粉さん、あなたは子どもの頃からすごい！

——＊＊——

どうだろう、この僕が如何に心底驚きかつ狂喜乱舞するかのよ

モンセラート修道院

うに喜んでいる様子を汲み取っていただけただろうか？　むろん、炭粉さんの驚愕ぶりも容易に想像できるとは思うが、やはり直後に送られてきた返信を直に見ていただこう。

――＊＊＊――

そうなんですか！

勿論書いていただいて結構です。今即興で絵に描いてみました。こんな感じだったですね。なるほどノコギリか……。あれ、スペインだったんだ。私は地形からてっきりトルコのカッパドキアだと思ってました。

その他に、祭壇に繋がる長い階段を神に対する愛を示すために下から上まで這いつくばって、しかも階段を自分の舌で舐めながら登っていくというのもありましたよ。映像はクリアではなく、誰かの八ミリ映像を拝借してきたような感じだったと思います。しかも、放映したのは関西のローカル局で、浪人中に見たとすれば三十五年程前の確か春頃だった（しかも昼間放映）と記憶しますが、定かではありません。何かの番組と番組の間に入れる短編モノのような感じでした。

しかし……ということは、確かにすごい御縁……あの方が隠遁者様……イエスが夢枕に立って下さったのも予定調和に違いありません……。

う〜ん、すごい……。

――＊＊＊――

このメールに添付されていた絵を見た瞬間、僕の魂は激しく打ち震える。そこに描かれたスケッチか

炭粉良三さんによるテレビで見たモンセラートでの隠遁者様の 稽古風景の素描

らですら、僕の脳裏には若き日の隠遁者様の修行姿がありありと蘇り、気持ははやモンセラートに眠る隠遁者様のところに飛ぶ。モンセラート修道院の写真の背景にあるノコギリの刃のような岩山の中腹こそが隠遁者様の修行の場だったのだが、炭粉さんの素描にはまさにそこに立って組み合う二人の修道士の姿があった。

僕はすぐさま炭粉さんにノコギリ山の写真を送ったのだが、まさにそれこそが実際にテレビで見たカトリック修行僧の背後にあった険しい山だと確信したとき、彼の魂もまた目に見えない世界へと広がっていったに違いない。

いい古された言葉ではあるが、これを使わない限りこの原稿に終止符を打つことはできそうもない。

事実は小説よりも奇なり！

二〇〇九年六月

保江　邦夫

付録　合気私考

炭粉《すみこ》良三

合気への懐疑

私は長年、フルコン空手をやってまいりました。これをやる人達のほとんどは、腕っ節はもちろん身体中を鍛えに鍛えて強くなろうと目指し、それこそ全員が歯を食いしばって頑張っているわけです。私もその中の一人であったことはいうまでもありません。

ところが、もう二十年程も前に佐川幸義という武術家について聞き及びました。なんでも「合気」とかいう極意を使って、屈強な者どもをポンポン投げるとのこと。ただし、この時点では私は別段驚きもしませんでした。何か古武術的な型の中にある約束事の稽古でのことだろう、どうせ。もし本当に強いのなら柔道の試合などに出てくるはずだし、出てきたらそのときに柔道の自由乱取りや我々フルコンの自由組手がどれほど甘くないものかもわかるだろうし……。そう思って、その名人のことは特別気にも留めずに、唯々筋トレや走り込みに明け暮れていた次第でした。

ところが数年前、空手界の重鎮であられる某先生から「合気は実在する。佐川幸義の弟子である木村達雄という人物に、自分の高弟がとても信じられない技で翻弄されるのをこの目で見た」と聞かされました。その話され方が尋常ではなかったことから、初めて私も「これはひとつ真剣に考えた方がよいかもしれない。まるで〈空飛ぶ円盤〉の目撃談みたいだが」と感じ、某合気系柔術の道場に入門、数年間修行させていただいたものの修行至らず、関節技や重心移動による崩しに終始し、とてもその先生がいわれるような摩訶不思議なものの存在は見て取れなかったのです。

「やはり、そういったことは何かのトリックか目の錯覚なのではないか」

そう思った私はその流派から去り、専ら空手に専念する日々に帰ったのです。だが……心のどこかに、何かがソゲのように刺さった感覚がずっと残っていました。そんな頃、木村達雄教授の『合気修得への道——佐川幸義先生に就いた二十年——』（合気ニュース）が発刊され、それに掲載されている写真を見て愕然としました。

「これは、何かとんでもないものが存在しているか、さもなければ真っ赤なインチキだ」

しかしフルコン者である私は、その後者の立場をとりました。こんなマヤカシに乗っている時間などない！　一層厳しく身体を鍛えつつ、合気を益々敵視していきました。

今になってひとつ思うことがあります。例えば野球における伝統の一戦、巨人阪神戦。巨人ファンも阪神ファンもそれこそ必死に自チームを応援し、相手チームや相手ファンを愚弄して止みません。しかしよく考えてみれば、阪神ファンは巨人があるからこそあれだけ燃え上がることができるのですから、ある意味阪神ファンは変形した巨人ファンだといえるのではないか。また、これは巨人側からも同じことがいえるでしょう。

中国の陰陽論が語るように、両極とはその存在において等価であり、本質的には同じものなのかもしれない……。

サーモスタットの針が端から端へと大きく振れるためには、とりもなおさず、まず片方に傾き切る必要があります。その意味で私の武術修行は一連の出来事によってますます力の方向に振れ、限界点に達していたのかもしれません。そう、今思えばまさに私の合気に対する懐疑こそが自分の針を大きく正反対に振らせるエネルギーとなったのでしょう。

しかし幸運は続きます。もし保江邦夫先生の合気との遭遇がなければ、私の針はサーモスタット自身を振り切って飛び出し、散々に折れ曲がって果てていたことでしょう。まあ、私も武道家の端くれですから、それならそれで良かったのではありますが……。

しかしながら最早そうもいってはいられなくなってしまった。私は合気を見てしまいました。それから約一年、自分が行き着くことができた、考え着くことができたことを以下にまとめます。

合気との出会い

キリスト教と合気

まずもってお断りしておきますが、私は宗教者ではなく、従いまして特定の宗教の信者では決してありません。ただ外戚がクリスチャンであったために、子どもの頃から教会をはじめキリスト教的雰囲気には慣れ親しんできました。聖書も時々ではありますが読み返します。そんなこともあってでしょう、昨年（二〇〇八年）一月のある日とても不思議な夢を見ます。それはなんと、イエス・キリストが「私が合気を教えてあげよう」と語りかけてくる夢でした。そしてまさにその日、書店にて私は保江邦夫先生のご著書『合気開眼――ある隠遁者の教え――』（海鳴社）と出会うのです。それ故、私にとってはこのキリストの仲介には大きな意味がありますが、しかしここではそれについてはあえて多くを述べません。しかしながら、聖書の中に書かれた事柄を知っていることで合気の理解が進んだことも厳然たる事実です。そこで、ここではその事柄を二箇所ほど取り出して後の論に繋げていこうと考えます。

まず、旧約聖書「創世記」。有名な神による天地創造のくだりですが、周知のように神は土から最初の人間アダムとエバを造られた後、エデンの園に住まわせ、園の中央には命の木と善悪を知る木を生やされます。そして決して善悪を知る木からは実を採って食べてはならないと固く二人に言いつけるのですが、蛇の誘惑に負けてそれを食べてしまった二人は知恵を得、その代償として神によりエデンを追放され、なおかつ産みの苦しみを増されてしまうとあります。大いに神話的な物語ではありますが、この部分が合気を知る上でとても助けになるのです。

次にイエス・キリストの福音を伝える新約聖書。その福音書の中に書かれるキリストの言動に、以下のようなものがあります。

みもとに集まった民衆に「善い行いをしたら、それを人に言ってはならない。むしろそれを隠しなさい。人に言って喝采を得れば、もう報いを受けてしまったことになる。もしあなた方がそれを隠せば、隠れたところにおられる天なる父が報いて下さるであろう」（原文のままではない）

このキリストの言葉も合気を知る上でとても助けになりますので、ここに紹介致しました。

「合気上げ」と「突き倒し」を選んだわけ

前述しましたようにキリストによる不思議な仲介によって、私は保江先生の『合気開眼』と出会います。そのページをめくった瞬間、「突き倒し」と「合気上げ」の連続写真が目に飛び込んできて、私は「これは尋常ならざる事態が起きている」ということを速やかに理解しました。余談ですが、このとき何故「これはヤラセではないのか」と思わなかったのか、実は今でも不思議です。あれほど合気に懐疑的であったはずなのに。

ともあれ、私はこれはすぐにでも著者とお会いし、実際にこの技をかけていただかなければならないと強く思いました。幸運なことにそれは二ヶ月後の三月に保江先生のご好意により実現しますが、このとき私は上記二技のみを所望しました。これで充分だと思ったからです。

その理由は、まず合気の技とは筋力に由来するものではないことが連続写真ですぐ理解できたからです。おそらく合気とは、相手の行動を何らかの手段にて誘発させるものと思われる。だとすれば「突き倒し」は相手の足腰の力を抜いて自ら倒れるように誘導し、また「合気上げ」はその逆で相手の足腰の力を爆発的に入れさせて立ち上がるように仕向ける。

そうだ、そうに違いないと確信したのです。

ただ、どうやって……いや、それよりも、こんな不可思議な現象が実際に起こり得ることを体験する方が、まず重要だとも思いました。「力抜き」と「力ませ」、このふたつの存在さえわかればその他の動きを誘発する技術も同じく存在することは納得できる。そう、後はただ見ること、体験すること。そうすれば合気の存在に対して自分の心が「疑う／信じる」から「知る」にシフトするはず。

人は「空飛ぶ円盤は、夢があってよいから信じる」とは言うが、例えば「醤油の存在を信じる」とは言わない。誰もが醤油の存在を知っていて、現に自分の家にもあるからだ。合気に対する自分の認識を「醤油」レベルに変化させるためには、この正反対の作用を示す二技体験だけで充分。

そして、私はそれを得たのです。その意味で、合気を会得するのには本当の合気現象を体験することが不可欠だといえると思います。話を聞いたり、写真、動画で見るだけで想像すること自体が合気からますます離れていくことと等しいと、まずは知らねばなりません。何故なら、人が未知のものを想像する際には、必ず過去の経験や知識を基準としてしまうからです。

もしこれで合気が理解できるというのなら、それは未知ではなくて「既知」だったということなのですから、そんなものにどうして研究や精進が必要でしょう。

「人形化」は正しいか？　――合気のメカニズム私考――

かくて保江先生により、突き倒されることで自分の足の力が抜け、また合気上げによって自分の脚の筋肉が（後で震えがくるほどに）強制的に作動させられる、しかもそれらの事態が己の意識せざるところにて引き起こされるということを知った私は、では何故このようなことが起きるのかと考え始めました。

「力抜き」と「力ませ」――魂のシンクロ――

「合気とは敵を無力化する技術」あるいは「人を人形化する技術」という言葉はよく耳にするところです。確かに相手の力が入らなくなれば、こちらは何でもできることになりますし、またマネキンなど人型の人形はその形態上、スタンドなしにはうまく立たせるだけでも大変ですし、立たせたとしても指で軽く押しただけでパタンと倒れてしまうでしょう。

しかしながら、それだけでは「突き倒し」は説明できても「合気上げ」は説明がつきません。なにせ、ものすごい筋力を使ってまで自ら立ち上がってしまうのですから。合気が見えざる原理だとすれば、その原理が場合によって複数あるとは私には思えません。倒れるときも立ち上がるときも、やはり同じ原理でそうなるはずです。

となれば「無力化」も「人形化」もともに合気によって引き起こされる状態の一場面を「描いた」表現ではないのか。それよりもむしろ我々にとってわかりやすいイメージで表現すれば、それは「催眠術」に近いものではないかと思われます。催眠術なら術者のなすがままになってしまうというシーンはお馴染みです。だから、合気の技とは（そんなものがあるかどうかは知りませんが）何か瞬間催眠術のようなものではないか。そう言ってしまえば、何となく収まるように思う方々も多いでしょう。

しかし、先程も申し上げたように未知なるものを既知の基準で判断するのは早計です。というか実はある日、保江先生から先生が昔ご覧になったという催眠術ショーのお話を聞いて、ハッと気づいたことがあったのです。このショーは術者が少女に催眠術をかけ、少女の前にはどこまでも花畑が広がり、少女は両手を広げてどこまでも歩いていけると暗示を与えます。そして彼女が歩き出したところでプロレスラーが登場して少女の歩みを止めようとする。ところが、止めるどころかプロレスラーは少女にグングン押され、遂には壁際まで押し込まれて冷や汗を出す始末だったとのことです。

この話を人にすると「そりゃ催眠術にかかっているのだもの」と一応は皆納得します。が、少し待って下さい。たとえ催眠術がかかっているといっても、なにもその少女がプロレスラーになったわけではない。少女は少女のままのはずです！

なのに何故?!

私は催眠術について、今までこのように考えたことはありませんでした。例えば術をかけて「美味しいりんごです」と暗示を与え、玉葱を齧らせるというのはわかる。本人の体格や力はその行為に関係がないからです。しかしこのケースは……誠に不思議なことが起こっているに違いないのです。

「時間」と合気――リベット博士の学説――

プロレスラーと少女、もし双方の力がぶつかっているのなら、少女はひとたまりもなく押し返されたはず。ということは……そう、実は力がぶつかっていないのではないか！

しかし何故?!

考えられることは、ただひとつ。それは、時間的に両者の間にギャップがあるのではないか。そう思い到った私はベンジャミン・リベット博士の『マインド・タイム』(岩波書店)を購入し精読してみました。するとそこには我々には信じられないことが書かれていたのです。

リベット博士が実験によって発見した驚異的な事実の要点は、次の二点です。

一　我々の脳は各感覚器官からの刺激を分析し意識に上らせるのに0.5秒かかっている。しかしその刺激を意識に上らせる際に脳は時間的に逆行し、さもその刺激を受けたと同時にそれがわかっていたごとく捏造する。

二　我々が何らかの行動をするように欲するとき、自分がそう思って行動しているように思っているが、実は脳が無意識下にその行動を行う準備をし、それが終わってから「それを行いたい」という意思を意識化させる。その間の時間も0.5秒。

実は、我々が事を意識するのに0.5秒かかるというリベット博士の学説は、ある武術書にも紹介されており知っていましたが、脳による捏造や上記ふたつのポイントについては言及されておらず、『マインド・タイム』を読んで初めて知りました。しかしいずれにせよ、これは我々の常識を覆すとんでもないことです。そしてこの二点から私は「力と力がぶつからない」タイムギャップをイメージすることができたのです。つまりこういうことです。

催眠術によって目の前には花畑しか見えない少女は、プロレスラーが立ちはだかっても我関せず。そのとき、彼女の動きはプロレスラーの脳の処理速度より早く（行動のスピードが速いという意味ではない。ここに武術の「速さ」とスポーツの「スピード」の違いがある）伝わってしまう。それ故にプロレスラーはその動作に抗えないどころか、何故かその動きにシンクロしてしまったと考えられるのです。

私はこれに考え至り、次のことに気づきました。つまり我々の認識が脳の機能上の問題で真の「今」を認識できずにいるということは、普段の我々の行動や格闘技の攻防に至るまで、それが意識的に行われる以上、「過去」の出来事でありながら、そう思わない一種の「約束事」になる。ということは、この「約束事」を破り相手に全く取り合わない動きをすることで、合気現象は立ち上がるのではなかろうか。

そして、より驚くべきことに……片方が普通モードの約束事を破って相手に働きかけたとき、何故か相手は迫りくるその「掟破りな動き」に（本人の意思には関係なく）シンクロしてしまう。まるで我々の脳に由来する「自我意識」を放っておいて、その奥に存在する「魂」とも呼べる高次の存在同士が、仲良くフォークダンスを踊りでもするように。だとすれば、力同士がぶつかるわけもない。いや、ということは……そうか！

「力」つまり「筋力」とは、約束事の世界にのみ通用する自我同士の「申し合わせ」なのではないか！

念流「過去の術」とエデンの園

そんな思いに到った頃のこと、大東流を修行される玄学家・大宮司朗氏の著書『古武術と身体——日本人の身体感覚を呼び起こす——』（原書房）に触れる機会がありました。その本によると、「鎌倉時代の僧・慈恩によって創始された古武術・念流とは、過去の術という極意を持ち、敵がこれからどう攻めてくるかを事前に察知でき、まさに無敵であって人々から魔法と呼ばれた」（原文のままではない）とありました。そしてその伝書の名を「念流正法兵法未来記」というのだそうです。

このときピンとくるものがありました。先程のリベット博士の学説を基にこれを解釈すると、なかなか面白いものが見えてきます。我々は時間流の中では「今」にしか存在し得ません。どんなに近い未来でもまだ起こっていませんし、どんなに近い過去でももうありません。それなのに我々が脳の機能的な問題からお互い約束事として0.5秒過去を「今」と認識しているとすれば、確かに何らかの方法で真の「今」に立った者にとっては普通の人は過去にいるに等しく、その行動は事前に読めるでしょうし、また普通の人から見れば念流の達人は未来にいることになります。ですから、この念流が残している事柄は合気研究にとっても非常に示唆に富んだものといえるでしょう。

しかし鎌倉時代に時間のギャップを知るとは……先人の知恵の鋭さには誠にもって畏怖の念を禁じえません。さらに大宮司朗氏の著書によれば、念流から十手術が生まれ、かの宮本武蔵の父・無二斎はこれの達人だったことを挙げ、父から念流の教えに通じる技を武蔵が学んでいた可能性を指摘しておられます。私はそれ故に武蔵が有名な「三つの先」を悟ったのではないかと思います。

「先」とは決して敵よりも速く動き勝負を決するなどというようなスポーツ理論的なものではなく、要は「今に立つ」ということだったのだ。これによりたとえ敵が先に動こうが、そして今にも自分が斬られそうになろうが、時間そのものが異なるのですから、敵はわけがわからぬうちに（あるいは勝利を確信しつつ）武蔵の反撃に遭い絶命したのでしょう。恐るべき術です。

さて、ここから話は全く匂いの異なる方へ飛びます。それは「キリスト教と合気」の節で語ったことに関係致します。見てきたように人間の認識できる世界が半秒遅い原因は、脳にあります。ところで脳とは我々の知恵を司る器官。ここにおいて旧約聖書の「創世記」の記述が不気味な迫力をもって迫ってくるのを感じるのは私だけでしょうか。

善悪を知る、つまり知恵の木の実を食べる前は、人は神とともにエデンの園にいた。これ即ち宇宙の摂理とともに「今」にいたことを示しています。それが木の実を食べ知恵を得たばっかりに、つまり脳を由来とする行動に出たばかりに「今」なるエデンを追われ、過去に遅れ悩み、そして苦しむ……そう考えられないでしょうか。しかしながら、もしそうなら……めくるめく時間の流れの中、「今」は実はそのつど我々の前にやってきてくれているのです。だからこそ武蔵の「三つの先」も成り立ち得る。

「悔い改めなさい。許しはそのつど父から与えられているのだから」キリストもそう言いたかったのではなかったか。そして思考を消去することでエデンすなわち「今」に立つことにより、脳の支配する過去の認識世界に喘ぐ人達の抵抗を取り去り、（武蔵のように刀で斬るのではなく）魂のシンクロを呼ぶのが合気の術だとすれば、それはまさにキリストによって神の世界に自らを導く業（わざ）だといえるのかもしれません。

そういえば日本でも大東流は古来「惟神《かんながら》」の武術、人為を廃して惟神《ただ》の業を体現するを本懐とすると聞いたことがあります。「キリスト教と合気」の節にて同じく申し上げたように、キリストが「人に言えば人の報いを受ける」とは、つまり普通状態でのお互い遅れた人間業での攻防を指しているように私には見えます。

「だから人に告げず父に聞いて頂くようにしなさい」

まさにここに、合気の極意がある！

そう思えるようになりました。もしそうなら、我々をそのつど許そうとされる神の愛に抗い、これまたそのつど我々をして知恵の木の実を食べるようにそそのかす「蛇」とは一体何者でしょうか。そして性懲りもなくその甘言に乗る我々人間とは……。

型からの気づき

以上述べてきたことを踏まえ、さらに気づいたことを紹介します。

ある日のこと、少年部の型の指導をしていたときに「もっと気合を入れて力強くやりなさい」と子ども達にハッパをかけました。ところがその日に限って、今自分が言ったセリフに急に違和感を感じました。その違和感の正体を掴めず家路を辿っていたときに「待てよ、型を力強くとは、どういうことか？」と思い至り、その場で立ち止まって右中段正拳突きを「フンッ！」とばかりに空突きしてみました。

そしてわかったのです、違和感の正体が！

拳を脇に引き、そこから一気に腕を伸ばして前方中段を突くわけですが、腕が動いている間は当然のことながら力感覚はありません。ではいつ力感覚があるのかといえば、それは突き終わって動作が止まった後なのです！

腕が伸び切った後でいくら力んでみせても、その行為に何の意味があるでしょう。いうまでもなく、突きは腕が伸び切る前に相手に当たらなければ全くの無意味。その他、その場でいろいろと型の動作をしてみましたが、どれもみな力感覚を得るのは動作が終了してからでした。なんということでしょう。今まで私は動作が終了してしまったいわば技の死骸に力を入れて汗をかき、それで稽古をしたつもりだったのです。ところが……。

ここからが我ながら合気を知る以前の自分とは違い、以下のように考えが進んだのです。

突きが動いている途中に力感覚を伴わないのは、空間を突いているからだ。つまり障害物は何もない。しかし組手においては当然、突きは伸び切る前に相手に激しく当たる。この瞬間、力感覚を与えられる我々はそれ故になお一層力をこめて相手を突き込めるのだが、もしこの感覚も脳の作用による約束事だとしたらどうだろう。

突いた方も突かれた方も、0.5 秒遅い過去の攻防におけるお互いの脳による捏造感覚に（それが捏造と知らないという意味で）満足しての攻防ということにはならないだろうか。そしてこのことが全ての格闘技にいえるとすれば、ひょっとして……我々は、我々が気づかぬうちに脳が無意識下で作り出す「約束事」の上に相手とともに格闘していることになってしまう。いや、それは格闘に限らず、日常の一切の立ち振舞いにおいてさえ。

ということは「型」とはもしかすると我々にその事を告げるために、先人たちが心血注いで作り上げたものではないか。言葉、つまり論理で伝えることができないことを伝える、まさにそのために……この「型」の持つ深い意味を知るために、そうです！　合気の体験がとても重要でした。

今まで論じてきたように、合気では相手との力のぶつかり合いは発生しません。相手がいても（時間的なズレで）ぶつからないということは、例えば空手の組手において相手がいても我関せずの動き、即ち虚空を突く「型」を演じることができるということに他なりません。そのとき、通常モードの相手の脳が型通り（すなわち掟破り）の突きの動きを処理できぬうちに、相手の身体はその突きの動きを妨げないようシンクロを起こし自らの脚の力を萎えさせて倒れ込む。そう、まるでプロレスラーと少女のときのように。

これがあの「突き倒し」の真相ではないか。

だが、合気を知らないうちはたとえ型通りに突こうとしても相手に接触した段階で手応えを求めてしまい、その故にたちまち脳による約束事が成立する過去へと戻っていってしまう。これが私のしてきたことの正体だったのか……ところが保江先生により合気を受けた私の身体の奥の深い部分が「違和感」という手段で私自身にそれを告げてくれたのかもしれない。

正拳中段突き。空手における最も基本の技が……その時間おそらくコンマ数秒の短い世界での出来事をとおして私に教えてくれたのか！　実に、これだけの貴重なことを。

さて、この章の終わりが近づいてきました。

「人形化は正しいか」……確かに、今まで見てきたように武道の攻防においては、それが柔道のように投げ技系であれ、空手のように突き技系であれ、合気をかけられた相手が何の抵抗もできずに投げられまた倒される現象を端で見ていた人にとっては、まさにそういった表現がピッタリくる印象を持つでしょう。いや実際、確かに「人形化」されてしまうのです。ただ……。

人形化は合気をかけられた「結果」であって、何故そうなるかを語るものではありません。しかも合気上げに見られるように、反対に相手の力が入ってしまう現象を同じ原理の作用として表現することにも無理があるように私には思われたのです。それ故ここでは「シンクロ」という言葉を選びました。これなら合気によって起こる相手の全方向の動きに対しても通用する表現だと考えたからです。

つまり（脳に由来する自我意識を基にしない、それより高次の存在を基にする）合気の動きにシンクロするために、相手は、あるときは「人形」になり、あるときには「フォークダンスの相手」になり、そしてあるときは「バッタ」のようになるのだと、私はそう解釈しております。

次章では、合気の実際の方法論でわかった（と思っている）部分を具体的に述べようと試みます。といっても合気は肉体の技、つまり動き方のテクニックではありませんから、いわゆるコツのようなものはありますまい。自分が気づいた（合気が発生しやすいという意味での）動き方も、実にシンプルなものではあります。しかしそのシンプルさの中に「不動の動」や「動の居着き」という、一見その違いは外からでは決してわからないが全く似て非なる概念の発見がありました。併せて説明を試みます。

極意へ――合気の実際――

手首の固定——脳をだませ——

リベット博士は実験によって、我々があたかも自由意志によって行動しているように見えても、実はその自由意志が意思として認識される0.5秒前から無意識下で我々の脳が準備した結果にすぎないことを発見されたといいます。もしこれが事実なら、例えば殺人事件における犯人の責任はどう解釈されるのだろう。『マインド・タイム』にはそれに対する博士の考察も述べられておりますが、合気研究からは話がそれますのでここでは言及しないでおきます。

さて合気の研究における一連の気づきや考えから、私はひとつ面白いことを思いつきました。「我々の脳が我々の知らぬうちに我々の意識（心）を支配しているというのなら、その脳に嘘の情報を与えることで逆に脳をだませないか」というものです。

そして、さっそくあることをやってみました。

坂道を登る際、立体写真を見るときのように目を寄せ目にして足もと一メートルほど先を見ますと、まるでフラットな道か、場合によってはむしろ下り坂に見えます。そこで人通りの少ない真っ直ぐな坂道を選んで、その半分までは普通に登り、途中から寄せ目にしてみたのです。するとどうでしょう、今まで感じていた「疲労感」が嘘のように消えただけでなく、走り出せそうな気さえするのです。それで実際走ってみると、これが走れるのです！

暫くの間この実験にやみつきになり、わかったことは以下のとおりです。

一　身体的には反応が出る。つまり心臓の鼓動は早くなり息も上がる。発汗も伴う。しかしそれでもなお疲労感が現れない不気味なミスマッチ状態になる。
二　目を閉じても疲労感を消すことはできない。やはり視覚をとおして偽の情報を脳に与えなければだませない。

これらのことから少なくともわかることは、「疲労感」というものが脳による捏造だということです。これで「約束事の世界」ということがよりハッキリしてきた私は、保江先生のアドバイスよろしきを得て、もうひとつ実験をしてみました。それはガムテープで両手首をギブスのように堅く固定し動かぬようにしてから、その状態で合気上げをするというものです。

まず、この方法で手首を固定しますと、大きな違和感を感じます。実はこの違和感の意味するところが大切なのだと後に考え至るのですが、それは後述するとして、とにかくこの状態で合気上げを行いますとビックリするほど簡単にスイスイ上がるのです！

ところが……数回これを続けますと、やがて突如として上がらなくなってしまうのです。「おや、おかしいぞ。どうしてだ?!」と思えば思うほど、全く上がらなくなってしまいました。やはりこんな方法ですぐに身につくほど合気は甘いものではなかったのだ。自分の浅はかさを思い知ってこの実験を終了するために手首のガムテープを取ろうとしたとき、ある事実を知り愕然としたのです！

人間の性（さが）――0.5秒の蛇――

私の両手首をガチガチに縛っていたはずのガムテープは何と、たった数回の合気上げのうちにユルユルに緩んでいた！　もちろん、自分では手首を動かそうとしたつもりはありません。それなのに、脳は無意識下でガッチリ固められた手首を何とか動くようにしようと私の手首をもがかせたのです！

全く、気づかなかった……そして手首が動くようになったとき、合気は消えたのです。

何ということでしょう、これほど固めていても無意識に緩めてしまう「性」を持った我々が、いったいどうやって……固定しない手首を動かさずにおれるというのか。しかも武道の攻防の激しい動きの最中に。

無理だ、不可能だそんなこと！

絶望感に打ちひしがれながら、ガムテープを解きました。両手首を縛ってはいたが、今はユルユルに伸びてしまったその二本のガムテープは、非常に象徴的な表現を許していただければ、あたかも二匹の蛇のように私には見えました。アダムとエバをそそのかした蛇、キリスト教において人間の「原罪」を生ませた蛇。

思えば「寄せ目」にしたって四六時中そんなことをやってはいられないのだ。全ては虚しい努力だったのだと、このときはさすがにそう思いました。しかしながらこんな馬鹿げたように見える行為にも、その中に偉大なヒントが隠されているものなのです。しかもそれは馬鹿になってとりあえずやってみないことには絶対わからないものです。どんなことでもまずやってみることがいかに必要不可欠かと、後になって痛感する事態が起きます。というよりも、これらの実験こそがその事態を呼び込んでくれたのだと、私には思えるのです。

見えざる「神の一回転」

そんな中、私は某大型書店にて何とはなく本を見ていた折りに、そこで保江先生の『合気開眼』に次ぐ運命の書と巡り会うのです。それは大人のための数学パズル本で、その中に以下のような問題が載っておりました。

「歯の数八本の歯車と二十四本の歯車が噛み合っている。今、大きい方の歯車を固定し、小さい方の歯車が回転しつつ大きい方の歯車の周りを一周するとき、何回転するか？」

簡単な問題です。こんなの三回転に決まっていると思い、解答を見て驚いてしまいました。なんと正解は四回転！

「え、どうして?!」

そしてその解説を読んで納得できたとき、突然今までの全てのことが結びつき、一気に合気の原理がはっきり見えたのです。こんな、武道とは何の関係もないパズル本の一問題にまさか合気の原理を垣間見るヒントが隠されていようとは、誰が想像できたでしょう！

さてその運命の書、谷岡一郎氏の『脳がよろこぶ思考力アップ！パズル』（ＰＨＰ研究所）の解説には次のように説明がなされていました。

「小さい歯車は大きい歯車の周りを一周することで、すでに一回転している。それ故三回転にその一回転を足さなければならない。わからない人は試しに十円玉で実験してみればよい。片方の十円玉の周りをもう一方を回転させながら一周させると、半分きたところで既に一回転してしまうことがわかるだろう……」

実験などせずとも、私は即座に理解しました。そうか、たとえば月はいつも地球に同じ面を見せて地球の周りを回っているが、その動きの中に月自身の一回転の自転が含まれているというわけか……と思った次の瞬間、「アッ！」と悟れたのです！

そうか！　我々のお互いの力がぶつかるとは、力と力が全く正反対の方向に直線的にぶつかっている状態なのだ。これはお互いの脳による約束事をお互いが見事に守っている状態。しかし、もし片方の動きが他方の力の方向とは（一見正反対の直線運動に見えて）実は異なる回転運動が含まれていたとしたらどうだ（相手の力の方向をいなすという意味ではありません。ある動きの中に全く異質の動きが内包されているにも拘わらず、見かけ上それが見えないという状態のことをいっているのです）！　おそらくその動きは脳による約束事を破り、相手の動きにシンクロを呼ぶのではないだろうか！

我ながら実に偉大な気づきでした。次の日、私は往診先の高校一年生の男子に早速実験してみることにしました。この日、おそらくこれから起こることは、まさに神によって用意されたものだったのだと今でも思うのです。

まず、訪れた先はというと、ご住職の奥様の目を治して差し上げたご縁でお付き合いさせていただいている、長い歴史を持つ真言宗のお寺。本を見ていたときに久し振りに連絡があり、奥様の治療にきてほしいとのこと。そして翌日伺って聞けば、次男が通う全寮制の高校と馴染めず、家に帰ってきてしまったとか。

千載一遇のチャンスとはまさにこのことでしょう。何故ならそれは……まずはその次男坊への何らかのアドバイスが先決。だがどういう？

いや今、我には「見えざる神の一回転」あり。私の腕が上がるとき、その中に内包される神の回転！そうだ、合気上げをかけてあげよう、息子さんに。

成功して上手く合気がかかれば、脳の反応は一瞬消され、気分がリセットされるはず。そして何より、こんな不思議なことがあるのかという驚きの心こそ、言葉によるアドバイスなどより数倍彼の魂を救うことができるのではないか、あるいは！

その古寺にいまします御仏の慈悲の魂よ、どうか、成功させたまえ！


合気、開眼！——不動大示の悟り——


その古寺は、昭和三十一年以来の大きな建て替え工事に入っていました。各地から集まった宮大工の方々と京大の研究チームが携わる大工事。それで、いつもとは違って奥の厨房にて治療を行うことになったのでしたが、その前に。

何が始まるのか理解できない奥様。いわれたとおり、必死に私の両人差し指を握り身を乗り出して体重をも思い切りかけてくる次男坊。そう、手首で上げるのももどかしく感じた私は指での合気上げを選びました。

ところで、私は合気上げの稽古をとおして、ひとつわかっていたことがあります。一度でも合気上げで立ち上がった経験のある人は立ち上がりやすくなるということを。だから何の予備知識もない、どんなことが起きるのかも知らない人が力と体重をフルにかけて押さえつけている状態で立ち上がらせてこそ、初めて合気開眼になると。

見守るご両親と三男坊。たまたま入ってきて何が起こるのか凝視する作業員の男性。しかし周りの人たちの気配はスッと消えていき、そこには男が二人だけの世界となりました。いや、我々の周りには不動明王様や如意輪観音様など、無数の御仏に仕える尊い存在が、固唾を飲んで見守って下さっている気配は確かにあった！

そのお陰で、私は身体の全ての力を抜いてしまうことができたのだと思っています。そうだ、御仏に委ねよう。どうせ人の力など、たかが知れているのだから。すると、腕の力が抜けていくにつれて不思議に相手がかけている指への圧力も消えていきました。

「今！」と思う間もなく腕はゆっくり上がり、その次男坊はむしろ私の腕が上がるより早く跳ね飛ぶように立ち上がりました。

まるで夢を見ているようなひととき。合気、開眼！

我々が（周りの人も含めて）我に返るのに、暫くの時間が要ったようでしたが、よくは覚えていません。しかしこの次男坊は大いに驚いたらしく、のみならず曇っていた目がキラキラと光り輝きだしました。興奮覚めやらぬ雰囲気の中で奥様の治療を済ませ、帰宅後に先方様から「久し振りに親子で美味しい夕食を笑顔で食べることができた」と伝えてこられたときには、私も本当に嬉しかった。そしてこのささやかな出来事が、自分にとっての合気の原理と、保江先生から教えていただいたことに対する真の理解を促してくれたのです。

では以下にそれを述べましょう。

大東流合気柔術には古来より「不動大示」という口伝があるそうです。不動とは動かぬこと。動かぬことを大いに示すとはどういうことか。前章でも書きましたが、そもそも合気現象を起こさせるには手首の動きを封じた方がやりやすいのは何故か？

それはおそらく、人間が直立歩行を選んだとき、前足は腕、そして手に変化し、人間らしい仕事ができるようになった。しかし同様に、特に手首の動きに対して脳の自動制御がよく及ぶようになった。我々の普段の生活でもよく経験しますが、重たい物を持つときに限らず、引出しを引くとき押すとき、窓を開けるとき閉めるとき、その他手による全ての動きの際によく見て下さい。我々の手首はそのつど微妙な動きをしています。だから、ここをガムテープなどで固定すると少なからず違和感を与えられますが、それは無意識下での脳の混乱を、我々が違和感として感じているせいだと思われます。だからこそ、脳は我々の知らないところで必死に手首を動かしてテープを緩め、再び手首を自分の支配下に置こうとします。

ところで、私は先に述べたパズルによってひとつの動きの中に他の動きが潜むことを発見しました。つまり、ある動きをすることで、それが同時に他の動きを内包するわけですから、その「他の」動きをするためにわざわざ動く必要はないと悟れたのです。これが「不動大示」。

天体は生物ではありませんから自らは動かない。しかし宇宙ではその天体を美しく動かす法則とその裏にある摂理があります。それなくしては天体は動かないでしょうが、逆にいえば動かぬ天体なればこそ、摂理を動きによって表現している。そしてその動きの中には必ず見えざる「神の一回転」が潜んでいます。月は地球の周りを一周することで同時に一回転します。これを今度は月を中心に見ますと、月の周りを地球が回るように見える……いや実は見えざる一回転が逆に働くために地球は止まって見える。宇宙空間においては全ての動きを相対的に置き換えてみることができます。しかしこの場合も、地球は月の周りを一周することで、やはり見えざる一回転をすることになります。

これに思い至ったとき、「ああ、普通に動けばいいんだ、そうすればその中に必ず別の動きが含まれる。何故なら基本的に人間の身体は関節と筋肉で動く円運動なのだから」という一種の安心感が、合気上げにおける自分の手首の不必要な動きを劇的に止めたのです。不動といっても身体は動かします。ただ、筋肉は動かしたい部分を「動かす」ためだけに使えばよいのであって、力を出す必要はないのです。

普通の方々は「押さえつけられているのにどうして筋力なしで動けるんだ」と考えるでしょうが、見えざる一回転により合気がかかればどのみち相手はシンクロを起こしてしまいます。合気を知らない方々はこの現象を理解できないだけなのです。だからこそ筋力を使って何とかしようとして過去の世界の約束事の直線運動へと戻っていく。そして動きが取れなくなる。これを「居着き」というのです。

元々含まれている動きをわざわざしようとして脳をとおして人為的に別行動に打って出る。そしてぶつかって居着く。これが「動の居着き」。天体のように自らの作為を除いてただ動くことで天体を動かす摂理に委ねる。これが「不動の動」。

故に、「不動」とは筋肉を、ただ身体を動かすためにだけ使うこと。決して「じっとしている」ことを意味はしないのです。そして身体を動かすのに筋力を使ってしまうことを「居着き」と呼び、動こうとすればするほど膠着して動けなくなるのです。

神の一回転をそのまま使うのです。これ即ち「不動大示」。私が到った合気の原理。

合気現象表現の差異とその一致

「不動大示」という言葉は、前述の大東流を修められた玄学家・大宮司朗氏の著書に紹介されていたものです。私は確かにこの理合を悟り、保江先生とはまた違った心法にて合気上げが可能となったように見えますが、実は同じなのです。原理というものは、形なく目には見えないもの。それをあえて口頭で説明しようとすれば、人それぞれに違ってきて当然です。いやむしろ、もし幸運にも原理の一端に達したならば、同じく達した方々の仰る異なった表現が実は同じことを指していると悟れることで、自身の到達が本当かどうかを判定できるという利点がある。

「神の一回転」を悟った瞬間の修道士を描いた中世の挿絵

面白いことに、嘘はすぐわかります。それで思い出すのは数年前のこと、近藤孝洋という武術家の方が書かれた『極意の解明——一撃必殺のメカニズム——』（愛隆堂）という本です。まだ合気のことが全くわからずに悶々としていた頃に読んだせいか、とんでもないことが書いてあるなあと、ただ理解に苦しむだけでした。その本には、以下のようなことが書かれていたのです。

「人の体は三つある。肉の体（肉体）、気の体（メンタル体）、そしてアストラル体。極意とは……まず肉の体、完全停止。次いで気の体、完全停止。さすればアストラル体から発せられる気よりも微細なエネルギー「神《しん》」が作動。この神《しん》はその微細なるが故に絶対に察知されぬ。その見えざる、感じざる神《しん》を使って技をかけることこそが極意！」（原文のままではない）

今となっては、この武術家の方に頭を下げるしかありません。そのとおりなのです。「不動」即ち肉体の筋力を完全に捨て（つまり「肉の体、完全停止」）、心の動きを封じ（つまり「気の体、完全停止」）、自分を天体の如くに「ただ在る」状態にしたときにこそ、その天体を「内包される見えざる動き」とともに動かしあそばす神《かみ》の摂理（つまり「神《しん》」）が人の身体を動かす。このとき筋肉はただ身体を動かすためだけに収縮し、筋力は発生させない。これで合気現象が起こり、相手の身体はシンクロを始める。

この状態において最も特筆すべきことは「力がぶつかっていない」こと！

即ち、これこそ保江邦夫先生が仰る合気の原理そのもの！

「私にとっての合気の原理とは『汝の敵を愛せよ』、ただこれだけ」

敵を愛し、敵を敵視しない者にとって、どうして衝突が起こり得るでしょう。しかし中にはこう仰る方々もおられるでしょう。

「無抵抗でいても一方的にやられてしまうだけだ。第一こっちがいくら相手を愛しても、向こうがこっちを愛してくれるとは限らない。そんなときはどうするのか！」と。

間違ってはいけません。合気は武術の（テクニックではないが）れっきとした「業」。精神論などでは断じてないのです。

合気現象の経験がない方にはわからないのも無理からぬことですが、実際にこの境地に到れば相手はシンクロ運動を起こしてしまうのですから、仕方がありません。それを、その事実を、保江先生の表現をお借りすれば「残り0.00001パーセントの疑いもなく」確信、というより「醤油レベル（笑）」にできたときにこそ、合気は開眼するのです！

間違いは、ありません！

最後の疑問——永遠の旅——

完璧ではないが、人は指一本で上がるようになり、突き倒しもできるようになった。

しかし……私の到達した「不動大示」は、接触の合気です。相手のシンクロを呼び、あるときは人形に、またあるときはバッタのようにできるのも、それはあくまで身体の接触をとおしてのことです。接触することで「見えざる動き」に判断できなくなった相手の脳が無意識下でパニックを起こし、しかしその間にもどんどん変化してくる動きにどういうわけか、とりあえず同調してしまう。いってみればこれが「不動大示」のカラクリです。

しかしながら、我が動きに相手の脳が判断躊躇を起こしてくれる0.5秒内での時間差が、この方法では発生します。ですから合気上げのときには（自分の動きは滑らかですが）相手はほんの一瞬ですが身体がビクッと（驚きに似た）反応を見せ、次の瞬間から立ち上がる場合が多い。また、突き倒しでも拳があたって少しの「ス」のような時間のズレの後で倒れ始める場合があって、これなど一見周りで見ている人にとってはヤラセに見えることでしょう。

しかし自分レベルではまだときとしてではありますが、時間差無しで技がかかることもあります。これは自分の動きの前に既に合気がかかっていることを意味しますが、これが……わからないのです、未だに。

保江先生の技を見せていただいても、時間差は見受けられない。いや、それどころか、保江先生は相手から離れて合気をかけられたこともあると聞きます。

わからない！

これだけはまだ、本当にわからないのです。ただ、これだけはいえます。

どうにか合気の入口に立ち、その門を幸運にも開けていただけた自分にとっては、もはや不思議がることはないと。おそらく、もっと深い摂理があるのだろう。生きている限り、ずっと道は続いていくのだろう。

少しずつ、歩んで行けばよい。何故なら、もうここまできたのですから。ここまでこそが、無限飛躍だったのですから。

望むべくもないことでしたし、とても信じられないことです。ただ……できればこの原理を一人でも多くの方々に伝え、また伝えることで自分自身もさらに精進したいと願っています。その理由（わけ）を「後書き」に述べながら、拙い文章にて綴ってきたこの「合気私考」をひとまず終えようと思います。

後書き

武術の本懐は、敵に襲われたときに自分の身を守れること。

この一点、ゆめゆめ忘れることなかれ！

我々フルコン空手は、そのときのために膨大な汗と血を流してきた！　また、古武術や中国武術の秘術を求め、必死に努力してきた者達もいる！

いっておくが、俺達は強い！

そう、修行浅く合気で敵から己の身を守れないなら、武術としては我々の方が遥かに上。

しかしながら……もし合気を真の意味で身につけたなら、素晴らしいこと。何故なら、合気は人を傷つけずに勝ちを収めることができる。それ故に遺恨も残さない。相手を殺傷する技である限り、近代武道の体重や筋力も古武術の秘術も中国の発勁も、合気とは根本的に異なった技術だったのだ。

だが、それだけではない！

これまで見てきたように、合気の技が相手の脳の活動を狂わせることに由来するならば、この技の中に新しい立場での東洋医術の理合を見る。その、新たな可能性を。

痛みとは何か？　不調とは何ぞや？　それは我々の身体が放つＳＯＳ。そしてそれは、脳を介して感覚される。しかし、もしこの感覚を脳をだますことで軽減できれば、それは「痛み止め」。それればかりか、もし心因性の内臓疾患であれば、脳をだますことで逆にそれを治療できる可能性が見えてくるではないか。今までの東洋医術とは全く異なる理合！

私はそれを問いたい！　それこそ、私が合気修行のはてに見ているもの！

そしてもしそれが可能だとしたら、一人でも多く現在治療の立場にある人に伝えたい。

五年前、私は癌で父を亡くしました。数々の難病を治すことができた私の武術活法も、この病の前には無力でした。だが諦めはしない！　保江邦夫先生の師である隠遁者様は、その祈りの力で癌をも癒したというではないか！　ならば自分はあくまでも保江先生の「冠光寺流」合気修行者として、是非ともその境地を掴みたい。それができるのは冠光寺流しか、ない！

敵を作らない、それ故に「無敵」である合気。その合気を、人間にとって最も恐るべき敵にさし向かわせること。

もちろん、そんなことができるかどうかはわかりません。しかし、それを達成でき、その技術を皆と分かち合い、それを使える多くの治療者が世に出ることができたときにこそ、私の中で、あの尊い言葉が成就するのです。

「合気を知りたいのか。それなら私が合気を教えてあげよう」（イエス・キリスト）

炭粉、その後

ある日のこと、保江邦夫先生から連絡が入りました。

「君の『合気私考』を世に出してみないか」と仰るのです。私は大いに驚きました。

この『合気私考』は元々私が合気の一端に至ることができた今年の二月、急に凄まじい恐怖感と孤独感に襲われた際、精神的にバランスを保つために今まで行ってきたことを憑かれたように書き殴ったものでした。それを保江先生に読んでいただくことで自分の心を救う何かを得ようとしていたのかもしれません。それ故に、この文章の中には敢えて私がその後味わった恐怖については言及しておらず、もしこれを先生のご指示どおりにするとなれば、その一件をも加筆するべきではと考えました。

合気は……人間の技ではありません。

神の業なのです！

その一端を使えるようになったとき、私のような無神論者でもいわば強制的に神の摂理が確かに存在している事実、いや真実を胸元に突きつけられるのです。その恐怖感！　そして誰にも言えない孤独感！　寝ようと床に入っても、暫くの間膝がガタガタ震えるという状態が一週間程も続いたのです。

しかしながら保江先生の指導宜しきを得て、徐々に日常を取り戻してゆくことができました。そこで、思ったのです。

合気は相手の意志にかかわらず、相手をこちらの動きに同調させてしまいます。だからこそ合気には何の筋力も必要はありませんが、しかし相手の同調を呼ぶためには、とりもなおさずまず自分が合気モード（即ち心から全ての敵意・対立を捨て去り、肉体の筋力を放棄し不動となる）にならなければなりません。そしてその状態からの動きであれば、それが如何なる動きであっても相手が意志とは別にシンクロしてくれる事実は、ある崇高な真実を我々に教えてくれるのです。それは……

「自我による思考さえ納めれば、人の魂とそれにより導かれる心は『善』なり」

ということです！

これは我々人類にとって、ことによると新たな発見に繋がるかもしれません。何故なら、我々は今まで「人類の歴史は戦争の歴史」だと教わってきたからで、事実そのとおりだと私も思っておりました。現に、この瞬間にも世界のどこかで公然と殺人が行われています。そのことに対しては「人類は初めからお互い殺し合うようにデザインされている。増えすぎないようにするための摂理だ」などという学者達の解説も受け、納得していたのです。

だが、違う！　それは違うのです！

少なくとも合気の立場からいえば、ただ同調が起こるだけの世界を出現させることは可能なのです。確かに、お互いに柔道着を着て試合に臨み、片方が相手に合気をかけて投げを打てば、相手は飛ばされます。しかし、これは相手が投げの動きにシンクロしたからであって、逆らえない分敗北感もなく、又投げた方も勝利感などありはしません。ただ「立っていた方が勝ち、背中をついた方が負け」という人が決めたルールが勝敗を決めているにすぎません。つまり、合気とは勝敗などのステージにはそもそも存在せず、全く別次元の勝負には関係のない原理なのです。

これを基に考えを広めてゆくと……もし全人類が合気を宿せば！　ジョン・レノンが歌った「イマジン」はもはや「イマジン」でなくなるではないか！

それとも、そう考える私は彼自身も歌詞に盛り込んだように「単なるドリーマー」なのでしょうか……?

そう思い到ったとき、こんな拙文でも保江先生が仰って下さるのならと、ご指示に従うことを決意致しました。

その後の炭粉は、毎日の稽古もガラッと変えました。型の稽古は大変重要ですが、本文にも書きましたようにたとえ相手がいても型モードを崩さないところが稽古なのです。即ち、外見や動くコツではなく、あくまで内面の状態の稽古。それがわかれば今度は型を外していきますが、先に内面ができてしまえば型に固執することはありません。重要なことは急がないこと、気負わないこと、そして諦めないこと。

さらに保江先生から連絡があり、合気の持つ心への不思議な好影響を皆に広く伝えるために合気上げを選び、それを「スマイルリフティング」と称して武術などに興味のない一般の人達の間に大々的に展開していこうというご提案がありました。一も二もなく、賛同!

縁ある人達に体験していただき、自らもできるように指導させていただいた結果、既に数人の若者達ができるようになりました。彼らがさらに彼らの友人に……と、どんどん輪が拡がっていくことを切望致します。

先日、ある意味保江先生と私を引き合わせて下さった、私にとって本当に大切な方が癌でご主人を亡くされるという悲劇があり、自分の無力さを思い知らされました。「後書き」にも書きましたように、合気はこれを救えるのだろうか？

しかし、希望を持って精進することを既に誓ったのです。冠光寺眞法にはそれができると信じて。

諦めて、たまるか！

そうです、もはや……私は合気を武術云々にのみ絡めて考えることから脱却したのです。


「我々は強い！」か？


いや、もちろんそれもよい。

けれど、今私が本当に見たいもの、それは……自分にかかわって下さった方々の、心からの笑顔なのです！

これこそ、炭粉の「その後」の唯一の進歩。


発表の場を与えて下さった保江邦夫先生ならびに海鳴社、そして読んで下さった皆様、感謝致します。

誠に有難うございました。


（二〇〇九年初夏　炭粉良三記す）

著者：保江 邦夫（やすえ くにお）

岡山県生まれ.
東北大学で天文学を，京都大学と名古屋大学で数理物理学を学ぶ.
スイス・ジュネーブ大学理論物理学科・東芝総合研究所を経て，現在ノートルダム清心女子大学大学院人間複合科学専攻教授，専門学校禅林学園講師.
大東流合気武術佐川幸義宗範門人.
冠光寺眞法隠遁者.
著書：『数理物理学方法序説（全８巻＋別巻）』（日本評論社），『武道の達人』『合気開眼』『量子力学と最適制御理論』（以上，海鳴社），『魂のかけら』（佐川邦夫＝ペンネーム，春風社）など多数.

唯心論武道の誕生
2009 年 7 月 30 日　第 1 刷発行
2015 年 12 月 22 日　第 3 刷発行

発行所：㈱ 海 鳴 社　http://www.kaimeisha.com/

〒 101-0065　東京都千代田区西神田２－４－６
E メール：kaimei@d8.dion.ne.jp
電話：03-3262-1967　ファックス：03-3234-3643

発 行 人：辻　信行
組　　版：海 鳴 社
印刷・製本：モリモト印刷

出版社コード：1097

ISBN 978-4-87525-259-7